职业院校财经商贸类精品系列
“互联网+”新形态一体化教材

# 审计实务

SHENJI SHIWU

主　编◎王　芳　刘卫民　陈荣华
副主编◎严　宽　王亚丽

扫一扫
学习资源库

- 微课视频
- 教学课件
- 教学计划
- 电子教案

上海交通大学出版社
SHANGHAI JIAO TONG UNIVERSITY PRESS

**内容提要**

随着经济的发展，产权关系越来越明晰，审计也越来越重要。本书紧扣我国职业教育发展规律，理论联系实际，突出实践性，充分利用互联网技术，形成完整的立体化教材。本书共 9 个项目，具体包括总论、审计方法、审计计划、审计测试流程、各类交易和账户余额的审计（上）、各类交易和账户余额的审计（下）、对特殊事项的考虑、审计报告、信息技术与审计。本书可作为职业院校财会类相关专业的教材，也可作为相关从业人员的参考用书。

**图书在版编目（CIP）数据**

审计实务 / 王芳，刘卫民，陈荣华主编 . — 上海：上海交通大学出版社，2021

ISBN 978-7-313-24885-5

Ⅰ . ①审… Ⅱ . ①王… ②刘… ③陈… Ⅲ . ①审计学 Ⅳ . ① F239.0

中国版本图书馆 CIP 数据核字（2021）第 074342 号

**审计实务**

**SHENJI SHIWU**

**主　　编：**王芳　刘卫民　陈荣华
**地　　址：**上海市番禺路 951 号
**出版发行：**上海交通大学出版社
**电　　话：**6407 1208
**邮政编码：**200030
**印　　制：**北京华创印务有限公司
**经　　销：**全国新华书店
**开　　本：**787mm × 1092mm　1/16
**印　　张：**17.5
**字　　数：**404 千字
**版　　次：**2021 年 5 月第 1 版
**印　　次：**2021 年 5 月第 1 次印刷
**书　　号：**978-7-313-24885-5
**定　　价：**54.00 元

# 前言 Preface

互联网，尤其是移动端的迅猛发展，使教材进入了“互联网+”的时代。本系列教材从培养高素质、应用型人才的目标出发，建设“主体教材+实训教程+教学资源”的立体化赋能教材。在夯实理论的基础上，突出岗位职业技能训练，凸显视频、动画等任务演示性教学资源在基础教学中的作用。电脑端和移动手机端数据同步，不受教学场地限制，教师在课堂上可以省时省力地高效授课，学生课下可以随时随地登录平台自学、练习。

## 1. 编写理念

根据高校应用型人才培养理念，重点打造实操实务技能，做到“所学即所用”，提高学生专业水平和应用技能，做到让学生在就业和择业选择上更有竞争力。

## 2. 编写内容

依据财政部最新的中国注册会计师准则及指南的要求和最新企业会计准则等相关法律法规，采用国际上通行的审计报告格式和国际审计准则中的最新研究成果编写而成，并配以充分的图示和表格，使学生能够了解最新的法规要求和审计方法。

## 3. 编写形式

力求克服专业教材僵硬枯燥的传统形式，将教材内容要点化、步骤化、图表化和案例化，增强启发性。本教材在体例上设计了应知应会、关键词、情景和项目训练等辅助环节，并力求将各环节结合实际，增强学生的感性认识，让学生达到便于理解、快速掌握的目的。

## 4. 资源配置

提供配套的学习平台，包括视频学习、模拟实训、课后练习等内容。此外，编者还为广大一线教师提供了服务于本教材的教学资源库，有需要者可致电 13810412048 或发邮件至 2393867076@qq.com。

本教材由多位一线教师和众多会计从业人员合作编写而成，是全体编写人员集体智慧的结晶。尽管在教材特色建设方面做出了许多努力，但由于编者经验和水平有限，书中存在的疏漏之处，恳请相关院校师生和广大读者批评指正，以便进一步修订和完善。

# 目录 Contents

# 项目 1
# 总 论

## 应知应会

- 了解审计的概念。
- 掌握审计组织的主要形式。
- 知晓审计的职能。
- 熟悉审计证据的性质。
- 掌握审计对象的内容。
- 熟悉审计风险两个层次。

## 关键词

- 政府审计机关（government audit institutions）;
- 民间审计组织（non-governmental auditing organizations）;
- 注册会计师（certified public accountant）;
- 审计目标（audit objectives）;
- 审计报告（audit report）;
- 审计风险（audit risk）。

## 本项目在本书中的地位

本项目是全书的开篇，主要介绍了审计的基本内容，是学习本学科的基础部分。

## 业务综述

审计按审计主体（执行审计者）可以分为政府审计、内部审计和民间审计三种。

本项目主要讲述以下内容：

- 审计的职能、财务报表预期使用者和审计主体；
- 审计重要性水平和职业怀疑；
- 就审计约定条款达成一致意见。

## 项目导图

总论
什么是审计
审计概述
审计的职能
审计要素
审计业务三方当事人
财务报表
财务报表基础
审计证据
审计报告
审计目标和审计对象
审计的总体目标
审计的认定和具体目标
重要性和审计风险
审计重要性
审计风险
审计基本要求
遵守审计准则
遵守职业道德守则
保持职业怀疑
合理运用职业判断
审计过程
接受业务委托
计划审计工作
识别和评估重大错报风险
应对重大错报风险
编制审计报告

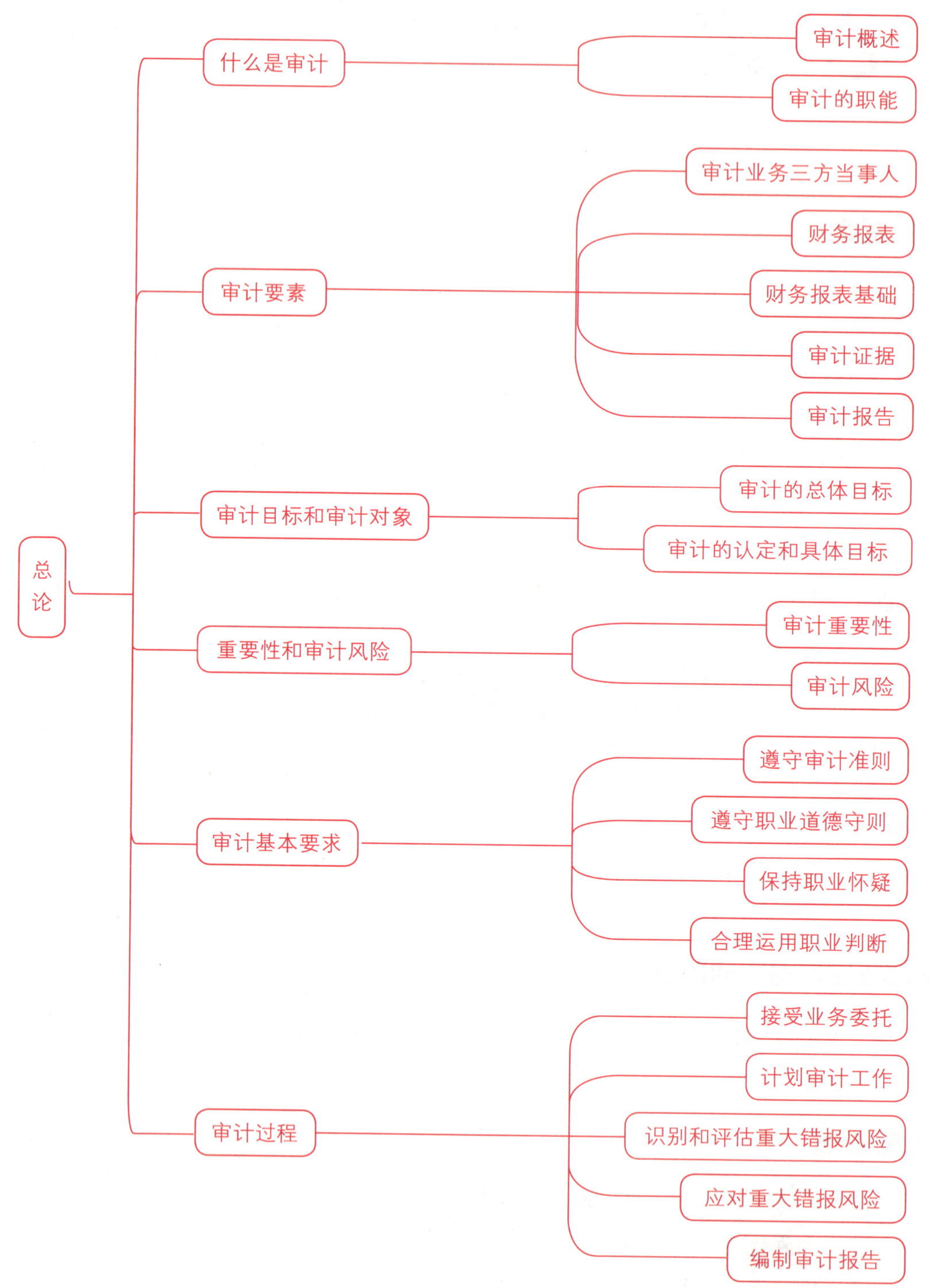

# 任务 1.1 什么是审计

| 情景列表 | 情 景 实 例 |
| --- | --- |
| 审计的职能 | 天逸会计师事务所对北京市鼎盛股份有限公司的会计报表及其他经济资料进行检查和验证，确定其财务状况和经营成果是否真实、公允、合法、合规，最后出具审计报告。这主要体现了审计的经济监督职能 |

## 子任务 1.1.1 审计概述

### 1. 审计的概念

审计是独立客观的经济监督、确认和鉴证活动。具体来说，审计是由国家授权或接受委托的独立的专职机构和独立的专职人员，依照国家法规、审计准则和相关理论，运用专门的方法，对被审计单位的财政财务收支、经营管理活动及其他相关资料的真实性、正确性、合规性、合法性、效益性进行审查和监督，评价经济责任，鉴证经济业务，用以维护财经法纪、改善经营管理、提高经济效益的一项独立的经济监督活动。

资料 审计的概念

### 2. 我国审计组织的主要形式

我国审计的组织形式主要包括政府审计机关、内部审计机构和民间审计组织。

（1）政府审计机关是代表政府依法行使审计监督权的行政机关，它具有宪法赋予的独立性和权威性。

①政府审计机关及人员。我国政府审计机关实行统一领导、分级负责的原则。国务院设审计署，在总理领导下，负责组织领导全国的审计工作，对国务院负责并报告工作。审计署设审计长一人，由国务院总理提名，全国人民代表大会决定，国家主席任命；设副审计长若干人，由国务院任命。

县级及以上各级人民政府设立审计机关。地方各级审计机关分别在省长、自治区主席、市长、州长、县长、区长和上一级审计机关的双重领导下，组织领导本行政区的审计工作，负责领导本级审计机关审计范围的审计事项，对上一级审计机关和本级人民政府负责并报告工作。地方各级审计机关负责人的任免，应当事先征求上一级审计机关的意见。

②职责权限。国家审计机关依法独立行使审计监督权，对国务院各部门和地方人民政府、国家财政金融机构、国有企事业单位以及其他有国有资产单位的财政、财务收支及其经济效益进行审计监督；对违反财经法规的被审计单位，可按有关规定进行处理。

③政府审计机关审计监督活动的原则。

（2）内部审计机构是指在部门、单位内部从事组织和办理审计业务的专门组织。

①内部审计机构的设置。根据相关规定，国务院各部门和地方人民政府各部门、国有的金融机构和企业事业组织，以及法律、法规、规章规定的其他单位，依法实行内部审计制度。

②内部审计机构的职责权限。我国内部审计机构在本单位主要负责人的直接领导下，依照国家法律、法规和政策，以及本部门、本单位的规章制度，对本单位及所属单位的财政、财务收支及其经济效益进行内部审计监督，独立行使内部审计监督权，对本单位领导负责并报告工作。

（3）民间审计组织是指根据国家法律或条例规定，经政府有关部门审核批准，注册登记的会计师事务所。

①会计师事务所。会计师事务所是指依法独立承担注册会计师业务的中介服务机构，是由有一定会计专业水平、经考核取得证书的会计师组成的、受当事人委托承办有关审计、会计、咨询、税务等方面业务的组织。

会计师事务所不属于国家机关，经济上也不依赖于国家或其他任何单位，实行自收自支，独立核算，并依法纳税。

我国会计师事务所的组织形式主要有合伙制和有限责任公司制，其中合伙制包括普通合伙制和特殊普通合伙制。

普通合伙制会计师事务所，是由两位或两位以上注册会计师组成的合伙组织。合伙人以各自的财产对会计师事务所的债务承担无限连带责任。

对于特殊普通合伙组织形式的会计师事务所，一个合伙人或者数个合伙人在执业活动中因故意或者重大过失造成合伙企业债务的，应当承担无限责任或者无限连带责任，其他合伙人以其在合伙企业中的财产份额为限承担责任。合伙人在执业活动中非因故意或者非重大过失造成的合伙企业债务以及合伙企业其他债务，由全体合伙人承担无限连带责任。

有限责任公司制会计师事务所，是由注册会计师认购会计师事务所股份，并以其所认购股份对会计师事务所承担有限责任。会计师事务所以其全部资产对其债务承担有限责任。

②注册会计师。注册会计师是指取得注册会计师证书并在会计师事务所执业的人员，简称为 CPA，是从事社会审计、中介审计、独立审计的专业人士。

目前在我国，取得执业注册会计师资格主要通过考试和实际工作经验年限考核两方面确定。财政部成立注册会计师考试委员会（简称财政部考委会），组织领导注册会计师全国统一考试工作。各省、自治区、直辖市财政厅（局）成立地方注册会计师考试委员会（简称地方考委会），组织领导本地区注册会计师全国统一考试工作。

注册会计师执业资格考试合格，并在中国境内从事审计业务工作 2 年以上者，可以申请注册为执业会员（即签字注册会计师）；取得注册会计师执业资格考试合格，但尚未在中国境内从事审计业务工作 2 年以上者，可以自行向取得全科合格证书的省级注册会计师协会申请注册为非执业会员。

注册会计师协会应当将准予注册的人员名单报国务院财政部门备案。准予注册的申请人，由注册会计师协会发给国务院财政部门统一制定的注册会计师证书。

③注册会计师协会。中国注册会计师协会简称中注协（CICPA），是中国大陆的注册会计师行业组织，成立于1988年11月15日。

中国注册会计师协会最高权力机构为全国会员代表大会，全国会员代表大会选举产生理事会。理事会选举产生正副会长和常务理事会，理事会设若干专门委员会和专业委员会。中国注册会计师协会下设秘书处，为其常设执行机构。

中国注册会计师协会的会员包括注册会计师（执业会员）和非执业会员。执业会员又分为注册会计师个人会员和会计师事务所团体会员。

中国注册会计师协会的宗旨是服务、监督、管理、协调，即以诚信建设为主线，服务本会会员，监督会员执业质量、职业道德，依法实施注册会计师行业管理，协调行业内、外部关系，维护社会公众利益和会员合法权益，促进行业科学发展。

④业务范围。注册会计师的业务包括鉴证业务和非鉴证业务。

第一，鉴证业务。鉴证业务主要包括审计业务、审阅业务和其他鉴证业务。

审计业务主要包括：审查企业财务报表，出具审计报告；验证企业资本，出具验资报告；办理企业合并、分立、清算事宜中的审计业务，出具有关的报告；办理法律、行政法规规定的其他审计业务，出具相应的审计报告。

审阅业务主要是对中期财务信息进行审阅，对鉴证结论提供一种有限保证。其目标是注册会计师在实施审阅程序的基础上，说明是否注意到某些事项，使其相信财务报表没有按照适用的会计准则的规定编制，未能在所有重大方面公允反映被审阅单位的财务状况、经营成果和现金流量。

其他鉴证业务，是指对非历史的财务信息（如招股说明书、贷款的未来现金流量预测等）、非财务信息（药品疗效、奖票统计等）进行鉴证。

第二，非鉴证业务。非鉴证业务，是指注册会计师的相关服务，主要包括对财务信息执行商定程序、代编财务信息、税务服务、管理咨询以及会计服务等。

财务报表审计是注册会计师的传统核心业务。财务报表审计是指注册会计师对财务报表是否不存在重大错报提供合理保证，以积极方式提出意见，增强除管理层之外的预期使用者对财务报表信赖的程度。

**提示**

注册会计师为了满足委托人的需要，应对审计环境的变化创新经历了账项基础审计、制度基础审计到风险导向审计等几个阶段。

## 子任务 1.1.2 审计的职能

审计职能是指审计本身所固有的内在功能。对于审计职能的论述，有很多不同的见解，通常认为审计主要具有经济监督、经济确认和经济鉴证三大职能。

### 1. 经济监督

经济监督是指监察和督促被审计单位的全部经济活动或其某一特定方面在规定的标准

以内，在正常的轨道上进行。经济监督是审计的基本职能，体现于审计工作的各个方面。通过审计，国家政府可以揭露违法违纪，严肃财经纪律，稽查损失浪费，维护国家、人民和国有资产的利益，可以查明错误弊端，判断管理缺陷和追究经济责任，保证政府机关、国有企事业单位经济活动的合法性。

### 2. 经济确认

经济确认就是通过审核检查，确定被审计单位的计划、预算、决策、方案是否先进可行，经济活动是否按照既定的决策和目标进行，经济效益的高低优劣，以及内部控制系统是否适当有效等，从而有针对性地提出意见和建议，以促使其改善经营管理，提高经济效益。

审核检查是经济确认的前提，只有查明了被审计单位的客观事实，才能按照一定的标准，进行对比分析，形成各种经济确认意见。同时，经济确认也是肯定成绩、发现问题的过程。因此，经济确认职能的扩展，就是审计咨询。审计咨询是审计人员从经济确认出发，提出改进经济工作、提高效率的建议和措施。

### 3. 经济鉴证

经济鉴证是指审计机构和审计人员对被审计单位会计报表及其他经济资料进行检查和验证，确定其财务状况和经营成果是否真实、公允、合法、合规，并出具书面证明，以便为审计的授权人或委托人提供确切的信息，并取信于社会公众的一种职能。

经济鉴证职能是随着现代审计的发展而出现的一项职能，很多国家法律规定，公司财务报表须经过审计人员鉴证之后，才能获得社会上的承认。我国公司财务报表须经中国注册会计师鉴证后，才具有法律效力。因此，审计的经济鉴证职能在经济生活中发挥着非常重要的作用。

## 任务 1.2 审计要素

| 情景列表 | 情　景　实　例 |
| --- | --- |
| 财务报表预期使用者 | 北京市鼎盛股份有限公司想要对华岚公司进行投资，要求华岚公司提供一份经审计的反映财务状况的财务报表。北京市鼎盛股份有限公司就是该审计报告的预期使用者 |

注册会计师通过收集充分、适当的证据来评价财务报表是否在所有重大方面符合会计准则，并出具审计报告，从而提高财务报表的可信性。因此，对财务报表审计而言，审计业务要素包括审计业务的三方关系人、财务报表、财务报表编制基础、审计证据和审计报告。

## 子任务 1.2.1 审计业务三方当事人

三方关系人分别是注册会计师、被审计单位管理层（责任方）、财务报表预期使用者。

### 1. 注册会计师

注册会计师是指取得注册会计师证书并在会计师事务所执业的人员，通常是指项目合伙人或项目组其他成员，有时也指其所在的会计师事务所。

按照审计准则的规定对财务报表发表审计意见是注册会计师的责任。为履行这一职责，注册会计师应当遵守相关职业道德要求，按照审计准则的规定计划和实施审计工作，获取充分、适当的审计证据，并根据获取的审计证据得出合理的审计结论，发表恰当的审计意见。注册会计师通过签署审计报告确认其责任。

如果审计业务涉及的特殊知识和技能超出了注册会计师的能力，注册会计师可以利用专家协助执行审计业务。在这种情况下，注册会计师应当确信包括专家在内的项目组整体已具备执行该项审计业务所需的知识和技能，并充分参与该项审计业务和了解专家所承担的工作。

### 2. 被审计单位管理层

管理层是指对被审计单位经营活动的执行负有经营管理责任的人员，对财务报表编制负责。在某些被审计单位，管理层包括部分或全部的治理层成员，如治理层中负有经营管理责任的人员，或参与日常经营管理的业主（以下简称业主兼经理）。治理层是指对被审计单位战略方向以及管理层履行经营管理责任负有监督责任的人员或组织。治理层的责任包括监督财务报告过程。在某些被审计单位，治理层可能包括管理层，如治理层中负有经营管理责任的人员，或业主兼经理。

与管理层和治理层责任相关的执行审计工作的前提（以下简称执行审计工作的前提），是指管理层和治理层（如适用）认可并理解其应当承担下列责任，这些责任构成注册会计师按照审计准则的规定执行审计工作的基础：①按照适用的财务报告编制基础编制财务报表，并使其实现公允反映（如适用）；②设计、执行和维护必要的内部控制，以使财务报表不存在由于舞弊或错误导致的重大错报；③向注册会计师提供必要的工作条件，包括允许注册会计师接触与编制财务报表相关的所有信息（如记录、文件和其他事项），向注册会计师提供审计所需的其他信息，允许注册会计师在获取审计证据时不受限制地接触其认为必要的内部人员和其他相关人员。

财务报表审计并不减轻管理层或治理层的责任。

财务报表编制和财务报表审计是财务信息生成链条上的不同环节，两者各司其职。法律法规要求管理层和治理层对编制财务报表承担责任，有利于从源头上保证财务信息质量。同时，在某些方面，注册会计师与管理层和治理层之间可能存在信息不对称。管理层和治理层作为内部人员，对企业的情况更为了解，更能作出适合企业特点的会计处理决策和判断，因此，管理层和治理层理应对编制财务报表承担完全责任。

如果财务报表存在重大错报，而注册会计师通过审计没有能够发现，也不能因为财务报表已经被注册会计师审计这一事实而减轻管理层和治理层对财务报表的责任。

### 3. 预期使用者

预期使用者是指预期使用审计报告和财务报表的组织或人员。如果审计业务服务于特定的使用者或具有特殊目的，注册会计师可以很容易地识别预期使用者。例如，某企业计划进行投资，要求被投资单位提供一份经审计的反映财务状况的财务报表，那么，投资企业就是该审计报告的预期使用者。

## 子任务 1.2.2 财务报表

在财务报表审计中，审计对象是历史的财务状况、经营业绩和现金流量，审计对象的载体是财务报表。财务报表，是指依据某一财务报告编制基础对被审计单位历史财务信息作出的结构性表述，旨在反映某一时点的经济资源或义务或者某一时期经济资源或义务的变化。财务报表通常是指整套财务报表，有时也指单一财务报表。披露包括适用的财务报告编制基础所要求的、明确允许的或通过其他形式允许作出的解释性或描述性信息。披露是财务报表不可分割的组成部分，主要在财务报表附注中反映，也可能在财务报表表内反映，或通过财务报表中的交叉索引予以提及。

管理层和治理层（如适用）在编制财务报表时需要：①根据相关法律法规的规定确定适用的财务报告编制基础；②根据适用的财务报告编制基础编制财务报表；③在财务报表中对适用的财务报告编制基础作出恰当的说明。编制财务报表要求管理层根据适用的财务报告编制基础运用判断作出合理的会计估计，选择和运用恰当的会计政策。

财务报表可以按照某一财务报告编制基础编制，旨在满足下列需求之一：①广大财务报表使用者共同的财务信息需求（即通用目的财务报表的目标）；②财务报表特定使用者的财务信息需求（即特殊目的财务报表的目标）。

整套财务报表通常包括资产负债表、利润表、现金流量表、所有者权益（或股东权益）变动表和相关附注。单一财务报表通常是指：①资产负债表；②利润表或经营状况表；③留存收益表；④现金流量表；⑤不包括所有者权益的资产和负债表；⑥所有者权益变动表；⑦收入和费用表；⑧产品线经营状况表。

单一财务报表和相关附注也可能构成整套财务报表。

## 子任务 1.2.3 财务报表基础

注册会计师在运用职业判断对审计对象作出合理一致的评价或计量时，需要有适当的标准。在财务报表审计中，财务报告编制基础即是标准。适用的财务报告编制基础，是指法律法规要求采用的财务报告编制基础；或者管理层和治理层（如适用）在编制财务报表时，就被审计单位性质和财务报表目标而言，采用的可接受的财务报告编制基础。

财务报告编制基础分为通用目的编制基础和特殊目的编制基础。通用目的编制基础，旨在满足广大财务报表使用者共同的财务信息需求的财务报告编制基础，主要是指企业会计准则和相关会计制度。特殊目的编制基础，旨在满足财务报表特定使用者对财务信息需求的财务报告编制基础，包括计税核算基础、监管机构的报告要求和合同的约定等。

## 子任务 1.2.4 审计证据

注册会计师对财务报表提供合理保证是建立在获取充分、适当证据的基础上的。审计证据，是指注册会计师为了得出审计结论和形成审计意见而使用的必要信息。

审计证据在性质上具有累积性，主要是在审计过程中通过实施审计程序获取的。然而，审计证据还可能包括从其他来源获取的信息，如以前审计中获取的信息（前提是注册会计师已确定自上次审计后是否已发生变化，这些变化可能影响这些信息对本期审计的相关性）或会计师事务所接受与保持客户或业务时实施质量控制程序获取的信息。除从被审计单位内部其他来源和外部来源获取的信息外，会计记录也是重要的审计证据来源。同样，被审计单位雇用或聘请的专家编制的信息也可以作为审计证据。审计证据既包括支持和佐证管理层认定的信息，也包括与这些认定相矛盾的信息。在某些情况下，信息的缺乏（如管理层拒绝提供注册会计师要求的声明）本身也构成审计证据，可以被注册会计师利用。在形成审计意见的过程中，注册会计师的大部分工作是获取和评价审计证据。

审计证据的充分性和适当性相互关联。充分性是对审计证据数量的衡量。注册会计师需要获取的审计证据的数量受其对重大错报风险评估的影响（评估的重大错报风险越高，需要的审计证据可能越多），并受审计证据质量的影响（审计证据质量越高，需要的审计证据可能越少）。然而，注册会计师仅靠获取更多的审计证据可能无法弥补其质量上的缺陷。审计证据的适当性是对审计证据质量的衡量，即审计证据在支持审计意见所依据的结论方面具有的相关性和可靠性。审计证据的可靠性受其来源和性质的影响，并取决于获取审计证据的具体环境。

由于不同来源或不同性质的证据可以证明同一项认定，注册会计师可以考虑获取证据的成本与所获取信息有用性之间的关系，但不应仅以获取证据的困难和成本为由减少不可替代的程序。在评价证据的充分性和适当性以支持鉴证报告时，注册会计师应当运用职业判断，并保持职业怀疑态度。

## 子任务 1.2.5 审计报告

注册会计师应当针对财务报表在所有重大方面是否符合适当的财务报表编制基础，以书面报告的形式发表能够提供合理保证程度的意见。

如果对财务报表发表无保留意见，除非法律法规另有规定，注册会计师应当在审计意见中使用“财务报表在所有重大方面按照[适用的财务报告编制基础（如企业会计准则等）]编制，公允反映了……”的措辞。

如果存在下列情形之一时，注册会计师应当对财务报表清楚地发表恰当的非无保留意见：①根据获取的审计证据，得出财务报表整体存在重大错报的结论；②无法获取充分、适当的审计证据，不能得出财务报表整体不存在重大错报的结论。

除审计准则规定的注册会计师对财务报表出具审计报告的责任外，相关法律法规可能对注册会计师设定了其他报告责任。如果注册会计师在对财务报表出具的审计报告中履行了其他报告责任，应当在审计报告中将其单独作为一部分，并以“按照相关法律法规的要求报告的事项”为标题。

# 任务 1.3 审计目标和审计对象

| 情景列表 | 情　景　实　例 |
| --- | --- |
| 审计目标 | 完整性认定既与各类交易、事项及相关披露的认定相关，同时也与期末账户余额及相关披露的认定相关 |

## 子任务 1.3.1 审计的总体目标

审计目标是指监督、确认和鉴证审计对象所要达到的目的和要求，它是指导审计工作的指南。审计目标的确定，除受审计对象的制约以外，还主要取决于审计的各类审计职能和审计委托者对审计工作的要求。

审计目标分为总体审计目标和具体审计目标。

### 1. 总体审计目标的概念

总体审计目标是审计人员所要达到的目的和要求。具体来说，是注册会计师通过执行审计工作：①对财务报表整体是否不存在由舞弊或错误导致的重大错报获取合理保证，使得注册会计师能够对财务报表是否在所有重大方面按照适用的财务报告编制基础编制发表审计意见；②按照审计准则规定，根据审计结果对财务报表出具审计报告，并与管理层和治理层沟通。

## 2. 总体审计目标的内容

注册会计师最终责任是按照审计准则的要求对财务报表发表审计意见，这是注册会计师的审计责任，也是注册会计师要达到的审计目标。

对于注册会计师审计来说，总体审计目标概括起来，就是指审查和评价审计对象的真实性和公允性、合法性和合规性、合理性和效益性、适当性和有效性。

（1）真实性和公允性。审计的总体目标之一，是审查和评价被审计单位财务报表和其他有关资料的真实性和公允性。审查被审计单位的财务报表和其他有关资料，是否如实、恰当地反映了被审计单位的财务收支状况及其结果以及与其有关的其他经济活动的事实；审查被审计单位的财务报表和其他有关资料的记录和计算是否准确无误，所有经济业务是否全部入账或记录。

**提示**

对于政府审计和内部审计，更侧重于真实性的审查，对于民间审计，更侧重于公允性的审查。

（2）合法性和合规性。审计的总体目标之一，是审查和评价被审计单位的财务收支及有关的经营管理活动的合法性和合规性。审查被审计单位的财务收支及其有关经营管理活动，是否符合国家的法律法规，是否符合会计准则的规定。

（3）合理性和效益性。审计的总体目标之一，是审查和评价被审计单位的财务收支及有关的经营管理活动的合理性和效益性。审查被审计单位的财务收支及其有关经营管理活动，是否符合事物发展的常理，是否符合企业经营管理的规律和发展趋势，是否经济利用人财物等资源，是否讲究效率；审查被审计单位的经营目标、决策、计划方案是否可行、是否讲求效果，经济活动是否具有经济效益。

**提示**

总体审计目标中的合理性和效益性，在内部审计中更为偏重。

（4）适当性和有效性。审计的总体目标之一，是审查和评价内部控制设计的适当性。审查和评价为实现控制目标所必需的内部控制要素是否都存在并且设计恰当；审查和评价内部控制运行的有效性，即审查和评价设定的内部控制系统是否按照规定程序得到了正确执行。

**提示**

总体审计目标中的适当性和有效性，通常针对被审计单位的内部控制方面的审计。

## 子任务 1.3.2 审计的认定和具体目标

### 1. 审计的认定

（1）认定的概念。

通常情况下，审计人员应以财务报表审计的目标为指导，以管理层的认定为基础，根据被审计单位的具体情况确定各类交易、账户余额和列报的审计程序。

管理层认定，是指被审计单位管理层对财务报表各组成要素的确认、计量、列报作出的明确或隐含的表达。当管理层声明财务报表已按照适用的财务报告编制基础进行编制，在所有重大方面作出公允反映时，就意味着管理层对财务报表各组成要素的确认、计量、列报以及相关的披露作出了认定。

审计人员将管理层认定用于考虑可能发生的不同类型的潜在错报。

（2）关于审计期间种类交易、事项及相关披露的认定。

注册会计师对各类交易和事项运用的认定通常包括：

①发生：记录的交易或事项已发生，且与被审计单位有关；

②完整性：所有应当记录的交易和事项均已记录；

③准确性：与交易和事项有关的金额及其他数据已恰当记录；

④截止：交易和事项已记录于正确的会计期间；

⑤分类：交易和事项已记录于恰当的账户。

（3）关于期末账户余额及其相关披露的认定。

注册会计师对期末账户余额运用的认定通常包括：

①存在：记录的资产、负债和所有者权益是存在的。

②权利和义务：记录的资产由被审计单位拥有或控制，记录的负债是被审计单位应当履行的偿还义务。

③完整性：所有应当记录的资产、负债和所有者权益均已记录。

④计价和分摊：资产、负债和所有者权益以恰当的金额包括在财务报表中，与之相关的计价或分摊调整已恰当记录。

### 2. 审计的具体目标

审计具体目标是审计总目标的进一步具体化，需要根据审计总目标和被审单位管理当局对其会计报表的认定来确定。这里将分别介绍被审单位管理当局对财务报表的认定、审计目标、审计程序、审计证据和审计工作底稿，以及它们之间的关系。管理当局对财务报表的认定是指被审单位管理当局对其财务报表所做的断言或声明。当管理当局呈递财务报表时，报表资料或明确地或含蓄地阐述了该企业的财务状况和经营状况。例如，资产负债表中“应收账款”项目余额为 500 000 元，表明管理当局认定，由于销售产品或服务而产生的应收账款在资产负债表日确实存在，且价值为 500 000 元。对于不同的账户，管理当局的认定是不尽相同的。一般说来，管理当局对财务报表的认定具体可分为五类：

（1）存在或发生。存在与发生认定是指资产负债表所列示的资产、负债、权益在资产负债表日确实存在，损益表所列示的各项收入与费用在会计期间确实发生。该认定与财务报表有关项目的高估、虚计，即真实性有关。

（2）完整性。完整性认定是指所有应该在会计报表中列示的交易和项目都确实列入了。例如，管理当局认定，资产负债表中的“应收账款”项目余额50万元，包括了资产负债表日企业所有的此类应收账款。与“存在和发生”认定相反，完整性认定与财务报表有关项目的低估、少计、隐瞒等有关。

（3）权利和义务。权利和义务认定是指会计报表中记录的各项资产确属公司所有或控制，而会计报表中记录的各项负债确属公司应履行的义务。从以上定义可以看出，权利与义务认定只与资产负债表项目有关，这是与上述两项认定不同之处。

（4）估价或分摊。估价或分摊认定是指各项资产、负债、所有者权益、收入和费用等要素均按适当的金额列入会计报表中。所谓“适当的金额”是指这一金额的确定不仅遵循了一般公认的会计准则，而且在数学上的处理也正确无误。遵守一般的公认会计准则是指被审单位适当地运用了成本、配比及一贯性等会计原则。数学上的正确性则不仅包括各种账簿的登记和数字加总正确，还包括有关项目（如应计利息、固定资产折旧等）计算的正确性和会计估计（如坏账准备、存货跌价准备计提）的合理性。因此，估价或分摊认定包括会计计量的正确性、会计估计的合理性和数学上的精确性三层含义。

（5）表达与披露。表达与披露认定是指会计报表中各项目分类正确，会计原则选用适当，信息披露充分。例如，如果企业的某些资产已被抵押，则必须在会计报表附注中加以披露，否则就违反了该认定的要求。审计人员必须深入了解管理当局对财务报表的认定，因为这些认定是确定具体审计目标和制定审计程序的出发点和落脚点。审计人员的基本职责就是确定被审单位管理当局对其会计报表的认定是否有理由。因此，具体审计目标应该是针对特定账户余额或交易类别，为确认管理当局对财务报表的每一个认定收集和评价证据。

审计的具体目标为获得审计证据来证明被审单位管理当局对其会计报表的认定，审计人员必须针对每一项认定制定具体的审计目标。一旦为实现审计具体目标取得了足够的证据，则审计人员就有理由确认被审单位管理当局的认定是合理的。表1-1列出了每一项认定对应的具体目标，即实存性、完整性、准确性、分类、截止、详细匹配、可变现价值、权利和义务、表达和披露等9项，同时以存货为例说明了其含义。值得注意的是，管理当局的认定与具体审计目标之间并非一一对应的关系，而是多一些，这样便于为审计人员收集审计证据提供更直接、详细的指南。管理当局认定与适用于存货的具体审计目标，如表1-1所示。

表 1-1　管理当局认定与适用于存货的具体审计目标

| 管理当局认定 | 具体审计目标 | |
|---|---|---|
| 1. 存在或发生 | 1. 真实性 | 资产负债表日，已记录的全部存货均存在 |
| 2. 完整性 | 2. 完整性 | 现有存货均盘点并计入存货总额 |
| 3. 权利与义务 | 3. 所有权 | ①公司对所有存货均拥有所有权<br>②存货为作抵押 |
| 4. 估价或分摊 | 4. 估价 | ①账面存货量与实物数量相等，用于估价的存货的价格无重大错误<br>②单价与数量的乘积正确，详细数据的加总正确<br>③当存货的可实现性减少时，已冲减存货价值 |
| | 5. 截止 | ①年末采购截止是恰当的<br>②年末销售截止是恰当的 |
| | 6. 机械准确性 | 存货项目的总计数与总账一致 |
| 5. 表达与披露 | 7. 披露 | ①存货主要种类和估价已揭示<br>②存货的抵押或转让已揭示 |
| | 8. 分类 | 存货已恰当地分为原材料、在产品和产成品等 |

# 任务 1.4　重要性和审计风险

| 情景列表 | 情　景　实　例 |
|---|---|
| 审计重要性水平 | 审计人员初步确定财务报表整体的重要性水平为 220 万元。审计人员按分配的方法，确定各资产账户（假设只有货币资金、应收账款、存货和固定资产）的重要性水平，通过分析，认为货币资金的重要性水平为 10 万元，应收账款的重要性水平为 35 万元，存货的重要性水平为 70 万元，固定资产的重要性水平为 105 万元 |

## 子任务 1.4.1　审计重要性

### 1. 审计重要性的概念

审计项目负责人对被审计单位的基本业务情况进行了解和执行分析程序之后，应对审计工作作出规划。在编制审计计划时，审计人员还应对重要性进行适当评估。

审计的重要性是指被审计单位财务报表中错报或漏报的严重程度，这一程度在特定环境下可能影响财务报表使用者的判断或决策。

理解审计重要性的概念，必须注意以下几点：

（1）重要性的判断离不开特定的环境。对重要性的判断是根据具体环境作出的。在不同的环境下，被审计单位的规模、性质、报表使用者对信息的需求不尽相同，因此，注册会计师确定的重要性也不相同。

**提示**

某一金额的错报对一个规模较小的被审计单位的财务报表来说可能是重要的，而对另一规模较大的被审计单位的财务报表来说可能是不重要的。

（2）重要性概念必须从财务报表使用者的角度来考虑。财务报表是为满足报表使用者的信息需求而编制的，因此，审计人员必须站在报表使用者的角度，而不是站在审计人员或被审计单位管理层的角度来考虑重要性。

（3）重要性概念是针对财务报表而言的。判断一项错报重要与否，应视其对财务报表使用者依据财务报表作出经济决策的影响程度而言，如果财务报表中的某些错报足以改变或影响财务报表使用者的相关决策，则该项错报就是重要的，否则就不重要。

在审计实务中，重要性的适用范围主要包括以下两方面：

①审计人员在执行财务报表审计时，包括对公司以及实行公司化管理的事业单位的年度和非年度财务报表进行的审计，应当运用重要性原则。

②审计人员在执行其他鉴证业务时，如盈利预测审核等，涉及重要性原则的运用时，除非其他法规和准则有特定要求，应当参照重要性原则办理。

**提示**

如果合理预期错报或漏报单独或汇总起来可能影响财务报表使用者依据财务报表作出的经济决策，则通常认为错报是重要的。

### 2. 审计重要性水平

（1）两个层次的重要性水平。一般来说，重要性水平是指用金额额度表示的会计信息错报与错弊的严重程度，该错报错弊未被揭露足以影响会计信息使用者的判断或者决策。重要性水平，可以理解为审计重要性的量化标准。在审计过程中，审计人员应当考虑两个层次的重要性水平，即财务报表整体的重要性和特定类别的各交易、账户或披露的重要性水平。

①财务报表整体的重要性水平。如果一项错报单独或连同其他错报可能影响财务报表使用者依据财务报表作出的经济决策，则该项错报是重大的。注册会计师在制定总体审计策略时应当确定财务报表整体的重要性，以便能够评价财务报表整体是否公允反映。

提示

财务报表整体重要性水平是被审计单位“总的可容忍错报”，超过这一水平，审计人员不能发表无保留意见。

②各交易、账户或披露的重要性水平。各交易、账户或披露的重要性水平，它是财务报表每一项目的重要性水平，它的确定以审计人员对财务报表整体重要性水平的初步评估为基础。交易、账户余额或披露的重要性水平也称为“可容忍错报”，即使某一项错报超过重要性水平，只要各项目错报累计低于财务报表总体上重要性水平，仍可以发表无保留意见。

提示

重要性水平中指的错报，是指经注册会计师发现财务报表存在的问题后与被审计单位进行沟通，建议被审计单位调整后，仍然存在的错报，即最终的错报。

（2）重要性水平的确定。

①影响重要性水平的因素。审计人员对重要性水平作出初步判断时，可综合考虑以下三方面的主要因素：

第一，以往的审计经验。如果对被审计单位以往审计时确定的重要性水平适当，则可作为本次审计时确定重要性水平的依据。

第二，被审计单位的经营规模及性质。不同规模、不同性质的企业，重要性水平的确定也不相同。

第三，内部控制的评估结果。被审计单位的内部控制情况不同，重要性水平的确定也不同，通常来说，内部控制健全的被审计单位，重要性水平可定得高一些。

②财务报表整体重要性水平的确定。在制定总体审计策略时，审计人员应当确定财务报表整体的重要性。在确定财务报表整体重要性水平时，审计人员通常先选定一个基准，再乘以某一百分比作为财务报表整体的重要性。选择适合具体情况的适当基准和百分比，是注册会计师运用职业判断的结果。

第一，判断基础。判断基础是指审计人员在确定财务报表重要性水平时选定的基准，该基准取决于被审计单位的具体情况，包括各类报告收益（如税前利润、营业收入、毛利和费用总额），以及所有者权益或净资产。对于以营利为目的的实体，通常以经常性业务的税前利润作为基准。如果经常性业务的税前利润不稳定，选用其他标准可能更加合适，如毛利或营业收入。

第二，计算方法。财务报表整体重要性水平通常采用固定比率法进行计算。固定比率法，是在审计人员选定判断基础后，乘以一个固定百分比，计算出财务报表整体的重要性水平的方法。不同的判断基础，适用的百分比也不尽相同。实务中的常用比率如表1-2所示。

表 1-2 常用比率

| 判断基础 | 适用百分比 |
|---|---|
| 净利润 | 5%（净利润较大时）—10%（净利润较小时） |
| 资产总额 | 0.5%（资产总额较大时）—1%（资产总额较小时） |
| 净资产 | 1% |
| 营业收入 | 0.5%（营业收入较大时）—1%（营业收入较小时） |

审计人员应当首先对每张财务报表确定一个重要性水平，如果同一期间各财务报表的重要性水平不同，审计人员应当取其最低者作为财务报表整体重要性水平。

③各交易、账户或披露的重要性水平确定。对于各交易、账户或披露的重要性水平的确定，审计人员可以采用分配的方法或不分配的方法。

第一，分配的方法是将财务报表整体的重要性水平按一定方法分配至各账户或各类交易。

【情景 1-1】审计人员初步确定财务报表整体的重要性水平为 220 万元。审计人员按分配的方法，确定各资产账户（假设只有货币资金、应收账款、存货和固定资产）的重要性水平，通过分析，认为货币资金的重要性水平为 10 万元，应收账款的重要性水平为 35 万元，存货的重要性水平为 70 万元，固定资产的重要性水平为 105 万元。

**提示**

按分配的方法，各交易、账户或披露的重要性水平合计数与财务报表整体的重要性水平是一致的，在【情景 1-1】中，即有 220=10 + 35 + 70 + 105。

第二，不分配的方法是单独确定各账户或各类交易的重要性水平。

【情景 1-2】审计人员初步确定财务报表整体的重要性水平为 220 万元。如果审计人员按不分配的方法，确定各资产账户（假设只有货币资金、应收账款、存货和固定资产）的重要性水平，通过分析，认为货币资金的重要性水平为财务报表整体重要性水平的 10%，应收账款的重要性水平为财务报表整体重要性水平的 20%，存货的重要性水平为财务报表整体重要性水平的 40%，固定资产的重要性水平为财务报表整体重要性水平的 50%，则货币资产、应收账款、存货和固定资产的重要性水平，分别为 22 万元、44 万元、88 万元和 110 万元。

**提示**

按不分配的方法，各交易、账户或披露的重要性水平的重要性水平合计数与财务报表整体的重要性水平没有关系，在此例中，可知 220 ≠ 22 + 44 + 88 + 110。

第三，各交易、账户或披露的性质及错报的可能性。

第四，各交易、账户或披露的重要性水平与财务报表层次重要性水平的关系。

在实际工作中，预测哪些账户或交易可能发生错报或漏报比较困难，因此，重要性水平的确定是一个非常困难的专业判断过程。在审计过程中如修改审计计划，注册会计师应当重新考虑部分或全部账户及交易的重要性水平。

### 3. 审计重要性的运用

（1）重要性运用的一般原则。对重要性的评估是审计人员的一种专业判断。注册会计师对运用重要性原则的一般要求，可以从以下几个方面来理解：

①需要运用重要性原则的情形。在审计过程中，需要运用重要性原则主要有以下两种情形：

第一，在确定审计程序的性质、时间和范围时，此时重要性被看成所允许的可能或潜在的未发现错报的限度，即注册会计师在运用审计程序以检查财务报表的错报时所允许的误差范围；

第二，在评价审计结果时，此时重要性被看成某一错报或漏报的汇总数是否会影响到财务报表使用者判断和决策的标准。

②需要合理运用重要性原则。注册会计师在审计过程中，需要合理运用重要性原则，主要体现在两个方面：

第一，审计人员在审计过程中应当运用重要性原则，这是基于这样的考虑：为了提高审计效率；为了保证审计质量。

第二，审计人员应当合理运用重要性原则，因为重要性原则运用不当，往往会导致审计成本过大，而浪费人力和时间；或者审计风险过大，而得出错误的审计结论。

③对重要性的评估需要运用专业判断。注册会计师在对某一被审计单位进行审计时，必须根据客户面临的环境，并考虑其他因素，运用专业判断，合理确定重要性水平。

（2）金额和性质的考虑。重要性的判断受错报的金额或性质的影响，或受两者共同作用的影响。也就是说，重要性具有数量和质量两个方面的特征。

错报金额的大小是判断重要性的一个重要因素，同样类型的错报或漏报，数额大的显然要比数额小的更严重。另外，在考虑金额大小的时候，还要注意多项小额错报的累计影响，单独一项错报看来并不重要，但如果多次出现，积少成多，就变得重要了。

注册会计师在运用重要性原则时，还应当考虑错报或漏报的性质。在某些情况下，某些金额的错报从金额上考虑并不重要，但从性质方面考虑，则可能是重要的。

性质上重要的错报常见的情形有：涉及舞弊与违法行为的错报和漏报；可能引起履行合同义务的错报或漏报；影响收益趋势的错报或漏报；不期望出现的错报或漏报。

## 子任务 1.4.2 审计风险

### 1. 审计风险的概念

审计风险是指当财务报表存在重大错报时，注册会计师发表不恰当审计意见的可能性。审计风险可以表述为

审计风险 = 重大错报风险 × 检查风险

风险评估建立在为实现其目的获取必要信息所实施的审计程序和整个审计过程中所获取的审计证据的基础上。风险评估是一项职业判断，而不是一项能够精确计量的事项。

在审计准则中，审计风险不包括财务报表不存在重大错报，而注册会计师发表的审计意见认为财务报表存在重大错报的风险。这种风险通常可以忽略不计。

审计风险是一个与审计过程相关的技术术语，并不是指注册会计师的业务风险，如因诉讼、负面宣传或其他与财务报表审计相关的事项而导致损失的可能性。

### 2. 重大错报风险

重大错报风险是指财务报表在审计前存在重大错报的可能性。重大错报风险与被审计单位的风险相关，且独立于财务报表审计而存在。在设计审计程序以确定财务报表整体是否存在重大错报时，注册会计师应当从财务报表层次和各类交易、账户余额和披露认定层次方面考虑重大错报风险。

（1）两个层次的重大错报风险。重大错报风险可能存在于下列两个层次：

①财务报表层次。财务报表层次的重大错报风险，是指与财务报表整体存在广泛联系并潜在影响多项认定的重大错报风险。

②各类交易、账户余额和披露的认定层次。评估认定层次的重大错报风险的目的，是确定所需实施的进一步审计程序的性质、时间安排和范围以获取充分、适当的审计证据。这种证据使注册会计师能够在审计风险处于可接受的低水平时对财务报表发表意见。

提 示

注册会计师使用多种方法评估重大错报风险。例如，注册会计师可以利用风险模型(即用数学术语表达审计风险各要素之间一般关系的模型)，得出可接受的检查风险。这种模型可能有助于计划审计程序。

（2）固有风险和控制风险。认定层次重大错报风险由固有风险和控制风险两部分组成。固有风险和控制风险是被审计单位的风险，独立于财务报表审计而存在。

①固有风险。固有风险是指在考虑相关的内部控制之前，某类交易、账户余额或披露的某一认定易于发生错报（该错报单独或连同其他错报可能是重大的）的可能性。

某些认定及相关类别的交易、账户余额和披露，固有风险较高。例如，复杂的计算或者金额来源于具有高度不确定性的会计估计的账户，固有风险较高。外部环境引起的经营风险也可能影响固有风险，例如，技术进步可能导致某项产品陈旧，进而导致存货易于高估。被审计单位及其环境的某些因素，可能与多个或所有类别的交易、账户余额或披露相关，也可能影响与某一具体认定相关的固有风险。例如，这些因素可能包括缺乏持续经营的营运资本或由于大规模的经营失败而表现出的产业衰退。

②控制风险。控制风险是指某类交易、账户余额或披露的某一认定发生错报，该错报单独或连同其他错报是重大的，但没有被内部控制及时防止或发现并纠正的可能性。

控制风险取决于内部控制设计、执行和维护的有效性。管理层采用内部控制，旨在应对识别出影响被审计单位实现与财务报表编制相关的目标的风险。然而，由于内部控制的固有限制，无论内部控制设计和运行如何有效，也只能降低而不能消除财务报表的重大错报风险。内部控制的固有限制包括诸如人为差错的可能性，因串通舞弊或管理层不适当地凌驾于控制之上而使内部控制被规避的可能性。因此，控制风险始终存在。审计准则规定了在确定拟实施的实质性程序的性质、时间安排和范围时，注册会计师需要测试或可以选择测试内部控制运行有效性的情形。

审计准则通常不单独提及固有风险和控制风险，而仅提及重大错报风险（即两者综合评估的结果）。然而，注册会计师可以根据其偏好的审计技术或方法以及实务的考虑，单独或综合评估固有风险和控制风险。重大错报风险的评估结果可以用定量术语（如百分比）或非定量的术语表达。在任何情况下，作出适当的风险评估，要比评估所采用的具体方法更重要。

### 3. 检查风险

在既定的审计风险水平下，可接受的检查风险水平与评估的认定层次重大错报风险呈反向关系。例如，注册会计师认为重大错报风险越高，可接受的检查风险越低，相应地，注册会计师需要获取更具有说服力的审计证据。

检查风险与注册会计师为将审计风险降至可接受的低水平而确定的审计程序的性质、时间安排和范围相关。因此，它取决于审计程序及其执行的有效性。下列措施有助于提高审计程序及其执行的有效性，降低注册会计师选取不适当的审计程序、错误执行适当的审计程序或错误解释审计结果的可能性：

（1）制订恰当的计划；

（2）为项目组分派合适的人员；

（3）保持职业怀疑；

（4）监督和复核已执行的审计工作。

# 任务 1.5 审计基本要求

| 情景列表 | 情 景 实 例 |
| --- | --- |
| 职业怀疑 | 南京酰化公司土地被政府征收后，未划入红线范围的 3.9 万平方米土地该如何进行处理，是作为南京酰化公司的账外资产，还是属于南京酰化厂的资产，其价值又如何确定 |

## 子任务 1.5.1 遵守审计准则

审计准则是衡量注册会计师执行财务报表审计业务的权威性标准，涵盖从接受业务委托到出具审计报告的整个过程，注册会计师在执业过程中应当遵守审计准则的要求。《中华人民共和国注册会计师法》第二十一条规定，注册会计师执行审计业务，必须按照执业准则、规则确定的工作程序出具报告。第三十五条规定，中国注册会计师协会依法拟订注册会计师执业准则、规则，报国务院财政部门批准后施行。

## 子任务 1.5.2 遵守职业道德守则

注册会计师受到与财务报表审计相关的职业道德要求（包括与独立性相关的要求）的约束。相关的职业道德要求通常是指中国注册会计师职业道德守则（以下简称职业道德守则）中与财务报表审计相关的规定。

《中国注册会计师职业道德守则第 1 号 —— 职业道德基本原则》和《中国注册会计师职业道德守则第 2 号 —— 职业道德概念框架》规定了与注册会计师执行财务报表审计相关的职业道德基本原则，并提供了应用这些原则的概念框架。根据职业道德守则，注册会计师应当遵循的基本原则包括：①诚信；②独立性；③客观和公正；④专业胜任能力和应有的关注；⑤保密；⑥良好职业行为。

《中国注册会计师职业道德守则第 3 号 —— 提供专业服务的具体要求》和《中国注册会计师职业道德守则第 4 号 —— 审计和审阅业务对独立性的要求》说明了注册会计师执行审计和审阅业务时如何在具体情形下应用概念框架。

就审计业务而言，注册会计师应当独立于被审计单位才是符合公众利益的，因此，职业道德守则对独立性作出要求。职业道德守则规定，独立性包括实质上的独立性和形式上的独立性。注册会计师独立于被审计单位，能够保护其形成适当审计意见的能力，使其在发表审计意见时免受不当影响。独立性能够增强注册会计师诚信行事、保持客观和公正以及职业怀疑的能力。

《质量控制准则第 5101 号 —— 会计师事务所对执行财务报表审计和审阅、其他鉴证和相关服务业务实施的质量控制》规定了会计师事务所建立和保持有关审计业务的质量控制制度的责任，同时规定了会计师事务所应当制定政策和程序，以合理保证会计师事务所及其人员遵守相关职业道德要求（包括与独立性相关的要求）的责任。

《中国注册会计师审计准则第 1121 号 —— 对财务报表审计实施的质量控制》规定了项目合伙人与相关职业道德要求有关的责任。这些责任包括通过观察和必要的询问，对项目组成员违反相关职业道德要求的迹象保持警觉；如果注意到项目组成员违反相关职业道德要求，确定采取的适当措施；就适用于审计业务的独立性要求的遵守情况形成结论。该准则还规定，在实施适用于审计业务的质量控制程序时，项目组可以依赖会计师事务所质量控制制度，除非会计师事务所或者其他机构或人员提供的信息表明其不可信赖。

## 子任务 1.5.3 保持职业怀疑

在计划和实施审计工作时，注册会计师应当保持职业怀疑，认识到可能存在导致财务报表发生重大错报的情形。职业怀疑，是指注册会计师执行审计业务的一种态度，包括采取质疑的思维方式，对可能表明由于舞弊或错误导致错报的情况保持警觉，以及对审计证据进行审慎评价。职业怀疑应当从下列方面理解：

### 1. 职业怀疑在本质上要求秉持一种质疑的理念

这种理念促使注册会计师在考虑获取的相关信息和得出结论时采取质疑的思维方式。在这种理念下，注册会计师应当具有批判和质疑的精神，摒弃“存在即合理”的逻辑思维，寻求事物的真实情况。同时，职业怀疑与客观和公正、独立性两项职业道德基本原则密切相关。保持独立性可以增强注册会计师在审计中保持客观和公正、职业怀疑的能力。

### 2. 职业怀疑要求对引起疑虑的情形保持警觉

这些情形包括但不限于：相互矛盾的审计证据；引起对文件记录、对询问的答复的可靠性产生怀疑的信息；表明可能存在舞弊的情况；表明需要实施除审计准则规定外的其他审计程序的情形。

### 3. 职业怀疑要求审慎评价审计证据

审计证据包括支持和印证管理层认定的信息，也包括与管理层认定相互矛盾的信息。审慎评价审计证据是指质疑相互矛盾的审计证据的可靠性。在怀疑信息的可靠性或存在舞弊迹象时（例如，在审计过程中识别出的情况使注册会计师认为文件可能是伪造的或文件中的某些信息已被篡改），注册会计师需要作出进一步调查，并确定需要修改哪些审计程序或实施哪些追加的审计程序。应当指出的是，虽然注册会计师需要在审计成本与信息的可靠性之间进行权衡，但是，审计中的困难、时间或成本等事项本身，不能作为省略不可替代的审计程序或满足于说服力不足的审计证据的理由。

### 4. 职业怀疑要求客观评价管理层和治理层

由于管理层和治理层为实现预期利润或趋势结果而承受内部或外部压力，即使以前正直、诚信的管理层和治理层也可能发生变化。因此，注册会计师不应依赖以往对管理层和治理层诚信形成的判断。即使注册会计师认为管理层和治理层是正直、诚实的，也不能降低保持职业怀疑的要求，不允许在获取合理保证的过程中满足于说服力不足的审计证据。

**提 示**

职业怀疑是注册会计师综合技能不可或缺的一部分，是保证审计质量的关键要素。保持职业怀疑有助于注册会计师恰当运用职业判断，提高审计程序设计及执行的有效性，降低审计风险。

### 子任务 1.5.4 合理运用职业判断

职业判断，是指在审计准则、财务报告编制基础和职业道德要求的框架下，注册会计师综合运用相关知识、技能和经验，作出适合审计业务具体情况、有根据的行动决策。

职业判断是注册会计师行业的精髓。从本质上讲，无论是财务报表的编制，还是注册会计师审计，都是由一系列判断行为构成的。职业判断对于适当地执行审计工作是必不可少的，如果没有运用职业判断将相关知识和经验灵活运用于具体事实和情况，仅靠机械地执行审计程序，注册会计师无法理解审计准则、财务报告编制基础和相关职业道德要求，难以在整个审计过程中作出有依据的决策。

职业判断涉及注册会计师执业的各个环节。一方面，职业判断贯穿于注册会计师执业的始终，从决定是否接受业务委托，到出具业务报告，注册会计师都需要作出职业判断；另一方面，职业判断涉及注册会计师执业中的各类决策，包括与具体会计处理相关的决策、与审计程序相关的决策，以及与遵守职业道德要求相关的决策。

职业判断对于作出下列决策尤为重要：①确定重要性，识别和评估重大错报风险；②为满足审计准则的要求和收集审计证据的需要，确定所需实施的审计程序的性质、时间安排和范围；③为实现审计准则规定的目标和注册会计师的总体目标，评价是否已获取充分、适当的审计证据以及是否还需执行更多的工作；④评价管理层在运用适用的财务报告编制基础时作出的判断；⑤根据已获取的审计证据得出结论，如评价管理层在编制财务报表时作出的会计估计的合理性；⑥运用职业道德概念框架识别、评估和应对影响职业道德基本原则的不利因素。

注册会计师职业判断需要在相关法律法规、职业标准的框架下作出，并以具体事实和情况为依据。如果有关决策不被该业务的具体事实和情况所支持或者缺乏充分、适当的审计证据，职业判断并不能作为不恰当决策的理由。注册会计师职业判断的决策过程通常可划分为下列五个步骤：①确定职业判断的问题和目标；②收集和评价相关信息；③识别可能采取的解决方案；④评价可供选择的方案；⑤得出职业判断结论并作出书面记录。

注册会计师是职业判断的主体，职业判断能力是注册会计师胜任能力的核心。通常来说，注册会计师具有下列特征可能有助于提高职业判断质量：①丰富的知识、经验和良好的专业技能；②独立、客观和公正；③保持适当的职业怀疑。

衡量职业判断质量可以基于下列三个方面：①准确性或意见一致性，即职业判断结论与特定标准或客观事实的相符程度，或者不同职业判断主体针对同一职业判断问题所作判断彼此认同的程度；②决策一贯性和稳定性，即同一注册会计师针对同一项目的不同判断问题，所作出的判断之间是否符合应有的内在逻辑，以及同一注册会计师针对相同的职业判断问题，在不同时点所作出的判断是否结论相同或相似；③可辩护性，即注册会计师是否能够证明自己的工作，通常，理由的充分性、思维的逻辑性和程序的合规性是可辩护性的基础。

注册会计师需要对职业判断作出适当的书面记录，对下列事项进行书面记录，有利于提高职业判断的可辩护性：①对职业判断问题和目标的描述；②解决职业判断相关问题的思路；③收集到的相关信息；④得出的结论以及得出结论的理由；⑤就决策结论与被审计单位进行沟通的方式和时间。为此，审计准则要求注册会计师编制的审计工作底稿，应当使未曾接触该项审计工作的有经验的专业人士了解在对重大事项得出结论时作出的重大职业判断。

# 任务 1.6 审计过程

| 情景列表 | 情 景 实 例 |
| --- | --- |
| 就审计约定条款达成一致意见 | 立信注册会计师事务所与北京海淀科技有限公司就审计约定条款达成一致意见，接受委托 |

风险导向审计模式要求注册会计师在审计过程中，以重大错报风险的识别、评估和应对作为工作主线。相应地，审计过程大致可分为以下几个阶段。

## 子任务 1.6.1 接受业务委托

会计师事务所应当按照执业准则的规定，谨慎决策是否接受或保持某客户关系和具体审计业务。在接受新客户的业务前，或决定是否保持现有业务或考虑接受现有客户的新业务时，会计师事务所应当执行有关客户接受与保持的程序，以获取如下信息：①考虑客户的诚信，没有信息表明客户缺乏诚信；②具有执行业务必要的素质、专业胜任能力、时间和资源；③能够遵守相关职业道德要求。

会计师事务所执行客户接受与保持的程序的目的，旨在识别和评估会计师事务所面临的风险。例如，如果注册会计师发现潜在客户正面临财务困难，或者发现现有客户曾作出虚假陈述，那么可以认为接受或保持该客户的风险非常高，甚至是不可接受的。会计师事务所除考虑客户的风险外，还需要考虑自身执行业务的能力，如当工作需要时能否获得合适的具有相应资格的员工；能否获得专业化协助；是否存在任何利益冲突；能否对客户保持独立性等。

注册会计师需要作出的最重要的决策之一就是接受和保持客户。一项低质量的决策会导致不能准确确定计酬的时间或未被支付的费用，增加项目合伙人和员工的额外压力，使会计师事务所声誉遭受损失，或者涉及潜在的诉讼。

一旦决定接受业务委托，注册会计师应当与客户就审计约定条款达成一致意见。对于连续审计，注册会计师应当根据具体情况确定是否需要修改业务约定条款，以及是否需要提醒客户注意现有的业务约定书。

## 子任务 1.6.2 计划审计工作

计划审计工作十分重要。如果没有恰当的审计计划，不仅无法获取充分、适当的审计证据，影响审计目标的实现，而且还会浪费有限的审计资源，影响审计工作的效率。

因此，对于任何一项审计业务，注册会计师在执行具体审计程序之前，都必须根据具体情况制订科学、合理的计划，使审计业务以有效的方式得到执行。一般来说，计划审计工作主要包括：在本期审计业务开始时开展的初步业务活动；制定总体审计策略；制订具体审计计划等。需要指出的是，计划审计工作不是审计业务的一个孤立阶段，而是一个持续的、不断修正的过程，贯穿于整个审计过程的始终。

## 子任务 1.6.3 识别和评估重大错报风险

审计准则规定，注册会计师必须实施风险评估程序，以此作为评估财务报表层次和认定层次重大错报风险的基础。风险评估程序是指注册会计师为了解被审计单位及其环境，以识别和评估财务报表层次和认定层次的重大错报风险（无论该错报是由于舞弊或错误导致）而实施的审计程序。风险评估程序是必要程序，了解被审计单位及其环境为注册会计师在许多关键环节作出职业判断提供了重要基础。了解被审计单位及其环境实际上是一个连续和动态地收集、更新与分析信息的过程，贯穿于整个审计过程的始终。

一般来说，实施风险评估程序的主要工作包括：了解被审计单位及其环境；识别和评估财务报表层次以及各类交易、账户余额和披露认定层次的重大错报风险，包括确定需要特别考虑的重大错报风险（即特别风险）以及仅通过实施实质性程序无法应对的重大错报风险等。

### 子任务 1.6.4 应对重大错报风险

注册会计师实施风险评估程序本身并不足以为发表审计意见提供充分、适当的审计证据，还应当实施进一步审计程序，包括实施控制测试（必要时或决定测试时）和实质性程序。因此，注册会计师在评估财务报表重大错报风险时，应当运用职业判断，针对评估的财务报表层次重大错报风险确定总体应对措施，并针对评估的认定层次重大错报风险设计和实施进一步审计程序，以将审计风险降至可接受的低水平。

### 子任务 1.6.5 编制审计报告

注册会计师在完成进一步审计程序后，还应当按照有关审计准则的规定做好审计完成阶段的工作，并根据所获取的审计证据，合理运用职业判断，形成适当的审计意见。

## 项目小结

审计是独立客观的经济监督、确认和鉴证活动。我国审计的组织形式主要包括政府审计机关、内部审计机构和民间审计组织。对于审计职能的论述，通常认为审计主要具有经济监督、经济确认和经济鉴证三大职能。审计对象是指审计监督的客体，即审计监督的内容和范围的概况。

## 项目训练

**【资料】**

甲公司系乙会计师事务所的常年审计客户。2021 年 11 月，乙会计师事务所与甲公司续签了审计业务约定书，审计甲公司 2021 年度财务报表。甲公司由于财务人员短缺，2021 年，向乙会计师事务所借用一名注册会计师，由该注册会计师将经会计主管审核的记账凭证录入计算机信息系统。乙会计师事务所未委派该注册会计师参加甲公司 2021 年度财务报表审计项目组。

**【要求】**

判断乙会计师事务所上述做法是否违反独立性。

# 项目 2 审计方法

## 应知应会

- 掌握审计调查的两种方法。
- 掌握审计抽样的步骤。
- 掌握审计抽样在细节测试中的应用。
- 理解审计证据的内容。
- 知晓审计程序的种类。
- 掌握审计工作底稿的内容。

## 关键词

- 函询（inquiry）;
- 审计抽样（audit sampling）;
- 抽样风险（sampling risk）;
- 审计证据（audit evidence）;
- 审计程序（audit procedure）;
- 审计工作底稿（audit working paper）。

## 本项目在本书中的地位

本项目主要讲述审计方法的步骤和应用，为学习后面内容奠定基础。

## 业务综述

正确运用审计方法，对正确提高审计工作质量和效益，顺利完成审计任务具有重要意义，是审计人员顺利完成审计工作的保证。本项目主要讲述以下内容：

- 直接盘点；
- 监督盘点；
- 审计证据；
- 审计证据的特征；
- 审计工作底稿的基本内容。

## 项目导图

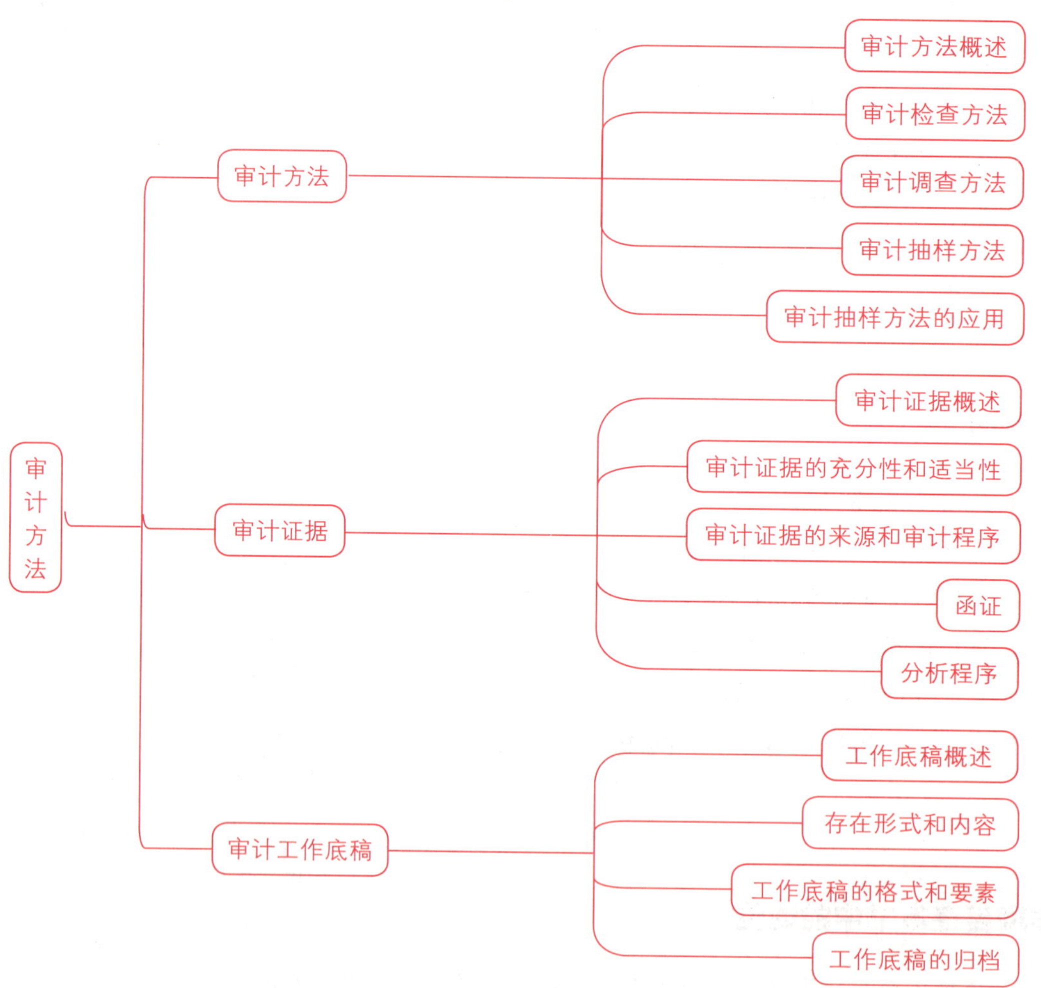

# 任务 2.1 审计方法

| 情景列表 | 情 景 实 例 |
| --- | --- |
| 直接盘点 | 北京市鼎盛股份有限公司贵重金属、黄金珠宝的盘点 |
| 监督盘点 | 北京市鼎盛股份有限公司的机器设备、厂房等数量较多的实物使用监督盘点法进行盘点 |

## 子任务 2.1.1 审计方法概述

### 1. 审计方法的概念

审计方法是指审计人员为完成审计工作、实现审计目标而采取的各种方式、手段和技术的总称。审计方法是从审计实践中总结出来的，它随着审计对象的日趋复杂、社会对审计信息质量要求的不断提高和科学技术的不断发展而逐步改进、完善和发展。形成了较完善的审计方法体系。

正确运用审计方法，对正确提高审计工作质量和效益，顺利完成审计任务具有重要意义；正确运用审计方法，可以提高审计工作质量；正确运用审计方法，可以提高审计效益；正确运用审计方法，是审计人员顺利完成审计工作的保证。

### 2. 审计方法体系

从审计产生和发展的历史看，现代审计方法已经从传统的事后查账技术，发展成了广泛运用审计调查、审计分析及审计抽样等技术方法，并日趋多样化和现代化的完整的审计方法体系。

在审计方法体系中，就其技术方法而言，从计划的编制到风险的评价，从审计工作方案的编制到审计证据的收集，从审计工作底稿的编制到审计报告的编制和复核，审计方法贯穿于任何一个审计项目审计过程的各个阶段。就审计实施中的常规审计方法而言，有审计检查的方法、审计调查的方法和审计分析的方法。如此种种，构成了现代审计方法的体系。

## 子任务 2.1.2 审计检查方法

审计检查方法，是指在审计项目实施过程中所采用的各种检验、查证的方法。按其检查的对象不同，该方法可以分为资料检查法和实物检查法。

### 1. 资料检查方法

资料检查方法是指对会计凭证、账簿、报表以及其他有关资料进行检查的方法，包括以下几种。

（1）审阅法。审阅法是指审查和阅读被审计单位一定时期内的会计资料和其他有关资料来获取审计证据的方法。审阅法在财政财务审计中得到广泛应用，主要是审阅会计凭证、会计账簿、会计报表以及其他有关资料。

①原始凭证的审阅。对原始凭证的审阅主要有以下几方面：

第一，原始凭证所反映的经济业务是否合法、合理。

第二，审阅原始凭证的格式是否规范化，是否有统一的税务登记，开出凭证的单位名称和地址是否正确，凭证的编号是否连续，有无单位的公章和经手人的签章。

第三，审阅原始凭证的项目，包括抬头、日期、数量、单价、金额等是否填写齐全。数字计算是否正确，字迹有无涂改。

②记账凭证的审阅。对记账凭证的审阅主要有以下几方面：

第一，记账凭证上所注明的附件张数是否与所附原始凭证张数相符，记账凭证的内容是否与原始凭证相符。

第二，记账凭证的填制手续是否完备，有无制单人、复核人和主管人员的签章。

第三，记账凭证上所编制的分录、其应用的账户和账户对应关系是否正确。

③会计账簿的审阅。即审阅总账、明细账、日记账和各种辅助账簿等，其中以审阅明细账和日记账为重点。审阅账簿时应注意：

第一，各种明细账与总账有关账户的记录是否相符，有无重登和漏登情况。尤其应注意各类账户的月初和月末金额的变化情况是否正常。如果变化异常，就应注意企业经营管理方面有无不正常的现象。

第二，账簿记录是否符合记账规则，有无涂改和刮擦等情况。账簿登记错误是否按规定的错误更正办法进行更正。

第三，更换账页或启用新账簿时，特别应注意承上启下的数字是否一致。因为在更换账页或启用新账簿时，故意夸大或缩小结转金额，是一般不法分子的常用手法。

第四，根据摘要内容，审阅账簿所登记的经济业务是否正常，如有疑问应进一步核对凭证。对于那些容易发生问题的账户，如应收应付账款、材料成本差异、管理费用、制造费用、营业费用、财务费用等，阅读时应特别予以注意。

④报表的审阅。审阅报表应以审阅资产负债表、利润表、现金流量表为重点。审阅时应注意：

第一，报表中应填写的项目是否填列齐全，有无遗漏，有关项目的对应关系是否正确。特别是在审阅资产负债表时，应注意资产总额与负债及所有者权益总额是否平衡，资产与负债项目之间的对应关系是否正常等。

第二，报表是否按会计制度编制，编制手续是否完备，有无编表人和审核人等的签字盖章。报表中的合计、总计等计算是否准确，应填列的数据有无漏填、漏列或伪造。

第三，报表的附注也应予以审阅，因为附注资料是报表有关项目的补充说明，不可忽略。

⑤其他资料的审阅。除上述审阅的内容以外，审计人员还可以通过审阅其他资料，如

计划资料、合同和其他有关经济活动资料等，来进一步获取审计证据。例如，审阅银行借款合同可以确定银行借款的真实性。

运用审阅法时，要注意运用审阅技巧。特别要留意被审计单位以下几方面有无问题：有关数据的增减变动数是否出现异常，有关账户间对应关系是否出现异常；时间上是否出现异常，购销活动是否出现异常等。审阅时，还应与其他审计技术方法（如核对、分析等）结合起来使用，以便取得更好的审计效果。

（2）核对法。核对法是指将反映在不同而又相互关联的凭证、账簿、账表上的资料进行对照验证，借以查明证证、账证、账账、账实、账表、表表之间是否一致的方法。审核会计资料，采用核对法。一般须核对以下内容：

①证证核对。证证核对是指对原始凭证、原始凭证汇总表、记账凭证等凭证进行的核对，根据其所列要素，核对其日期、内容、数量、单价、金额等是否相符。

②账证核对。账证核对指核对记账凭证（原始凭证）是否已过入有关明细账及总账，并核对其内容、日期、金额、科目名称、借贷方向是否相符。

③账账核对。账账核对主要指核对日记账、各明细账户的余额合计数与总账中有关账户的余额是否相符，总账各账户的期初余额、本期发生额和期末余额的计算是否正确，各账户的借贷方余额合计是否平衡。

④账实核对。账实核对是指对有关账簿与其相对应的实物的核对，以保证账实一致。

⑤账表核对。账表核对是指对会计报表的有关数字与总账余额或明细账余额是否相符而进行的核对。

⑥表表核对。表表核对是指对各报表之间相关数字是否相符进行的核对，包括对不同报表中具有钩稽关系的项目等进行核对。

通过上述核对，如发现会计资料中存在差错，则应进一步分析其原因，判明是一般性工作差错，还是违法乱纪行为。运用核对法进行审查时，应认真细致、有条不紊地进行。为防止重复或遗漏，常常需要采用一些核对标记。核对标记可依据个人习惯来确定。

（3）顺查法。顺查法又称正查法，它是一种按照会计核算的处理程序，依次对凭证、账簿和报表各个环节审核检查的审计方法。顺查法是从以审查原始凭证为出发点，通过证证核对、证账核对、账账核对、账表核对、表表核对借以查明经济业务各个环节中存在的问题。它是一种由原因查结果、由点到面的审查方式。顺查法的优点是全面、系统，便于理解，避免遗漏，查证方便；其缺点是平均使用力量、重点不突出，如果凭证繁多，会发生工作量过大，时间、人力耗费多。

顺查法一般适用于经济业务较简单或问题严重的单位的审计。

（4）逆查法。逆查法又称倒查法，它是一种按照会计核算的处理程序的相反次序，依次对报表、账簿、凭证各个环节审核检查的审计方法。逆查法是先审查分析报表，从中发现异常和有错误的项目，据以确定可疑账簿、凭证，以找出所发现的错误项目的根源。它是一种由面到点，由结果查原因的审查方式。逆查法的优点是通过审查会计报表找出审计重点，有选择、有目的地审查，往往能一举突破取得成功，同时又省时省力。其缺点是当审计人员对审查的重点问题判断失误，审计风险便会加大；又因为逆查法采取了有选择、有重点的审查，就不能全面审查问题，容易发生遗漏。逆查法适用于对规模较大、业务较多的大中型企业单位和凭证较多的行政事业单位的审计。

顺查法和逆查法常结合使用，通常多使用逆查法，而在某些问题上才采用顺查法。要指出的是，不论是顺查法还是逆查法，不一定要进行从查报表、查账簿再查凭证，或从查凭证、查账簿再查报表的完整审查。从会计核算处理程序的任何一个环节开始到任何另一个环节终止都是可以的。

（5）详查法。详查法又称细查法，它是一种对被审计单位一定时期内的所有凭证、账簿、报表或某一项目的全部会计资料进行详细审查的审计方法。详查法的优点是能全面查清被审计单位会计资料中存在的问题。一般不会发生遗漏，审计质量能在较大程度上得到保证。其缺点是耗费人力多、时间长，一般不宜采用这种方法。只有在对某些问题严重，如有重大贪污或其他严重违反财经法纪嫌疑而非彻底查明不可的单位，以及对一些管理上极端混乱，账目极为不清，必须查清账目正本清源的单位，才使用详查法。

那些经济业务较少的小型单位也可以采用详查法。

（6）抽查法。抽查法是指从被审单位一定时期内的全部会计资料中抽取其中一部分进行审查，并根据审查结果推断总体有无错弊的一种审计方法。抽查法的思路是根据部分样本的审查结果来推算判断审计对象总体的正确性。其优点是根据审计目的和要求，以及审计对象总体的具体情况，通过审计可以进行专业判断，有目的、有重点地从总体中选取能代表总体特征的样本，能达到审计成本低、效率高、事半功倍之功效。其缺点是要使抽取的样本有一定的代表性有一定难度。 由于抽样法在很大程度上是通过审计人员的专业知识来进行判断的，如果样本抽取不当，所抽取的样本不具备或缺乏总体代表性，抽查结果就不能发现问题，由此作出的结论也必然是错误的，特别是对于发生频率较低的舞弊行为较难以发现。

抽查法样本只能运用于内部控制制度较健全、会计核算质量较高的单位。

### 2. 实物检查法

实物检查法是搜集书面资料以外的信息及载体，证实书面资料及其所反映的经济活动的真实性和合法性的一种方法。实物检查法包括查存法、鉴定法和调节法等。

（1）盘存法。盘存法也称实物清查法，它是一种对被审计单位各项财产物资进行实物清查，确定其数量、品种、规格及金额等实际状况，并与其实物账户的余额核对验证是否相等的审计方法。盘存法可分为直接盘点和监督盘点两种。直接盘点是指审计人员亲自到现场盘点实物。证实有关财产物资与书面资料是否相符的方法。审计实务中，直接盘点应用比较少。一般只对数量较少但又贵重的物资，如贵重金属、珠宝等实施直接盘点。监督盘点是指审计人员在现场观察，由被审计单位有关人员进行实物盘点清查，以证实实物与书面资料是否相符的方法。在监督盘点下，如果审计人员发现疑问，可以要求复点核实。监督盘点一般用于数量较多的实物，如材料或大件物资（厂房、机器设备）等。对财产物资进行实地盘点清查，可事先通知经管财产物资人员在什么时候盘点，也可在不事先通知情况下采取突击性盘点。采用突击性盘点主要适用于以下几种情况：①对库存现金、银行存款、有价证券、贵重物资进行盘点；②对有舞弊嫌疑的仓库物资进行盘点；③对管理极为混乱的部门的物资进行盘点。对各类财产物资进行盘点清查，可根据审计要求和被审计单位具体情况实施全面盘点或抽查盘点。

**注意**

不论是直接盘点还是监督盘点，也不论是预告盘点还是突击盘点，在实施盘点时，都要求审计人员、被审计单位财产物资的经管人员和有关负责人都到场。

（2）鉴定法。鉴定法是指运用专门技术对被审计单位有关书面资料、实物和经济活动等进行技术鉴定的一种审计方法。鉴定法可以应用财政财务审计、财政法纪审计和经济效益审计。如对书面资料真伪的鉴定，对实物性能、质量、价值的鉴定，对经济活动合理性和有效性的鉴定等。在审计中对某些项目的鉴定超过了一般审计人员的能力和知识水平的，需要邀请有关专门部门或人员进行鉴定识别，如发现伪造凭证而伪造凭证者不承认时，可通过公安部门对其笔迹进行识别，以确定其违法行为等。

（3）调节法。调节法是指审查某一项目时，当现成数据与所需证实数据在表面上不一致的情况下，通过对某些应增减的业务内容予以调整，从而求得所需证实数据的审计方法。如审查银行存款实有数时，通常运用调节法对企业银行存款日记账与开户银行提供的银行对账单所发生的“未达账项”予以增减或调整，编制银行存款余额调节表。来证实实际存款数与账面余额是否相符。在证实财产物资账实是否相符而进行实物盘存时，如盘存日期同书面资料结存日期不同，也可以运用调节法。将所审查财产物资结存日期到盘存日期之间所发生收入、发出的数量，对结存日期的结存数量进行调节，验证或推算所审财产物资在结存日期的应结存数。其计算公式为

$$\text{结存日（书面资料日期）存量}=\text{盘存日盘存数量}+\text{结存日至盘存日发出数量}-\text{结存日至盘存日收入数量}$$

## 子任务 2.1.3 审计调查方法

审计调查方法是指审计人员通过调查，对被审计单位的会计资料和有关事项进行查证的方法。其具体方法包括查询法和观察法。

### 1. 查询法

查询法是指审计人员对审计过程中所发现的疑点和问题，通过调查询问的方式弄清事实真相并取得审计证据的一种方法。查询法是审计工作中常用的一种方法。一般又分为面询和函询两种方式。

（1）面询。面询是由审计人员向被审计单位内外的有关人员当面征询意见、核实情况的一种查询方法，可以采用面谈，也可以采用书面形式征答，由审计人员预先拟好调查表，要求被询问人对要求调查的问题作出书面回答。

（2）函询。函询是通过向有关单位发函的方式来了解情况、取得证据的一种查询方法。函询也称为询证法，它主要运用于往来款项的查证。函询按对方单位答复方式的不同可分为肯定式函询和否定式函询。肯定式函询也称积极式函询。它要求收函人接到函询信件后，对认证的被查事项无论“是”与“否”均须回函答复，如无回函可再次发函催问或派人前往进行面询，以便取得审计证据。否定式函询也称消极式函询。它要求收函人在对认证事项有差异时才回函答复。经过一定时间未回函被视作确认无异。这种方法不能排除收函单位由于疏漏等原因而未回函的情况。

在一般情况下，大多采用肯定式函询。

### 2. 观察法

观察法是指审计人员对被审计单位的生产经营管理工作、财产物资的保管、内部控制制度的执行等情况进行实地观察，借以收集审计证据的一种方法。如进行资产审计时，审计人员深入到被审计单位的仓库、车间、工地等现场，对有关内部控制制度的遵守情况，财产物资的保管利用情况，劳动纪律、劳动态度情况等进行直接观察，从中了解和发现存在的问题。运用观察法应与查询法等其他审计方法结合运用。以取得更好的效果。必要时也可根据需要进行摄影录像等作为取证手段。观察法应用方便、灵活，能了解书面资料中难以查明的一些问题，是常用的审计方法之一。

## 子任务 2.1.4 审计抽样方法

### 1. 审计抽样的定义

审计抽样是指注册会计师对具有审计相关性的总体中低于百分之百的项目实施审计程序，使所有抽样单元都有被选取的机会，为注册会计师针对整个总体得出结论提供合理基础。审计抽样能够使注册会计师获取和评价有关所选项目某一特征的审计证据。以形成或有助于形成有关总体的结论。

总体，是指注册会计师从中选取样本并期望据此得出结论的整个数据集合。抽样单元，则是指构成总体的个体项目。

抽样是一个适用性较广的概念，不仅注册会计师执行审计工作时使用抽样，意见调查、市场分析或科学研究都可能用到抽样。但是审计抽样不同于其他行业的抽样，例如，审计抽样可能为某账户余额的准确性提供进一步佐证证据，注册会计师通常只需要评价该账户余额是否存在重大错报，而不需要确定其初始金额，这些初始金额在审计抽样开始之前已由被审计单位记录并汇总完毕。而在运用抽样方法进行意见调查、市场分析或科学研究时，类似的初始数据在抽样开始之前通常并未得到累积、编制或汇总。

### 2. 审计抽样的特征

审计抽样应当具备三个基本特征：

（1）对某类交易或账户余额中低于百分之百的项目实施审计程序；

（2）所有抽样单元都有被选取的机会；

（3）审计测试的目的是为了评价该账户余额或交易类型的某特征。

### 3. 审计抽样的适用性

审计抽样并非在所有审计程序中都可使用。注册会计师拟实施的审计程序将对运用审计抽样产生重要影响。在风险评估程序、控制测试和实质性程序中，有些审计程序可以使用审计抽样，有些审计程序则不宜使用审计抽样。

风险评估程序通常不涉及审计抽样。如果注册会计师在了解控制的涉及和确定是否得到执行的同时计划和实施测试，则可能涉及审计抽样，但此时审计抽样仅适用于控制测试。

当控制的运行留下轨迹时，注册会计师可以考虑使用审计抽样实施控制测试。对于未留下运行轨迹的控制，注册会计师通常实施询问、观察等审计程序，以获取有关控制运行有效性的审计证据，此时不宜使用审计抽样。

实质性程序包括对各类交易、账户余额和披露的细节测试，以及实质性分析程序。在实质性细节测试时，注册会计师可以使用审计抽样获取审计证据，以验证有关财务报表金额的一项或多项认定（如应收账款的存在性），或对某些金额作出独立估计（如陈旧存货的价值）。在实施实质性分析程序进时，注册会计师不宜使用审计抽样。

### 4. 审计抽样的类型

（1）统计抽样和非统计抽样。注册会计师在运用审计抽样时，既可以使用统计抽样方法。也可以使用非统计抽样方法，这取决于注册会计师的职业判断。

①统计抽样。统计抽样是审计人员运用概率论原理，遵循随机原则从审计对象总体中抽取一部分有效样本进行审查，然后以样本的审查结果推断总体的抽样方法。统计抽样具有下列特征：

第一，随机选取样本项目；

第二，运用概率论评价样本结果，包括计量抽样风险。

②非统计抽样。非统计抽样是根据审计人员的经验，有目的地从审计对象总体中抽取部分样本进行审查，以样本的审查结果来推断总体的结果。由于判断抽样只凭审计人员的经验和主观判断，判断正确了，就会有成效；判断不准，缺乏客观性就会影响审计效果。

注册会计师应当根据具体情况并运用职业判断，确定使用统计抽样或非统计抽样方法，以最有效率地获取审计证据。注册会计师在统计抽样与非统计抽样方法之间进行选择时主要考虑成本效益。统计抽样的优点在于能够客观地计量抽样风险，并通过调整样本规模精确地控制风险，这是与非统计抽样最重要的区别。另外，统计抽样还有助于注册会计师高效地设计样本，计量所获取证据的充分性，以及定量评价样本结果。但统计抽样又可能发生额外的成本。首先，统计抽样需要特殊的专业技能，因此使用统计抽样需要增加额外的支出对注册会计师进行培训。其次，统计抽样要求单个样本项目符合统计要求，这些也可能需要支出额外的费用。非统计抽样如果设计适当，也能提供与统计抽样方法同样有效的结果。注册会计师使用非统计抽样时，也必须考虑抽样风险并将其降至可接受水平，但无法精确地测定出抽样风险。

不管统计抽样还是非统计抽样，两种方法都要求注册会计师在设计、实施和评价样本时运用职业判断。

（2）属性抽样与变量抽样。

①属性抽样。属性抽样是一种用来对总体中某一事件发生率得出结论的统计抽样方法。属性抽样在审计中最常见的用途是测试某一设定控制的偏差率，以支持注册会计师评估的控制有效性。在属性抽样中，设定控制的每一次发生或偏离都被赋予同样的权重，而不管交易的金额大小。

②变量抽样。变量抽样是一种用来对总体金额得出结论的统计抽样方法。变量抽样通常回答下列问题：金额是多少？账户是否存在错报？变量抽样在审计中的主要用途是进行细节测试，以确定记录金额是否合理。

一般而言，属性抽样得出的结论与总体发生率有关，而变量抽样得出的结论与总体的金额有关。但有一个例外，即统计抽样中的概率比例规模抽样（PPS 抽样）却运用属性抽样的原理得出以金额表示的结论。

### 5. 审计抽样的步骤

（1）样本设计。样本设计应考虑的因素围绕样本的性质、样本量、抽样组织方式、抽样工作质量要求所进行的计划工作称为样本设计。注册会计师在设计样本时，应考虑到的基本因素主要有：审计目标、审计对象总体和抽样单位、抽样风险与非抽样风险、可信赖程度、可容忍误差、预期总体误差和分层。

①审计目标。注册会计师应当根据具体审计目标。考虑所要获取审计证据的特征及构成偏差的条件，确定采用何种审计抽样方法，并据此设计样本。例如，如果审计人员对销售发运货物进行控制测试，那么，样本总体就是所有的销售货物发运记录，包括货运单据、发货单等。

②审计对象总体和抽样单位。审计对象总体是指注册会计师为形成审计结论，拟采用抽样方法审计的有关会计或其他资料的全部项目。抽样单位则是构成审计对象总体的个体项目。注册会计师在确定审计对象总体时，应保证其具有相关性和完整性。

③抽样风险与非抽样风险。抽样审计难以做到百分之百的精确，审计人员运用抽样审计并推断审计对象总体所作出的审计结论与审计对象总体的真实情况可能不相一致，存在着一定的误差，这个误差就是风险。其误差越大就意味着风险越大，当误差超过一定限度，审计人员据此就可能作出不恰当的审计结论。

- 抽样风险。抽样风险是指审计人员依据抽样结果推断总体所作出审计结论与总体特征不相符合的可能性。一般来说，抽取的样本量减少，抽样风险增高；抽取的样本量增加，抽样风险降低。两者成反比关系。

审计人员进行符合性测试时，应关注以下抽样风险：

第一，信赖不足风险。信赖不足风险即抽样结果使审计人员没有充分信赖实际上应予信赖的内部控制的可能性；

第二，信赖过度风险。信赖过度风险即抽样结果使审计人员对内部控制的信赖超过了其实际上可予信赖的可能性。

审计人员在进行实质性测试时，应关注以下抽样风险：

第一，误拒风险。 误拒风险即抽样结果表明账户余额存在重大错误，而实际上并不存在重大错误的可能性。

第二，误受风险。误受风险即抽样结果表明账户余额不存在重大错误，而实际上存在重大错误的可能性。

上述的信赖不足风险和误拒风险一般会导致审计人员执行额外的审计程序，从而降低审计效率，信赖过度风险和误受风险很可能导致审计人员形成不正确的审计结论，审计人员对此应予以特别关注。

- 非抽样风险。非抽样风险是审计人员因采用不恰当审计程序或方法，误解审计证据等而未能发现重大误差的可能性。这是人为错误造成的，是无法用统计方式来加以控制的。审计人员应当通过适当的计划、指导和监督等来有效地降低非抽样风险。

④预期总体误差。预期总体误差代表着注册会计师预计从样本中发现的有关总体的偏差率。注册会计师可以根据往年的抽样结果来估计本年的预期总体偏差，也可以根据注册会计师的经验来估计或通过对小规模样本进行测试，将测试的差错发生率作为预期总体偏差。预期总体偏差与样本量成正比。预期总体偏差越大，所需要的样本量就越大。

⑤可容忍误差。可容忍误差是注册会计师认为抽样结果可以达到审计目的，所愿意接受的审计对象总体的最大偏差。如预计误差为 1%，精确度为 4%，则精确度上限 5% 就是可容忍误差。可容忍误差与样本成反比。

⑥可信赖程度。审计抽样结论的可信赖程度一般用预计抽样结果能够代表审计对象特征的百分比来表示。例如，若可信赖程度为 98%，这就是说抽样结果有 98% 的可能性代表了总体的特征，有 2% 的可能性没有代表总体的特征。可信赖程度与样本量成正比，对可信赖程度要求越高，所需选取的样本量就越大。

⑦分层。分层是将某一审计对象总体划分为若干具有相似特征的次级总体的过程。分出的每个层次都单独进行抽样，对样本结果可以单独评价，也可以综合起来评价，从而估计出总体的特征。分层使注册会计师能够着重审查可能会出现重大错误的项目，从而提高审计效率，减少审计成本。

（2）样本规模的确定。根据样本规模的影响因素，审计人员可通过查阅样本量测试表、样本量计算公式，结合审计人员的职业判断确定样本量。

（3）样本选取的方法。注册会计师所选取的样本项目必须能够代表总体。单个样本是否具有代表性，关键在于所选择的抽样方法是否恰当。常用的样本选取方法有随机数表法、系统抽样法、分层抽样法、整群抽样法等。

①随机数表法。采用随机抽样方法。总体中的每个个体都有均等的机会被选中。随机选样通常运用随机数表或由计算机生成的伪随机数来进行。

使用随机数表时，首先应对总体进行连续编号，编号可用总体原有编号，也可重新编号。其次，确定随机数表的使用规则。随机数表可随意使用，但每次使用时必须定一个规则，包括选择起点、方向、所用数字的位数。本次抽样规则一经选定，不得变更。随机数表法最具随机性，但当所抽样本数过多时工作量太大。

②系统抽样法。又称机械抽样法、等距离抽样法。抽样程序是先将总体单位按无关标志排序，其次根据总体容量和样本规模计算出抽选间隔。最后在第一个抽样间隔内随机选取起点，从起点开始按抽样间隔抽取样本。这种抽样法要求个体在总体中均匀分布，若个体在总体中呈集中分布，可通过选取多起点的方法提高样本的代表性。

③分层抽样法。分层抽样法也叫分类抽样。它是先将总体中所有的单位按照某个有关标志分成若干组（每个组即称为一层），然后在各组中随机抽取样本单位。

分层抽样法是在科学分组的基础上进行的，全部个体经过分组后，同组中个体的差异比较小，因而样本具有较高的代表性。至于抽样数量的确定又有一般分类抽样和分类比例抽样两种。

④整群抽样法。整群抽样是先将总体分为若干群，然后一群一群地抽选，每一群中包括若干个个体。例如审查已付款支票，全年共有支票存根 360 本，即可视为 360 群，从中随机选 24 本即可。整群抽样法简单、省事，但样本代表性相对较差。

⑤ PPS 抽样法。PPS 抽样法也称货币单位抽样。它是审计对象总体金额（元）都有同样被选取机会的一种抽样方法。PPS 抽样的特点是，总体中各项目被选取为样本的机会与该项目所含的金额大小成正比。包含的金额越大，被抽取的概率就越大。这对审计人员来说是非常重要的。通常情况下，审计人员对金额较大的总体项目更为关注。货币单位选样的步骤如下：

- 删除总体中金额为零或负数的项目；
- 编制总体项目累计货币金额表；
- 根据需要确定样本量；
- 采用随机抽样或系统抽样，选出随机数并从累计货币金额表中选取包含随机数在内的各项目作为样本。

## 子任务 2.1.5 审计抽样方法的应用

审计抽样是在控制测试中应用审计抽样技术，主要是属性抽样法。

所谓属性抽样是指在精确度界限和可靠程度一定的条件下，为了测定总体特征的发生频率而采用的一种方法。包括固定样本量抽样、停—走抽样、发现抽样三种具体方法。

### 1. 固定样本量抽样

固定样本量抽样是一种最为广泛使用的属性抽样，常用于估计审计对象总体中某种误差发生的比例。它的基本步骤如下：

（1）确定审计目的。假定某企业规定所有现金支出原始凭证必须经过有关领导签字方可报销。某审计人员想测试这个企业 20×× 年该内部控制的执行情况，就需要用属性抽样的方法。

（2）定义“误差”。对于每张现金支出发票，只要没有领导签字就报销，就是误差。

（3）定义审计对象总体。

（4）确定样本选取方法。用随机数表抽样的方法选取样本。

（5）确定样本量。

（6）选取样本进行审计。

（7）评价抽样结果。审计人员对选取的样本进行审查之后，应将查处的误差加以汇总，并评价抽样结果。

### 2. 停—走抽样

停—走抽样是固定样本量抽样的一种改进形式。它采用边抽样、边审查、边判断的方法，一旦能得出审计结论即可终止抽样，所以并非一定要把全部样本单位抽出才能得出审计结论。

停—走抽样的思路是先根据零差错率确定一个初始样本容量进行抽样审查，如果未发现差错或例外，则可停止抽样，得出在一定置信水平下总体差错率不超过某一可容许差错率；如果发现差错，则扩大样本规模继续进行审查，直到原预计差错率得到肯定或否定为止。

停—走抽样一般适用于审计人员估计差错率为零或非常低的审计总体。停—走抽样以预计总体误差率为零开始，通过边抽样边审计来完成审计工作，这样有效地提高了工作效率，降低了审计费用。

### 3. 发现抽样

发现抽样是指在既定的可信赖程度下，在假定误差以既定的误差率存在于总体的情况下，至少查出一个误差的抽样方法。发现抽样主要用于查找重大舞弊事件或极少出现的例外事件。

使用发现抽样时，当发现重大的误差，如贪污、挪用的凭证时，审计人员都可能放弃抽样程序，而对总体进行全面彻底的检查。若发现抽样未发现任何例外，审计人员可得出在既定的误差率范围内没有发现重大误差的结论。

# 任务 2.2 审计证据

| 情景列表 | 情 景 实 例 |
| --- | --- |
| 审计证据 | 注册会计师王一博在对北京市鼎盛股份有限公司 2019 年度财务报表进行审计时，收集到以下几组审计证据，分析每组证据中哪项审计证据较为可靠：<br>（1）银行询证函回函与银行对账单；<br>（2）收料单与购货发票；<br>（3）销货发票副本与产品出库单；<br>（4）领料单与材料成本计算表；<br>（5）存货盘点表与存货监盘记录 |
| 审计证据的特征 | 有关存货实物存在的审计证据并不能替代与存货计价相关的审计证据，体现相关性的特征 |

## 子任务 2.2.1 审计证据概述

### 1. 审计证据的概念

审计证据是指注册会计师为了得出审计结论、形成审计意见而使用的所有信息。审计证据包括构成财务报表基础的会计记录所含有的信息和其他的信息。审计证据是审计人员在审计过程中采用各种方法获取的真实凭据，用于证实或否定被审计单位财务报表所反映的财务状况以及经营成果的合法性和公允性的一切资料。

注册会计师的目标是，通过恰当的方式设计和实施审计程序，获取充分、适当的审计证据，以得出合理的结论，作为形成审计意见的基础。

### 2. 审计证据的种类

审计证据可按不同的标准分类，不同类别的证据可从不同的侧面证实被审事项。常用的分类主要有以下几种：

（1）按审计证据的表现形态分类。按审计证据的表现形态，审计证据可以分为实物证据、书面证据、口头证据和环境证据。

①实物证据。实物证据是指注册会计师通过实地观察和参加清查盘点所获得的，用以证明有关实物资产是否存在的证据。实物证据对某项实物资产是否存在的证明力最强，效果最为显著。它可以对该实物的状态、数量、特征给予有力的证明。在对现金、存货、固定资产等项目进行审计时，注册会计师首先考虑通过清查、监督或参与盘点来取得实物证据以证明它们是否存在。

实物证据并不能完全证明该项实物资产的价值及所有权的归属。就实物资产价值的确定而言，它主要取决于实物资产的质量；就实物资产的所有权而言，也许注册会计师看到纳入盘存清点的实物中包括外单位寄存的实物、被审计单位经营性租入的设备、已售出待发运的商品，这需要通过另行审计并取得其他形式的审计证据方可得以完善补充。

②书面证据。书面证据是注册会计师通过实施测试程序和运用不同的方法所获取的以书面资料为存在形式的审计证据，诸如有关的原始凭证、记账凭证、会计账簿、各种明细项目表、各种合同、会议记录和文件、函件、通知书、报告书、声明书、程序手册等。

**提示**

书面证据是注册会计师收集的数量最多、范围最广的一种证据。注册会计师发表审计意见基本上都以书面证据为基础。

书面证据具有如下特点：第一是数量多，第二是覆盖范围广，第三是来源渠道多样化，第四是容易被篡改。根据这些特点，注册会计师在大量收集有关书面证据时，还要注意对书面证据进行认真细致的鉴定和分析，运用专业判断，辨别真伪，充分正确地利用书面证据。书面证据按其来源渠道可以分为亲历证据、外部证据和内部证据三类。

③口头证据。口头证据是经注册会计师询问而由被审计单位有关人员或其他人员进行口头答复所形成的审计证据。在审计过程中，注册会计师往往要就以下事项向有关人员进行询问：被审事项发生时的实况；对特别事项的处理过程；采用特别会计政策和方法的理由；据对舞弊事实的追溯调查；可能事项的意见或态度；等等。通常，口头证据本身不能完全证明事实的真相，因为被调查或询问人可能有意隐瞒实情或由于对过去事情记忆上的模糊或遗漏而导致口头证据不准确、不完整。因此，获取口头证据的同时，还应实施其他审计程序以获取其他形式的审计证据。

**提示**

虽然口头证据可靠性较低，需要其他证据的支持和佐证，但如果不同的被询问人员对同一问题在同一时间所做的口头陈述一致时，其可靠性则显得较强，可以作为审计结论的依据。

④环境证据。环境证据亦称状况证据，是指影响被审事项的各种环境事实。环境证据一般不属于基本证据，不能用于直接证实有关被审事项。但它可以帮助注册会计师了解被审事项所处的环境或发展的状况，为判断被审事项和确证已收集其他证据的程度提供依据，因此，证据仍然是注册会计师进行判断所必须掌握的资料。环境证据包括反映内部控制状况的环境证据、反映管理素质的环境证据、反映管理水平和管理条件的环境证据。

环境证据最突出的特点是它能帮助注册会计师正确评价有关资料所反映信息在总体或大体上的可靠程度，亦即它对证实总体合理性这一审计目标有着积极的意义。通常，运用调查、询问和观察等手段是注册会计师获取环境证据的有效途径。

（2）按审计证据的来源分类。审计证据按来源可分为外部审计证据和内部审计证据。

①外部审计证据。外部证据是由被审计单位以外的组织机构或人士所编制的书面证据。它一般具有较强的证明力。外部证据又包括两种：一种是由被审计单位以外的机构或

人士编制并由其直接递交审计人员的书面证据，如应收账款的函证回函，被审计单位律师与其他独立的专家关于被审计单位资产所有权和或有负债等的证明函件，保险公司、寄售企业、证券经纪人的证明等。此类证据由于未经被审计单位有关人员之手，排除了伪造、更改凭证的可能性，因而其证明力最强。另一种是由被审计单位以外的机构或人士编制，但为被审计单位持有并提交审计人员的书面证据，如银行对账单、购货发票、应收票据，顾客订购单，有关的契约、合同等。由于此类证据已经过被审计单位职员之手，审计人员没有直接在现场观察，出现涂改或伪造的可能性就较大。当获取的书面证据有被涂改或伪造的痕迹时，审计人员应予以高度警觉。

在一般情况下，外部证据仍是较被审计单位的内部证据更具证明力的一种书面证据。

此外，在外部证据中往往还包括审计人员为证明某个事项而自己动手编制的各种计算表、分析表等。

②内部审计证据。内部证据是由被审计单位的内部机构或职员编制和提供的书面证据。它包括被审计单位的会计记录、管理当局声明书和其他各种由被审计单位编制和提供的有关书面文件。

一般而言，内部证据不如外部证据可靠。但是，由于内部证据的数量较多，审计人员还需要通过大量的内部证据来支持审计结论，所以必须要充分利用这些内部审计证据，同时也必须注意其可靠程度。内部证据的可靠程度主要取决于被审计单位内部控制的好坏，若被审计单位内部控制健全，执行较好，则内部证据也具有较强的可靠性；相反，若被审计单位的内部控制不太健全，审计人员就不能过分地信赖其内部自制的书面证据。

（3）按审计证据间的相互关系分类。审计证据按证据间的相互关系可分为基本证据与辅助证据。

①基本证据。基本证据是指对审计人员形成审计意见、作出审计结论具有直接影响作用的审计证据。如证明被审计单位财务状况好坏时，被审计单位的财务报表、会计账簿等就是基本证据。审计人员如果离开了基本证据，就无法提出审计意见和作出审计结论。

②辅助证据。辅助证据是作为基本证据的一种必要补充，补充说明基本证据的证据。如要证明账簿记录的真实性，各种记账凭证是基本证据。而附在记账凭证后面的各种原始凭证，是编制记账凭证的依据，它们补充说明记账凭证来证明账簿的真实性，因而它们是辅助证据。

## 子任务 2.2.2 审计证据的充分性和适当性

### 1. 审计证据的充分性

审计证据的充分性，是对审计证据数量的衡量。注册会计师需要获取的审计证据的数量受其对重大错报风险评估的影响，并受审计证据质量的影响。

### 2. 审计证据的适当性

审计证据的适当性，是对审计证据质量的衡量，即审计证据在支持审计意见所依据的结论方面具有的相关性和可靠性。

（1）相关性。相关性是指审计证据与审计目标之间或与其他审计证据之间的内在联系程度。审计证据应与审计事项的某一具体审计目标密切相关。如产成品盘点表可证明产成品的存在性，不能证明产成品计价是否正确。但这一盘点表与产成品销售成本结转证据有相互印证关系。因此，审计人员取得的审计证据，必须与审计事项某一审计目标密切相关，或与证实某一目标的其他证据有相互印证关系，才能产生联合证明力。审计证据的这种内在联系性越强，证明力就越强，证据的质量就越好。与审计事项无关的资料和情况不能作为审计证据。

（2）审计证据的可靠性。审计证据的可靠性受其来源和性质的影响，并取决于获取审计证据的具体环境。判断审计证据可靠性的一般原则包括：

①从被审计单位外部独立来源获取的审计证据比从其他来源获取的审计证据更可靠；

②相关控制有效时内部生成的审计证据比控制薄弱时内部生成的审计证据更可靠；

③直接获取的审计证据比间接获取或推论得出的审计证据更可靠；

④以文件记录形式（包括纸质、电子或其他介质）存在的审计证据比口头形式的审计证据更可靠；

⑤从原件获取的审计证据比从复印、传真或通过拍摄、数字化或其他方式转化成电子形式的文件获取的审计证据更可靠。通常情况下，注册会计师以函证方式直接从被询证者获取的审计证据，比被审计单位内部生成的审计证据更可靠。通过函证等方式从独立来源获取的相互印证的信息，可以提高注册会计师从会计记录或管理层书面声明中获取的审计证据的保证水平。

### 3. 审计证据充分性和适当性的关系

审计证据的充分性和适当性相互关联。充分性是对审计证据数量的衡量。注册会计师需要获取的审计证据的数量受其对重大错报风险评估的影响（评估的重大错报风险越高，需要的审计证据可能越多），并受审计证据质量的影响（审计证据质量越高，需要的审计证据可能越少）。然而，注册会计师仅靠获取更多的审计证据可能无法弥补其质量上的缺陷。

审计证据的适当性是对审计证据质量的衡量，即审计证据在支持审计意见所依据的结论方面具有的相关性和可靠性。审计证据的可靠性受其来源和性质的影响，并取决于获取审计证据的具体环境。

《中国注册会计师审计准则第 1231 号 —— 针对评估的重大错报风险采取的应对措施》要求注册会计师确定是否已获取充分、适当的审计证据。注册会计师是否已获取充分、适当的审计证据，以将审计风险降至可接受的低水平，并由此能够得出合理的审计结论，作为形成审计意见的基础，是一项职业判断。《〈中国注册会计师审计准则第 1101 号 —— 注册会计师的总体目标和审计工作的基本要求〉应用指南》对审计程序的性质、财务报告的及时性和对获取审计证据的成本效益的权衡等事项进行了讨论，注册会计师在对是否已获取充分、适当的审计证据作出职业判断时，上述事项均是需要考虑的相关因素。

## 子任务 2.2.3 审计证据的来源和审计程序

### 1. 审计证据的来源

注册会计师可以通过实施测试会计记录的审计程序获取某些审计证据，例如，实施分析和复核程序、按照财务报告过程实施重新执行程序、对同一会计信息的不同分类及运用进行调节。通过实施这些审计程序，注册会计师可以确定会计记录的内在一致性及其与财务报表的一致性。

从不同来源获取的相互一致的审计证据，以及性质不同但相互一致的审计证据，通常比单一的审计证据提供更高的保证程度。例如，从独立于被审计单位的来源获取的佐证信息可以提高注册会计师依据被审计单位内部产生的审计证据（如会计记录、会议纪要、管理层书面声明中存在的证据）所获取的保证程度。

注册会计师从独立于被审计单位的来源获取的可以作为审计证据的信息可能包括来自第三方的询证函回函、分析师报告和有关竞争对手的可比数据。

### 2. 审计程序

注册会计师应当通过实施下列审计程序获取审计证据，以得出合理的审计结论，作为形成审计意见的基础：

（1）风险评估程序。

（2）进一步审计程序，包括控制测试（审计准则要求时和注册会计师决定测试时）和实质性程序（包括细节测试和实质性分析程序）。

注册会计师可以根据具体情况，将其用作风险评估程序、控制测试或实质性程序。在某些情况下，如果注册会计师实施用以确定审计证据持续相关性的审计程序，以前审计获取的审计证据可能为本期提供适当的审计证据。

注册会计师拟实施审计程序的性质和时间安排可能受到某些会计数据和其他信息的影响，这些数据和信息可能只能以电子形式存在，或只能在某一时点或某一期间获取。例如，当被审计单位使用电子商务时，购货单和发票等原始凭证可能仅以电子形式存在，或者当被审计单位使用图像处理系统以方便存储和查阅时，这些原始凭证可能会在扫描后被废弃掉。

某些电子信息一旦过了特定时期后将不能再获取，如文件被更改或备份文件不存在。因此，注册会计师可能认为有必要要求被审计单位按其数据保留政策保留某些信息以供注册会计师查阅，或在能够获取信息的时点或期间实施审计程序。

### 3. 审计程序的种类

在审计过程中，注册会计师可根据需要单独或综合运用以下审计程序，以获取充分、适当的审计证据。

（1）检查。检查是指注册会计师对被审计单位内部或外部生成的，以纸质、电子或其他介质形式存在的记录或文件进行审查，或对资产进行实物审查。检查记录或文件可以提供可靠程度不同的审计证据，审计证据的可靠性取决于记录或文件的性质和来源，而在检查内部记录或文件时，其可靠性则取决于生成该记录或文件的内部控制的有效性。将检查用作控制测试的一个例子，是检查记录以获取关于授权的审计证据。

某些文件是表明一项资产存在的直接审计证据，如构成金融工具的股票或债券，但检查此类文件并不一定能提供有关所有权或计价的审计证据。此外，检查已执行的合同可以提供与被审计单位运用会计政策（如收入确认）相关的审计证据。

**提示**

检查有形资产可为其存在提供可靠的审计证据，但不一定能够为权利和义务或计价等认定提供可靠的审计证据。对个别存货项目进行的检查，可与存货监盘一同实施。

（2）观察。观察是指注册会计师查看相关人员正在从事的活动或实施的程序。例如，注册会计师对被审计单位人员执行的固定资产盘点或控制活动进行观察。观察可以提供执行有关过程或程序的审计证据，但观察所提供的审计证据仅限于观察发生的时点，而且被观察人员的行为可能因被观察而受到影响，这也会使观察提供的审计证据受到限制。

（3）询问。询问是指注册会计师以书面或口头方式，向被审计单位内部或外部的知情人员获取财务信息和非财务信息，并对答复进行评价的过程。作为其他审计程序的补充，询问广泛应用于整个审计过程中。

知情人员对询问的答复可能为注册会计师提供尚未获悉的信息或佐证证据。另一方面，对询问的答复也可能提供与注册会计师已获取的其他信息存在重大差异的信息，例如，关于被审计单位管理层凌驾于控制之上的可能性的信息。在某些情况下，对询问的答复为注册会计师修改审计程序或实施追加的审计程序提供了基础。

尽管对通过询问获取的审计证据予以佐证通常特别重要，但在询问管理层意图时，获取的支持管理层意图的信息可能是有限的。在这种情况下，了解管理层过去所声称意图的实现情况、选择某项特别措施时声称的原因以及实施某项具体措施的能力，可以为佐证通过询问获取的证据提供相关信息。

**提示**

针对某些事项，注册会计师可能认为有必要向管理层和治理层（如适用）获取书面声明，以证实对口头询问的答复。

（4）函证。函证是指注册会计师直接从第三方（被询证者）获取书面答复以作为审计证据的过程，书面答复可以采用纸质、电子或其他介质等形式。当针对的是与特定账户余额及其项目相关的认定时，函证常常是相关的程序。但是，函证不必仅仅局限于账户余额。例如，注册会计师可能要求对被审计单位与第三方之间的协议和交易条款进行函证。

注册会计师可能在询证函中询问协议是否作过修改，如果作过修改，要求被询证者提供相关的详细信息。此外，函证程序还可以用于获取不存在某些情况的审计证据，如不存在可能影响被审计单位收入确认的“背后协议”。

（5）重新计算。重新计算是指注册会计师对记录或文件中的数据计算的准确性进行核对。重新计算可通过手工方式或电子方式进行。

（6）重新执行。重新执行是指注册会计师独立执行原本作为被审计单位内部控制组成部分的程序或控制。

（7）分析程序。分析程序是指注册会计师通过分析不同财务数据之间以及财务数据与非财务数据之间的内在关系，对财务信息作出评价。分析程序还包括在必要时对识别出的、与其他相关信息不一致或与预期值差异重大的波动或关系进行调查。

上述审计程序基于审计的不同阶段和目的单独或组合起来，可用作风险评估程序、控制测试和实质性程序。

## 子任务 2.2.4 函证

在使用函证程序时，注册会计师的目标是设计和实施函证程序，以获取相关、可靠的审计证据。

### 1. 函证决策

注册会计师应当确定是否有必要实施函证以获取认定层次的充分、适当的审计证据。在作出决策时，注册会计师应当考虑以下三个因素：

（1）评估的认定层次重大错报风险。注册会计师应当确定是否有必要实施函证程序以获取认定层次的相关、可靠的审计证据。在作出决策时，注册会计师应当考虑评估的认定层次重大错报风险，以及通过实施其他审计程序获取的审计证据如何将检查风险降至可接受的水平。

（2）函证程序针对的认定。函证可以为某些认定提供审计证据，但是对不同的认定，函证的证明力是不同的。在函证应收账款时，函证可能为存在、权利和义务认定提供相关可靠的审计证据，但是不能为计价和分摊认定（应收账款涉及的坏账准备计提）提供证据。

（3）实施除函证以外的其他审计程序。针对同一项认定可以从不同来源获取审计证据或获取不同性质的审计证据。

这里的其他审计程序是指除函证程序以外的其他审计程序。

除上述三个因素外，注册会计师还可以考虑下列因素以确定是否选择函证程序作为实质性程序：

①被询证者对函证事项的了解。如果被询证者对所函证的信息具有必要的了解，其提供的回复可靠性更高。

②预期被询证者回复询证函的能力或意愿。例如，在下列情况下，被询证者可能不会回复，也可能只是随意回复或可能试图限制对其回复的依赖程度：被询证者可能不愿承担回复询证函的责任；被询证者可能认为回复询证函成本太高或消耗太多时间；被询证者可能对因回复询证函而可能承担的法律责任有所担心；被询证者可能以不同币种核算交易；回复询证函不是被询证者日常经营的重要部分。

③预期被询证者的客观性。如果被询证者是被审计单位的关联方，则其回复的可靠性会降低。

（4）选择适当的被询证者。当询证函致送给对函证信息知情的被询证者时，询证函回函可以提供更相关和可靠的审计证据。例如，一位了解所函证交易或安排的金融机构职员可能是该金融机构回函的最佳人选。

### 2. 函证的内容、范围、时间安排和方式

注册会计师可以在考虑被审计单位的经营环境、内部控制的有效性、账户或交易的性质、被询证者处理询证函的习惯做法及回函的可能性等基础上，确定函证的内容、范围、时间安排和方式。

（1）函证的内容。函证的内容一般涉及下列账户余额或其他信息：①银行存款；②交易性金融资产；③应收账款；④应收票据；⑤其他应收款；⑥预付账款；⑦由其他单位代为保管、加工或销售的存货；⑧长期股权投资；⑨短期借款；⑩委托贷款；⑪应付账款；⑫预收账款；⑬长期借款；⑭保证、抵押或质押；⑮或有事项；⑯重大或异常的交易。

如果不对应收账款函证，注册会计师应当在审计工作底稿中说明理由。

（2）函证程序实施的范围。如果采用审计抽样的方式确定函证程序的范围，无论采用统计抽样方法，还是非统计抽样方法，选取的样本应当足以代表总体。根据对被审计单位的了解、评估的重大错报风险以及所测试总体的特征等，注册会计师可以确定从总体中选取特定项目进行测试。

选取的特定项目可能包括：金额较大的项目；账龄较长的项目；交易频繁但期末余额较小的项目；重大关联方交易；重大或异常的交易；可能存在争议、舞弊或错误的交易。

（3）函证的时间和安排方式。注册会计师通常以资产负债表日为截止日，在资产负债表日后适当时间内实施函证。如果重大错报风险评估为低水平，注册会计师可选择资产负债表日前适当日期为截止日实施函证，并对所函证项目自该截止日起至资产负债表日止发生的变动实施实质性程序。

根据评估的重大错报风险，注册会计师可能会决定函证非期末的某一日的账户余额，例如，当审计工作将在资产负债表日之后很短的时间内完成时，可能会这么做。对于各类在年末之前完成的工作，注册会计师应当考虑是否有必要针对剩余期间获取进一步的审计证据。

以应收账款为例，注册会计师通常在资产负债表日后某一天函证资产负债表日的应收

账款余额。如果在资产负债表日前对应收账户余额实施函证程序，注册会计师应当针对询证函指明的截止日期与资产负债表日之间实施进一步的实质性程序，或将实质性程序和控制测试结合使用，以将期中测试得出的结论合理延伸至期末。实质性程序包括测试该期间发生的影响应收账款余额的交易或实施分析程序等。控制测试包括测试销售交易、收款交易及与应收账款冲销有关的内部控制的有效性等。

（4）管理层要求不实施函证时的处理。当被审计单位管理层要求对拟函证的某些账户余额或其他信息不实施函证时，注册会计师应当考虑该项要求是否合理，并获取审计证据予以支持。如果认为管理层的要求合理，注册会计师应当实施替代审计程序，以获取与这些账户余额或其他信息相关的充分、适当的审计证据。如果认为管理层的要求不合理，且被其阻挠而无法实施函证，注册会计师应当视为审计范围受到限制，并考虑对审计报告可能产生的影响。

分析管理层要求不实施函证的原因时，注册会计师应当保持职业怀疑态度，并考虑以下三点：

①管理层是否诚信；

②是否可能存在重大的舞弊或错误；

③替代审计程序能否提供与这些账户余额或其他信息相关的充分、适当的审计证据。

### 3. 询证函的设计

（1）设计询证函的总体要求。注册会计师应当根据特定审计目标设计询证函。询证函的设计服从于审计目标的需要。通常，在针对账户余额的存在认定获取审计证据时，注册会计师应当在询证函中列明相关信息，要求对方核对确认。但在针对账户余额的完整性认定获取审计证据时，注册会计师则需要改变询证函的内容设计或者采用其他审计程序。

（2）设计询证函需要考虑的因素。

在设计询证函时，注册会计师需要考虑的因素包括：①函证针对的认定；②识别出的重大错报风险，包括舞弊风险；③询证函的版面设计和表述方式；④以往审计或类似业务的经验；⑤沟通的方式（如以纸质、电子或其他介质等形式）；⑥管理层对被询证者的授权或是否鼓励被询证者向注册会计师回函。只有询证函包含管理层授权时，被询证者可能才愿意回函；⑦预期的被询证者确认或提供信息（如被询证者能够提供的信息是单张发票金额还是总额）的能力。

（3）积极与消极的函证方式。注册会计师可采用积极或消极的函证方式实施函证，也可将两种方式结合使用。

①积极的函证方式。如果采用积极的函证方式，注册会计师应当要求被询证者在所有情况下必须回函，确认询证函所列示信息是否正确，或填列询证函要求的信息。积极的函证方式又分为两种：一种是在询证函中列明拟函证的账户余额或其他信息，要求被询证者确认所函证的款项是否正确。通常认为，对这种询证函的回复能够提供可靠的审计证据。但是，其缺点是被询证者可能对所列示信息根本不加以验证就予以回函确认。注册会计师通常难以发觉是否发生了这种情形。为了避免这种风险，注册会计师可以采用另外一种询

证函，即在询证函中不列明账户余额或其他信息，而要求被询证者填写有关信息或提供进一步信息。由于这种询证函要求被询证者作出更多的努力，可能会导致回函率降低，进而导致注册会计师执行更多的替代程序。

在采用积极的函证方式时，只有注册会计师收到回函，才能为财务报表认定提供审计证据。

②消极的函证方式。如果采用消极的函证方式，注册会计师只要求被询证者仅在不同意询证函列示信息的情况下才予以回函。对消极式询证函而言，未收到回函并不能明确表明预期的被询证者已经收到询证函或已经核实了询证函中包含的信息的准确性。

提示

未收到消极式询证函的回函提供的审计证据，远不如积极式询证函的回函提供的审计证据有说服力。

当同时存在下列情况时，注册会计师可考虑采用消极的函证方式：重大错报风险评估为低水平；涉及大量余额较小的账户；预期不存在大量的错误；没有理由相信被询证者不认真对待函证。

③两种方式的结合使用。在实务中，注册会计师也可将这两种方式结合使用。以应收账款为例，当应收账款的余额是由少量的大额应收账款和大量的小额应收账款构成时，注册会计师可以对所有的或抽取的大额应收账款样本项目采用积极的函证方式，而对抽取的小额应收账款样本项目采用消极的函证方式。

### 4. 函证的实施与评价

（1）对函证过程的控制。注册会计师应当对函证的全过程保持控制。

① 函证发出前的控制措施。询证函经被审计单位盖章后，应当由注册会计师直接发出。

为使函证程序能有效地实施，在询证函发出前，注册会计师需要恰当地设计询证函，并对询证函上的各项资料进行充分核对，注意事项可能包括：

- 询证函中填列的需要被询证者确认的信息是否与被审计单位账簿中的有关记录保持一致。对于银行存款的函证，需要银行确认的信息是否与银行对账单等保持一致；
- 考虑选择的被询证者是否适当，包括被询证者对被函证信息是否知情、是否具有客观性、是否拥有回函的授权等；
- 是否已在询证函中正确填列被询证者直接向注册会计师回函的地址；
- 是否已将部分或全部被询证者的名称、地址与被审计单位有关记录进行核对，以确保询证函中的名称、地址等内容的准确性。可以执行的程序包括但不限于：通过拨打公共查询电话核实被询证者的名称和地址；通过被询证者的网站或其他公开网站核对被询证者的名称和地址；将被询证者的名称和地址信息与被审计单位持有的相关合同等文件核对；

对于供应商或客户，可以将被询证者的名称、地址与被审计单位收到或开具的增值税专用发票中的对方单位名称、地址进行核对。

②通过不同方式发出询证函时的控制措施。根据注册会计师对舞弊风险的判断，以及被询证者的地址和性质、以往回函情况、回函截止日期等因素，询证函的发出和收回可以采用邮寄、跟函、电子形式函证（包括传真、电子邮件、直接访问网站等）等方式。

- 通过邮寄方式发出询证函时采取的控制措施。

为避免询证函被拦截、篡改等舞弊风险，在邮寄询证函时，注册会计师可以在核实由被审计单位提供的被询证者的联系方式后，不使用被审计单位本身的邮寄设施，而是独立寄发询证函（例如，直接在邮局投递）。

- 通过跟函的方式发出询证函时采取的控制措施。

如果注册会计师认为跟函的方式（即注册会计师独自或在被审计单位员工的陪伴下亲自将询证函送至被询证者，在被询证者核对并确认回函后，亲自将回函带回的方式）能够获取可靠信息，可以采取该方式发送并收回询证函。如果被询证者同意注册会计师独自前往被询证者执行函证程序，注册会计师可以独自前往。如果注册会计师跟函时需有被审计单位员工陪伴，注册会计师需要在整个过程中保持对询证函的控制，同时，对被审计单位和被询证者之间串通舞弊的风险保持警觉。

**提示**

在我国目前的实务操作中，由于被审计单位之间的商业惯例还比较认可印章原件，所以邮寄和跟函方式更为常见。如果注册会计师根据具体情况选择通过电子方式发送询证函，在发函前可以基于对特定询证方式所存在风险的评估，考虑相应的控制措施。

（2）积极式函证未收到回函时的处理。

如果在合理的时间内没有收到询证函回函时，注册会计师应当考虑必要时再次向被询证者寄发询证函。

如果未能得到被询证者的回应，注册会计师应当实施替代审计程序。在某些情况下，注册会计师可能识别出认定层次重大错报风险，且取得积极式函证回函是获取充分、适当的审计证据的必要程序。这些情况可能包括：

①可获取的佐证管理层认定的信息只能从被审计单位外部获得；

②存在特定舞弊风险因素，例如，管理层凌驾于内部控制之上、员工和（或）管理层串通使注册会计师不能信赖从被审计单位获取的审计证据。

如果注册会计师认为取得积极式函证回函是获取充分、适当的审计证据的必要程序，则替代程序不能提供注册会计师所需要的审计证据。在这种情况下，如果未获取回函，注册会计师应当确定其对审计工作和审计意见的影响。

（3）评价函证的可靠性。

①函的可靠性可能存在疑问的因素。《〈中国注册会计师审计准则第 1301 号——审计证据〉应用指南》指出，即使用作审计证据的信息从独立于被审计单位的外部来源获得，

某些情况也会影响其可靠性。所有回函都存在被拦截、更改或其他舞弊风险。无论该回函采用纸质、电子还是其他介质等形式，这种风险都会存在。显示回函的可靠性可能存在疑问的因素包括：

第一，注册会计师间接收到回函；

第二，回函看起来不是来自预期的被询证者。

② 具体情况。对以电子形式收到的回函（如传真或电子邮件），由于回函者的身份及其授权情况很难确定，对回函的更改也难以发觉，因此可靠性存在风险。注册会计师和回函者采用一定的程序为电子形式的回函创造安全环境，可以降低该风险。如果注册会计师确信这种程序安全并得到适当控制，则会提高相关回函的可靠性。电子函证程序涉及多种确认发件人身份的技术，如加密技术、电子数码签名技术、网页真实性认证程序。

如果被询证者利用第三方协调和提供回函，注册会计师可以实施审计程序以应对下列风险：

第一，回函来源不合适；

第二，回函者未经授权；

第三，信息传输的安全性遭到破坏。

《中国注册会计师审计准则第 1301 号 —— 审计证据》规定，当注册会计师对用作审计证据的信息的可靠性存有疑虑时，应当确定是否需要修改或追加审计程序以消除疑虑。注册会计师可以与被询证者联系以核实回函的来源及内容。例如，当被询证者通过电子邮件回函时，注册会计师可以通过电话联系被询证者，确定被询证者是否发送了回函。如果回函间接寄送给注册会计师（例如，被询证者错将回函寄给了被审计单位而非注册会计师），注册会计师可以要求被询证者直接书面回复。

只对询证函进行口头回复不符合函证的要求，因为它不是对注册会计师的直接书面回复。当收到口头回复后，注册会计师可以根据情况要求被询证者提供直接书面回复。如果未收到回函，按照本准则第十九条的规定，注册会计师需要通过实施替代程序，寻找其他审计证据以支持口头回复中的信息。

**提示**

询证函的回函可能包括对其使用作出限制的措辞。这种限制不一定使作为审计证据的回函失去可靠性。

（4）对不符事项的处理。注册会计师应当调查不符事项，以确定是否表明存在错报。

询证函回函中指出的不符事项可能显示财务报表存在错报或潜在错报。当识别出错报时，注册会计师需要根据《中国注册会计师审计准则第 1141 号——财务报表审计中与舞弊相关的责任》的规定评价该错报是否表明存在舞弊。不符事项可以为注册会计师判断来自类似的被询证者回函的质量及类似账户回函质量提供依据。不符事项还可能显示被审计单位与财务报告相关的内部控制存在缺陷。

某些不符事项并不表明存在错报。例如，注册会计师可能认为询证函回函的差异是由于函证程序的时间安排、计量或书写错误造成的。

（5）实施函证时需要关注的舞弊风险迹象以及采取的应对措施。在函证过程中，注册会计师需要始终保持职业怀疑，对舞弊风险迹象保持警觉。

①注册会计师需要关注的舞弊风险迹象。与函证程序有关的舞弊风险迹象的例子包括：管理层不允许寄发询证函；管理层试图拦截、篡改询证函或回函，如坚持以特定的方式发送询证函；被询证者将回函寄至被审计单位，被审计单位将其转交注册会计师；注册会计师跟进访问被询证者，发现回函信息与被询证者记录不一致，例如，对银行的跟进访问表明提供给注册会计师的银行函证结果与银行的账面记录不一致；从私人电子信箱发送的回函；收到同一日期发回的、相同笔迹的多份回函；位于不同地址的多家被询证者的回函邮戳显示的发函地址相同；收到不同被询证者用快递寄回的回函，但快递的交寄人或发件人是同一个人或是被审计单位的员工；回函邮戳显示的发函地址与被审计单位记录的被询证者的地址不一致；不正常的回函率，例如，银行函证未回函；与以前年度相比，回函率异常偏高或回函率重大变动；向被审计单位债权人发送的询证函回函率很低；被询证者缺乏独立性，例如，被审计单位及其管理层能够对被询证者施加重大影响以使其向注册会计师提供虚假或误导信息（如被审计单位是被询证者唯一或重要的客户或供应商）；被询证者既是被审计单位资产的保管人又是资产的管理者。

②针对舞弊风险迹象注册会计师可以采取的应对措施。针对舞弊风险迹象，注册会计师根据具体情况可以实施的审计程序的例子包括：验证被询证者是否存在、是否与被审计单位之间缺乏独立性，其业务性质和规模是否与被询证者和被审计单位之间的交易记录相匹配；将与从其他来源得到的被询证者的地址（如与被审计单位签订的合同上签署的地址、网络上查询到的地址）相比较，验证寄出方地址的有效性；将被审计单位档案中有关被询证者的签名样本、公司公章与回函核对；要求与被询证者相关人员直接沟通讨论询证事项，考虑是否有必要前往被询证者工作地点以验证其是否存在；分别在中期和期末寄发询证函，并使用被审计单位账面记录和其他相关信息核对相关账户的期间变动；考虑从金融机构获得被审计单位的信用记录，加盖该金融机构公章，并与被审计单位会计记录相核对，以证实是否存在被审计单位没有记录的贷款、担保、开立银行承兑汇票、信用证、保函等事项。根据金融机构的要求，注册会计师获取信用记录时可以考虑由被审计单位人员陪同前往。在该过程中，注册会计师需要注意确认该信用记录没有被篡改。

## 子任务 2.2.5 分析程序

### 1. 分析程序的目的

分析程序，是指注册会计师通过分析不同财务数据之间以及财务数据与非财务数据之间的内在关系，对财务信息作出评价。分析程序还包括在必要时对识别出的、与其他相关

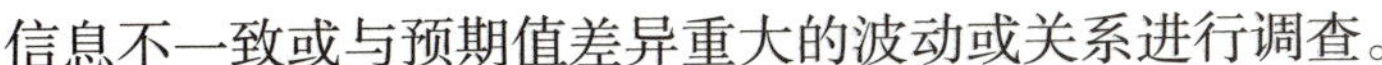

信息不一致或与预期值差异重大的波动或关系进行调查。

注册会计师实施分析程序的目的包括：

（1）用作风险评估程序，以了解被审计单位及其环境。注册会计师实施风险评估程序的目的在于了解被审计单位及其环境并评估财务报表层次和认定层次的重大错报风险。在风险评估过程中使用分析程序也服务于这一目的。分析程序可以帮助注册会计师发现财务报表中的异常变化，或者预期发生而未发生的变化，识别存在潜在重大错报风险的领域。分析程序还可以帮助注册会计师发现财务状况或盈利能力发生变化的信息和征兆，识别那些表明被审计单位持续经营能力问题的事项。

（2）当使用分析程序比细节测试能更有效地将认定层次的检查风险降至可接受的水平时，分析程序可以用作实质性程序。在针对评估的重大错报风险实施进一步审计程序时，注册会计师可以将分析程序作为实质性程序的一种，单独或结合其他细节测试，收集充分、适当的审计证据。此时运用分析程序可以减少细节测试的工作量，节约审计成本，降低审计风险，使审计工作更有效率和效果。

（3）在审计结束或临近结束时对财务报表进行总体复核。在审计结束或临近结束时，注册会计师应当运用分析程序，在已收集的审计证据的基础上，对财务报表整体的合理性作最终把关，评价报表仍然存在重大错报风险而未被发现的可能性，考虑是否需要追加审计程序，以便为发表审计意见提供合理基础。

分析程序运用的不同目的，决定了分析程序运用的具体方法和特点。值得说明的是，注册会计师在风险评估阶段和审计结束时的总体复核阶段必须运用分析程序，在实施实质性程序阶段可选用分析程序。

### 2. 用作风险评估程序

（1）总体要求。注册会计师在实施风险评估程序时，应当运用分析程序，以了解被审计单位及其环境。如前所述，在实施风险评估程序时，运用分析程序的目的是了解被审计单位及其环境并评估重大错报风险，注册会计师应当围绕这一目的运用分析程序。在这个阶段运用分析程序是强制要求。

（2）在风险评估程序中的具体运用。注册会计师在将分析程序用作风险评估程序时，应当遵守《中国注册会计师审计准则第 1211 号——通过了解被审计单位及其环境识别和评估重大错报风险》的相关规定。注册会计师可以将分析程序与询问、检查和观察程序结合运用，以获取对被审计单位及其环境的了解，识别和评估财务报表层次及具体认定层次的重大错报风险。

在运用分析程序时，注册会计师应重点关注关键的账户余额、趋势和财务比率关系等方面，对其形成一个合理的预期，并与被审计单位记录的金额、依据记录金额计算的比率或趋势相比较。如果分析程序的结果显示的比率、比例或趋势与注册会计师对被审计单位及其环境的了解不一致，并且被审计单位管理层无法提出合理的解释，或者无法取得相关的支持性文件证据，注册会计师应当考虑其是否表明被审计单位的财务报表存在重大错报风险。

例如，注册会计师根据对被审计单位及其环境的了解，得知本期在生产成本中占较大比重的原材料成本大幅上升。因此，注册会计师预期在销售收入未有较大变化的情况下，由于销售成本的上升，毛利率应相应下降。但是，注册会计师通过分析程序发现，本期与上期的毛利率变化不大。注册会计师可能据此认为销售成本或销售收入存在重大错报风险，应对其给予足够的关注。

需要注意的是，注册会计师无须在了解被审计单位及其环境的每一方面时都实施分析程序。例如，在对内部控制的了解中，注册会计师一般不会运用分析程序。

（3）风险评估过程中运用的分析程序的特点。风险评估程序中运用分析程序的主要目的在于识别那些可能表明财务报表存在重大错报风险的异常变化。因此，所使用的数据汇总性比较强，其对象主要是财务报表中账户余额及其相互之间的关系；所使用的分析程序通常包括对账户余额变化的分析，并辅之以趋势分析和比率分析。

与实质性分析程序相比，在风险评估过程中使用的分析程序所进行比较的性质、预期值的精确程度，以及所进行的分析和调查的范围都并不足以提供充分、适当的审计证据。

### 3. 用作实质性程序

（1）总体要求。注册会计师应当针对评估的认定层次重大错报风险设计和实施实质性程序。实质性程序包括对各类交易、账户余额和披露的细节测试以及实质性分析程序。

实质性分析程序是指用作实质性程序的分析程序，它与细节测试都可用于收集审计证据，以识别财务报表认定层次的重大错报。当使用分析程序比细节测试能更有效地将认定层次的检查风险降至可接受的水平时，注册会计师可以考虑单独或结合细节测试，运用实质性分析程序。实质性分析程序不仅仅是细节测试的一种补充，在某些审计领域，如果重大错报风险较低且数据之间具有稳定的预期关系，注册会计师可以单独使用实质性分析程序获取充分、适当的审计证据。

尽管分析程序有特定的作用，但并未要求注册会计师在实施实质性程序时必须使用分析程序。这是因为针对认定层次的重大错报风险，注册会计师实施细节测试而不实施分析程序，同样可能实现实质性程序的目的。另外，分析程序有其运用的前提和基础，它并不适用于所有的财务报表认定。

需要强调的是，相对于细节测试而言，实质性分析程序能够达到的精确度可能受到种种限制，所提供的证据在很大程度上是间接证据，证明力相对较弱。从审计过程整体来看，注册会计师不能仅依赖实质性分析程序，而忽略对细节测试的运用。

在设计和实施实质性分析程序时，无论单独使用或与细节测试结合使用，注册会计师都应当：

①考虑针对所涉及认定评估的重大错报风险和实施的细节测试（如有），确定特定实质性分析程序对这些认定的适用性；

②考虑可获得信息的来源、可比性、性质和相关性以及与信息编制相关的控制，评价在对已记录的金额或比率作出预期时使用数据的可靠性；

③对已记录的金额或比率作出预期，并评价预期值是否足够精确以识别重大错报

（包括单项重大的错报和单项虽不重大但连同其他错报可能导致财务报表产生重大错报的错报）；

④确定已记录金额与预期值之间可接受的，且无须做进一步调查的差异额。

（2）确定实质性分析程序对特定认定的适用性。实质性分析程序通常更适用于在一段时期内存在预期关系的大量交易。分析程序的运用建立在这种预期的基础上，即数据之间的关系存在且在没有反证的情况下继续存在。然而，某一分析程序的适用性，取决于注册会计师评价该分析程序在发现某一错报单独或连同其他错报可能引起财务报表存在重大错报时的有效性。

在某些情况下，不复杂的预测模型也可以用于实施有效的分析程序。例如，如果被审计单位在某一会计期间对既定数量的员工支付固定工资，注册会计师可利用这一数据非常准确地估计出该期间的员工工资总额，从而获取有关该重要财务报表项目的审计证据，并降低对工资成本实施细节测试的必要性。一些广泛认同的行业比率（如不同类型零售企业的毛利率）通常可以有效地运用于实质性分析程序，为已记录金额的合理性提供支持性证据。

不同类型的分析程序提供不同程度的保证。例如，根据租金水平、公寓数量和空置率，可以测算出一幢公寓大楼的总租金收入。如果这些基础数据得到恰当的核实，上述分析程序能提供具有说服力的证据，从而可能无须利用细节测试再作进一步验证。相比之下，通过计算和比较毛利率，对于某项收入数据的确认，可以提供说服力相对较弱的审计证据，但如果结合实施其他审计程序，则可以提供有用的佐证。

对特定实质性分析程序适用性的确定，受到认定的性质和注册会计师对重大错报风险评估的影响。例如，如果针对销售订单处理的内部控制存在缺陷，对与应收账款相关的认定，注册会计师可能更多地依赖细节测试，而非实质性分析程序。

在针对同一认定实施细节测试时，特定的实质性分析程序也可能视为是适当的。例如，注册会计师在对应收账款余额的计价认定获取审计证据时，除了对期后收到的现金实施细节测试外，也可以对应收账款的账龄实施实质性分析程序，以确定账龄应收账款的可收回性。

（3）数据的可靠性。注册会计师对已记录的金额或比率作出预期时，需要采用内部或外部的数据。

来自被审计单位内部的数据包括：前期数据，并根据当期的变化进行调整；当期的财务数据；预算或预测；非财务数据等。

外部数据包括：政府有关部门发布的信息，如通货膨胀率、利率、税率，有关部门确定的进出口配额等；行业监管者、贸易协会以及行业调查单位发布的信息，如行业平均增长率；经济预测组织，包括某些银行发布的预测消息，如某些行业的业绩指标等；公开出版的财务信息；证券交易所发布的信息等。

数据的可靠性直接影响根据数据形成的预期值。数据的可靠性越高，预期的准确性也将越高，分析程序将更有效。注册会计师计划获取的保证水平越高，对数据可靠性的要求也就越高。

数据的可靠性受其来源和性质的影响，并取决于获取该数据的环境。因此，在确定数据的可靠性是否能够满足实质性分析程序的需要时，下列因素是相关的：

①可获得信息的来源。例如，从被审计单位以外的独立来源获取的信息可能更加可靠。

②可获得信息的可比性。例如，对于生产和销售特殊产品的被审计单位，可能需要对宽泛的行业数据进行补充，使其更具可比性。

③可获得信息的性质和相关性。例如，预算是否作为预期的结果，而不是作为将要达到的目标。

④与信息编制相关的控制，用以确保信息完整、准确和有效。例如，与预算的编制、复核和维护相关的控制。

当针对评估的风险实施实质性分析程序时，如果使用被审计单位编制的信息，注册会计师可能需要考虑测试与信息编制相关的控制（如有）的有效性。当这些控制有效时，注册会计师通常对该信息的可靠性更有信心，进而对分析程序的结果更有信心。对与非财务信息相关的控制运行有效性进行的测试，通常与对其他控制的测试结合在一起进行。例如，被审计单位对销售发票建立控制的同时，也可能对销售数量的记录建立控制。在这些情况下，注册会计师可以把两者的控制有效性测试结合在一起进行。或者，注册会计师可以考虑该信息是否需要经过测试。

上述测试的结果有助于注册会计师就该信息的准确性和完整性获取审计证据，以更好地判断分析程序使用的数据是否可靠。如果注册会计师通过测试获知与信息编制相关的控制运行有效，或信息在本期或前期经过审计，该信息的可靠性将更高。

（4）评价预期值的准确程度。准确程度是对预期值与真实值之间接近程度的度量，也称精确度。分析程序的有效性很大程度上取决于注册会计师形成的预期值的准确性。预期值的准确性越高，注册会计师通过分析程序获取的保证水平将越高。

在评价作出预期的准确程度是否足以在计划的保证水平上识别重大错报时，注册会计师应当考虑下列主要因素：

①对实质性分析程序的预期结果作出预测的准确性。例如，与各年度的研究开发和广告费用支出相比，注册会计师通常预期各期的毛利率更具有稳定性。

②信息可分解的程度。信息可分解的程度是指用于分析程序的信息的详细程度，如按月份或地区分部分解的数据。通常，数据的可分解程度越高，预期值的准确性越高，注册会计师将相应获取较高的保证水平。当被审计单位经营复杂或多元化时，分解程度高的详细数据更为重要。

数据需要具体到哪个层次受被审计单位性质、规模、复杂程度及记录详细程度等因素的影响。如果被审计单位从事多个不同的行业，或者拥有非常重要的子公司，或者在多个地点进行经营活动，注册会计师可能需要考虑就每个重要的组成部分分别取得财务信息。但是，注册会计师也应当考虑分解程度高的数据的可靠性。例如，季度数据可能因为未经审计或相关控制相对较少，其可靠性将不如年度数据。

③财务和非财务信息的可获得性。在设计实质性分析程序时，注册会计师应考虑是否可以获得财务信息（如预算和预测）以及非财务信息（如已生产或已销售产品的数量），以

有助于运用分析程序。

（5）已记录金额与预期值之间可接受的差异额。预期值只是一个估计数据，大多数情况下与已记录金额并不一致。为此，在设计和实施实质性分析程序时，注册会计师应当确定已记录金额与预期值之间可接受的差异额。

注册会计师在确定已记录金额与预期值之间可接受的，且无须做进一步调查的差异额时，受重要性和计划的保证水平的影响。在确定该差异额时，注册会计师需要考虑一项错报单独或连同其他错报导致财务报表发生重大错报的可能性。

注册会计师评估的风险越高，越需要获取有说服力的审计证据。因此，为了获取具有说服力的审计证据，当评估的风险增加时，可接受的、无须做进一步调查的差异额将会降低。

如果在期中实施实质性程序，并计划针对剩余期间实施实质性分析程序，注册会计师应当考虑实质性分析程序对特定认定的适用性、数据的可靠性、评价预期值的准确程度以及可接受的差异额，并评估这些因素如何影响针对剩余期间获取充分、适当的审计证据的能力。注册会计师还应考虑某类交易的期末累计发生额或账户期末余额在金额、相对重要性及构成方面能否被合理预期。如果认为仅实施实质性分析程序不足以收集充分、适当的审计证据，注册会计师还应测试剩余期间相关控制运行的有效性或针对期末实施细节测试。

### 4. 用于总体复核

（1）总体要求。在审计结束或临近结束时，注册会计师运用分析程序的目的是确定财务报表整体是否与其对被审计单位的了解一致，注册会计师应当围绕这一目的运用分析程序。这时运用分析程序是强制要求，注册会计师在这个阶段应当运用分析程序。

（2）总体复核阶段分析程序的特点。在总体复核阶段执行分析程序，所进行的比较和使用的手段与风险评估程序中使用的分析程序基本相同，但两者的目的不同。在总体复核阶段实施的分析程序主要在于强调并解释财务报表项目自上个会计期间以来发生的重大变化，以证实财务报表中列报的所有信息与注册会计师对被审计单位及其环境的了解一致，与注册会计师取得的审计证据一致。因此，两者的主要差别在于实施分析程序的时间和重点不同，以及所取得的数据的数量和质量不同。另外，因为在总体复核阶段实施的分析程序并非为了对特定账户余额和披露提供实质性的保证水平，因此并不如实质性分析程序那样详细和具体，而往往集中在财务报表层次。

（3）再评估重大错报风险。在运用分析程序进行总体复核时，如果识别出以前未识别的重大错报风险，注册会计师应当重新考虑对全部或部分各类交易、账户余额和披露评估的风险是否恰当，并在此基础上重新评价之前计划的审计程序是否充分，是否有必要追加审计程序。

# 任务 2.3 审计工作底稿

| 情景列表 | 情景实例 |
| --- | --- |
| 审计工作底稿 | 基于集团财务报表审计，组成部分审计报告日早于集团审计报告日，会计师事务所应当自集团审计报告日起对组成部分审计工作底稿至少保存 10 年 |

## 子任务 2.3.1 工作底稿概述

### 1. 概念

审计工作底稿，是指注册会计师对制订的审计计划、实施的审计程序、获取的相关审计证据，以及得出的审计结论作出的记录。审计工作底稿是审计证据的载体，是注册会计师在审计过程中形成的审计工作记录和获取的资料。它形成于审计过程，也反映整个审计过程。

### 2. 审计工作底稿的目的

在符合本准则和其他相关审计准则要求的情况下，审计工作底稿能够实现下列目的：

（1）提供证据，作为注册会计师得出实现总体目标结论的基础。

（2）提供证据，证明注册会计师按照审计准则和相关法律法规的规定计划和执行了审计工作。

审计工作底稿还可以实现下列目的：

（1）有助于项目组计划和执行审计工作。

（2）有助于负责督导的项目组成员按照《中国注册会计师审计准则第 1121 号 —— 对财务报表审计实施的质量控制》的规定，履行指导、监督与复核审计工作的责任。

（3）便于项目组说明其执行审计工作的情况。

（4）保留对未来审计工作持续产生重大影响的事项的记录。

（5）便于会计师事务所按照《质量控制准则第 5101 号 —— 会计师事务所对执行财务报表审计和审阅、其他鉴证和相关服务业务实施的质量控制》的规定，实施质量控制复核与检查。

（6）便于监管机构和注册会计师协会根据相关法律法规或其他相关要求，对会计师事务所实施执业质量检查。

### 3. 要求

注册会计师编制的审计工作底稿，应当使未曾接触该项审计工作的有经验的专业人士清楚地了解：

（1）按照审计准则和相关法律法规的规定实施的审计程序的性质、时间安排和范围。

（2）实施审计程序的结果和获取的审计证据。

（3）审计中遇到的重大事项和得出的结论，以及在得出结论时作出的重大职业判断。

有经验的专业人士，是指会计师事务所内部或外部的具有审计实务经验，并且对下列方面有合理了解的人士：

（1）审计过程。

（2）审计准则和相关法律法规的规定。

（3）被审计单位所处的经营环境。

（4）与被审计单位所处行业相关的会计和审计问题。

编制和使用审计工作底稿是审计人员的重要工作内容。为了编写好审计工作底稿，审计人员必须注意以下的基本要求：

（1）注册会计师应当及时编制审计工作底稿。

（2）编写审计工作底稿应做到内容完整、真实、重点突出。

（3）编写审计工作底稿应做到观点明确、条理清楚、用词恰当、字迹清晰、格式规范。

**注意**

审计工作底稿中载明的审计事项、时间、地点、当事人、数据、计量计算方法和因果关系必须准确无误，前后一致；相关的证明资料如有矛盾，应当予以鉴别和说明。

（4）相关的审计工作底稿之间应当具有清晰的钩稽关系，相互引用时应注明索引号。

（5）编制汇总工作底稿应当详细审阅分项目审计工作底稿并确定其事实。

## 子任务 2.3.2　存在形式和内容

### 1. 审计工作底稿的存在形式

审计工作底稿可以以纸质、电子或其他介质形式存在。

随着信息技术的广泛运用，审计工作底稿的形式从传统的纸质形式扩展到电子或其他介质形式。但无论审计工作底稿以哪种形式存在，会计师事务所都应当针对审计工作底稿设计和实施适当的控制，以实现下列目的：

（1）使审计工作底稿清晰地显示其生成、修改及复核的时间和人员。

（2）在审计业务的所有阶段，尤其是在项目组成员共享信息或通过互联网将信息传递给其他人员时，保护信息的完整性和安全性。

（3）防止未经授权改动审计工作底稿。

（4）允许项目组和其他经授权的人员为适当履行职责而接触审计工作底稿。

为便于会计师事务所内部进行质量控制和外部执业质量检查或调查，以电子或其他介质形式存在的审计工作底稿，应与其他纸质形式的审计工作底稿一并归档，并应能通过打印等方式，转换成纸质形式的审计工作底稿。

在实务中，为便于复核，注册会计师可以将以电子或其他介质形式存在的审计工作底稿通过打印等方式，转换成纸质形式的审计工作底稿，并与其他纸质形式的审计工作底稿一并归档，同时，单独保存这些以电子或其他介质形式存在的审计工作底稿。

### 2. 审计工作底稿的内容

审计工作底稿通常包括总体审计策略、具体审计计划、分析表、问题备忘录、重大事项概要、询证函回函和声明、核对表、有关重大事项的往来函件（包括电子邮件），注册会计师还可以将被审计单位文件记录的摘要或复印件（如重大的或特定的合同和协议）作为审计工作底稿的一部分。

此外，审计工作底稿通常还包括业务约定书、管理建议书、项目组内部或项目组与被审计单位举行的会议记录、与其他人士（如其他注册会计师、律师、专家等）的沟通文件及错报汇总表等。但是，审计工作底稿并不能代替被审计单位的会计记录。

一般情况下，分析表主要是指对被审计单位财务信息执行分析程序的记录。例如，记录对被审计单位本年各月收入与上一年度的同期数据进行比较的情况，记录对差异的分析等。

问题备忘录一般是指对某一事项或问题的概要的汇总记录。在问题备忘录中，注册会计师通常记录该事项或问题的基本情况、执行的审计程序或具体审计步骤，以及得出的审计结论。例如，有关存货监盘审计程序或审计过程中发现问题的备忘录。

核对表一般是指会计师事务所内部使用的、为便于核对某些特定审计工作或程序的完成情况的表格。例如，特定项目（如财务报表列报）审计程序核对表、审计工作完成情况核对表等。它通常以列举的方式列出审计过程中注册会计师应当进行的审计工作或程序以及特别需要提醒注意的问题，并在适当情况下索引至其他审计工作底稿，便于注册会计师核对是否已按照审计准则的规定进行审计。

在实务中，会计师事务所通常采取以下方法从整体上提高工作（包括复核工作）效率及工作质量，并进行统一质量管理：

（1）会计师事务所基于审计准则及在实务中的经验等，统一制定某些格式、索引及涵盖内容等方面相对固定的审计工作底稿模板和范例，如核对表、审计计划及业务约定书范例等，某些重要的或不可删减的工作会在这些模板或范例中予以特别标识。

（2）在此基础上，注册会计师再根据各具体业务的特点加以必要的修改，制定适用于具体项目的审计工作底稿。

### 3. 审计工作底稿通常不包括的内容

审计工作底稿通常不包括已被取代的审计工作底稿的草稿或财务报表的草稿、反映不全面或初步思考的记录、存在印刷错误或其他错误而作废的文本，以及重复的文件记录等。由于这些草稿、错误的文本或重复的文件记录不直接构成审计结论和审计意见的支持性证据，因此，注册会计师通常无须保留这些记录。

## 子任务 2.3.3 工作底稿的格式和要素

### 1. 确定审计工作底稿的格式、要素时考虑的因素

审计工作底稿的格式、要素取决于诸多因素，例如：

（1）被审计单位的规模和复杂程度。对大型被审计单位进行审计形成的审计工作底稿，通常比对小型被审计单位进行审计形成的审计工作底稿要多；对业务复杂的被审计单位进行审计形成的审计工作底稿，通常比对业务简单的被审计单位进行审计形成的审计工作底稿要多。

（2）拟实施审计程序的性质。不同的审计程序会使得注册会计师获取不同性质的审计证据，由此注册会计师可能会编制不同的审计工作底稿。

（3）识别出的重大错报风险。识别和评估的重大错报风险水平的不同可能导致注册会计师实施的审计程序和获取的审计证据不尽相同。

（4）已获取的审计证据的重要程度。注册会计师通过执行多项审计程序可能会获取不同的审计证据，有些审计证据的相关性和可靠性较高，有些质量则较差，注册会计师可能区分不同的审计证据进行有选择性的记录。

**提示**

审计证据的重要程度也会影响审计工作底稿的格式、内容和范围。

（5）识别出的例外事项的性质和范围。有时注册会计师在执行审计程序时会发现例外事项，由此可能导致审计工作底稿在格式、内容和范围方面的不同。

（6）当从已执行审计工作或获取审计证据的记录中不易确定结论或结论的基础时，记录结论或结论基础的必要性。

（7）审计方法和使用的工具。审计方法和使用的工具可能影响审计工作底稿的格式、内容和范围。

考虑以上因素有助于注册会计师确定审计工作底稿的格式、内容和范围是否恰当。注册会计师在考虑以上因素时需注意，根据不同情况确定审计工作底稿的格式、内容和范围均是为达到审计准则中所述的编制审计工作底稿的目的，特别是提供证据的目的。例如，细节测试和实质性分析程序的审计工作底稿所记录的审计程序有所不同，但两类审计工作底稿都应当充分、适当地反映注册会计师执行的审计程序。

### 2. 审计工作底稿的要素

通常，审计工作底稿包括下列全部或部分要素：

（1）审计工作底稿的标题；

（2）审计过程记录；

（3）审计结论；

（4）审计标识及其说明；

（5）索引号及编号；

（6）编制者姓名及编制日期；

（7）复核者姓名及复核日期；

（8）其他应说明事项。

下面分别对以上所述要素中的第（1）～（6）项进行说明。

（1）审计工作底稿的标题。

每张底稿应当包括被审计单位的名称、审计项目的名称以及资产负债表日或底稿覆盖的会计期间（如果与交易相关）。

（2）审计过程记录。

在记录审计过程时，应当特别注意以下几个重点方面：

①具体项目或事项的识别特征。在记录实施审计程序的性质、时间安排和范围时，注册会计师应当记录测试的具体项目或事项的识别特征。记录具体项目或事项的识别特征可以实现多种目的，例如，既能反映项目组履行职责的情况，也便于对例外事项或不符事项进行调查，以及对测试的项目或事项进行复核。

识别特征是指被测试的项目或事项表现出的征象或标志。识别特征因审计程序的性质和测试的项目或事项不同而不同。对某一个具体项目或事项而言，其识别特征通常具有唯一性，这种特性可以使其他人员根据识别特征在总体中识别该项目或事项并重新执行该测试。为帮助理解，以下列举部分审计程序中所测试的样本的识别特征：

如在对被审计单位生成的订购单进行细节测试时，注册会计师可以以订购单的日期和其唯一编号作为测试订购单的识别特征。

对于需要选取或复核既定总体内一定金额以上的所有项目的审计程序，注册会计师可以记录实施程序的范围并指明该总体。例如，银行存款日记账中一定金额以上的所有会计分录。

对于需要系统化抽样的审计程序，注册会计师可能会通过记录样本的来源、抽样的起点及抽样间隔来识别已选取的样本。例如，若被审计单位对发运单顺序编号，测试的发运单的识别特征可以是对 4 月 1 日至 9 月 30 日的发运记录，从第 12345 号发运单开始每隔 125 号系统抽取发运单。

对于需要询问被审计单位中特定人员的审计程序，注册会计师可能会以询向的时间、被询问人的姓名及职位作为识别特征。

对于观察程序，注册会计师可以以观察的对象或观察过程、相关被观察人员及其各自的责任、观察的地点和时间作为识别特征。

②重大事项及相关重大职业判断。注册会计师应当根据具体情况判断某一事项是否属于重大事项。重大事项通常包括：引起特别风险的事项；实施审计程序的结果，该结果表明财务信息可能存在重大错报，或需要修正以前对重大错报风险的评估和针对这些风险拟采取的应对措施；导致注册会计师难以实施必要审计程序的情形；导致出具非无保留意见或者带强调事项段“与持续经营相关的重大不确定性”等段落的审计报告的事项。

注册会计师应当记录与管理层、治理层和其他人员对重大事项的讨论，包括所讨论的重大事项的性质以及讨论的时间、地点和参加人员。

有关重大事项的记录可能分散在审计工作底稿的不同部分。将这些分散在审计工作底稿中的有关重大事项的记录汇总在重大事项概要中，不仅可以帮助注册会计师集中考虑重大事项对审计工作的影响，还便于审计工作的复核人员全面、快速地了解重大事项，从而提高复核工作的效率。对于大型、复杂的审计项目，重大事项概要的作用尤为重要。因此，注册会计师编制重大事项概要有利于有效地复核和检查审计工作底稿，并评价重大事项的影响。

重大事项概要包括审计过程中识别的重大事项及其如何得到解决，或对其他支持性审计工作底稿的交叉索引。

注册会计师在执行审计工作和评价审计结果时运用职业判断的程度，是决定记录重大事项的审计工作底稿的格式、内容和范围的一项重要因素。在审计工作底稿中对重大职业判断进行记录，能够解释注册会计师得出的结论并提高职业判断的质量。这些记录对审计工作底稿的复核人员非常有帮助，同样也有助于执行以后期间审计的人员查阅具有持续重要性的事项（如根据实际结果对以前作出的会计估计进行复核）。

当涉及重大事项和重大职业判断时，注册会计师需要编制与运用职业判断相关的审计工作底稿。例如：

如果审计准则要求注册会计师“应当考虑”某些信息或因素，并且这种考虑在特定业务情况下是重要的，记录注册会计师得出结论的理由；

记录注册会计师对某些方面主观判断的合理性（如某些重大会计估计的合理性）得出结论的基础；

如果注册会计师针对审计过程中识别出的导致其对某些文件记录的真实性产生怀疑的情况实施了进一步调查（如适当利用专家的工作或实施函证程序），记录注册会计师对这些文件记录真实性得出结论的基础。

针对重大事项如何处理不一致的情况。如果识别出的信息与针对某重大事项得出的最终结论不一致，注册会计师应当记录如何处理不一致的情况。

上述情况包括但不限于注册会计师针对该信息执行的审计程序、项目组成员对某事项的职业判断不同而向专业技术部门的咨询情况，以及项目组成员和被咨询人员不同意见（如项目组与专业技术部门的不同意见）的解决情况。

记录如何处理识别出的信息与针对重大事项得出的结论不一致的情况是非常必要的，它有助于注册会计师关注这些不一致，并对此执行必要的审计程序以恰当地解决这些不一致。

但是，对如何解决这些不一致的记录要求并不意味着注册会计师需要保留不正确的或被取代的审计工作底稿。例如，某些信息初步显示与针对某重大事项得出的最终结论不一致，注册会计师发现这些信息是错误的或不完整的，并且初步显示的不一致可以通过获取正确或完整的信息得到满意的解决，则注册会计师无须保留这些错误的或不完整的信息。此外，对于职业判断的差异，若初步的判断意见是基于不完整的资料或数据，则注册会计师也无须保留这些初步的判断意见。

（3）审计结论。审计工作的每一部分都应包含与已实施审计程序的结果及其是否实现既定审计目标相关的结论，还应包括审计程序识别出的例外情况和重大事项如何得到解决的结论。注册会计师恰当地记录审计结论非常重要。注册会计师需要根据所实施的审计程序及获取的审计证据得出结论，并以此作为对财务报表发表审计意见的基础。在记录审计结论时需注意，在审计工作底稿中记录的审计程序和审计证据是否足以支持所得出的审计结论。

（4）审计标识及其说明。审计标识被用于与已实施审计程序相关的底稿。每张底稿都应包含对已实施程序的性质和范围所作的解释，以支持每一个标识的概念。审计工作底稿中可使用各种审计标识，但应说明其含义，并保持前后一致。以下是注册会计师在审计工作底稿中列明标识并说明其含义的例子，供参考。在实务中，注册会计师也可以依据实际情况运用更多的审计标识，例如：

∧：纵加核对

<：横加核对

B：与上年结转数核对一致

T：与原始凭证核对一致

G：与总分类账核对一致

S：与明细账核对一致

T/B：与试算平衡表核对一致

C：已发询证函

C\：已收回询证函

（5）索引号及编号。通常，审计工作底稿需要注明索引号及顺序编号，相关审计工作底稿之间需要保持清晰的钩稽关系。为了汇总及便于交叉索引和复核，每个事务所都会制定特定的审计工作底稿归档流程。每张表或记录都有一个索引号，例如，A1、D6 等，以说明其在审计工作底稿中的放置位置。工作底稿中包含的信息通常需要与其他相关工作底稿中的相关信息进行交叉索引，例如，现金盘点表与列示所有现金余额的导引表进行交叉索引。利用计算机编制工作底稿时，可以采用电子索引和链接。随着审计工作的推进，链接表还可予以自动更新。例如，审计调整表可以链接到试算平衡表，当新的调整分录编制完后，计算机会自动更新试算平衡表，为相关调整分录插入索引号。同样，评估的固有风险或控制风险可以与针对特定风险领域设计的相关审计程序进行交叉索引。

在实务中，注册会计师可以按照所记录的审计工作的内容层次进行编号。例如，固定资产汇总表的编号为 C1，按类别列示的固定资产明细表的编号为 C1-1，房屋建筑物的编号为 C1-1-1，机器设备的编号为 C1-1-2，运输工具的编号为 C1-1-3，其他设备的编号为 C1-1-4。相互引用时，需要在审计工作底稿中交叉注明索引号。

（6）编制人员和复核人员及执行日期。为了明确责任，在各自完成与特定工作底稿相关的任务之后，编制者和复核者都应在工作底稿上签名并注明编制日期和复核日期。在记录已实施审计程序的性质、时间安排和范围时，注册会计师应当记录：

①测试的具体项目或事项的识别特征；

②审计工作的执行人员及完成审计工作的日期；

③审计工作的复核人员及复核的日期和范围。

在需要项目质量控制复核的情况下，还需要注明项目质量控制复核人员及复核的日期。

通常，需要在每一张审计工作底稿上注明执行审计工作的人员和复核人员、完成该项审计工作的日期以及完成复核的日期。

在实务中，如果若干页的审计工作底稿记录同一性质的具体审计程序或事项，并且编制在同一个索引号中，此时可以仅在审计工作底稿的第一页上记录审计工作的执行人员和复核人员并注明日期。例如，应收账款函证核对表的索引号为 L3-1-1/21，相对应的询证函回函共有 20 份，每一份应收账款询证函回函索引号以 L3-1-2/21、L3-1-3/…L3-1-21/21 表示，对于这种情况，就可以仅在应收账款函证核对表上记录审计工作的执行人员和复核人员并注明日期。

资料

重大错报风险

## 子任务 2.3.4 工作底稿的归档

《质量控制准则第 5101 号 —— 会计师事务所对执行财务报表审计和审阅、其他鉴证和相关服务业务实施的质量控制》和《中国注册会计师审计准则第 1131 号 —— 审计工作底稿》对审计工作底稿的归档作出了具体规定，涉及归档工作的性质和期限、审计工作底稿保管期限等方面。

### 1. 审计工作底稿归档工作的性质

在出具审计报告前，注册会计师应完成所有必要的审计程序，取得充分、适当的审计证据并得出适当的审计结论。由此，在审计报告日后将审计工作底稿归整为最终审计档案是一项事务性的工作，不涉及实施新的审计程序或得出新的结论。

如果在归档期间对审计工作底稿作出的变动属于事务性的，注册会计师可以作出变动，主要包括：

（1）删除或废弃被取代的审计工作底稿。

（2）对审计工作底稿进行分类、整理和交叉索引。

（3）对审计档案归整工作的完成核对表签字认可。

（4）记录在审计报告日前获取的、与项目组相关成员进行讨论并达成一致意见的审计证据。

### 2. 审计档案的结构

对每项具体审计业务，注册会计师应当将审计工作底稿归整为审计档案。

以下是典型的审计档案结构。

（1）沟通和报告相关工作底稿。

①审计报告和经审计的财务报表。

②与主审注册会计师的沟通和报告。

③与治理层的沟通和报告。

④与管理层的沟通和报告。

⑤管理建议书。

（2）审计完成阶段工作底稿。

①审计工作完成情况核对表；

②管理层声明书原件；

③重大事项概要；

④错报汇总表；

⑤被审计单位财务报表和试算平衡表；

⑥有关列报的工作底稿（如现金流量表、关联方和关联交易的披露等）；

⑦财务报表所属期间的董事会会议纪要；

⑧总结会会议纪要。

（3）审计计划阶段工作底稿。

①总体审计策略和具体审计计划；

②对内部审计职能的评价；

③对外部专家的评价；

④对服务机构的评价；

⑤被审计单位提交资料清单；

⑥集团注册会计师的指示；

⑦前期审计报告和经审计的财务报表；

⑧预备会会议纪要。

（4）特定项目审计程序表。

①舞弊；

②持续经营；

③对法律法规的考虑；

④关联方。

（5）进一步审计程序工作底稿。

①有关控制测试工作底稿；

②有关实质性程序工作底稿（包括实质性分析程序和细节测试）。

### 3. 审计工作底稿归档的期限

《质量控制准则第 5101 号——会计师事务所对执行财务报表审计和审阅、其他鉴证和相关服务业务实施的质量控制》要求会计师事务所制定有关及时完成最终业务档案归整工作的政策和程序。审计工作底稿的归档期限为审计报告日后 60 天内。如果注册会计师未能完成审计业务，审计工作底稿的归档期限为审计业务中止后的 60 天内。

如果针对客户的同一财务信息执行不同的委托业务，出具两个或多个不同的报告，会计师事务所应当将其视为不同的业务，根据会计师事务所内部制定的政策和程序，在规定的归档期限内分别将审计工作底稿归整为最终审计档案。

### 4. 审计工作底稿归档后的变动

在完成最终审计档案的归整工作后，注册会计师不应在规定的保存期限届满前删除或废弃任何性质的审计工作底稿。

（1）需要变动审计工作底稿的情形。注册会计师发现有必要修改现有审计工作底稿或增加新的审计工作底稿的情形主要有以下两种：

①注册会计师已实施了必要的审计程序，取得了充分、适当的审计证据并得出了恰当的审计结论，但审计工作底稿的记录不够充分。

②审计报告日后，发现例外情况要求注册会计师实施新的或追加审计程序，或导致注册会计师得出新的结论。例外情况主要是指审计报告日后发现与已审计财务信息相关，且在审计报告日已经存在的事实，该事实如果被注册会计师在审计报告日前获知，可能影响审计报告。例如，注册会计师在审计报告日后才获知法院在审计报告日前已对被审计单位的诉讼、索赔事项作出最终判决结果。例外情况可能在审计报告日后发现，也可能在财务报表报出日后发现，注册会计师应当按照《中国注册会计师审计准则第 1332 号——期后事项》有关“财务报表报出后发现的事实”的相关规定，对例外事项实施新的或追加的审计程序。

（2）变动审计工作底稿时的记录要求。在完成最终审计档案的归整工作后，如果发现有必要修改现有审计工作底稿或增加新的审计工作底稿，无论修改或增加的性质如何，注册会计师均应当记录下列事项：

①修改或增加审计工作底稿的理由；

②修改或增加审计工作底稿的时间和人员，以及复核的时间和人员。

### 5. 审计工作底稿的保存期限

会计师事务所应当自审计报告日起，对审计工作底稿至少保存 10 年。如果注册会计师未能完成审计业务，会计师事务所应当自审计业务中止日起，对审计工作底稿至少保存 10 年。

在完成最终审计档案的归整工作后，注册会计师不应在规定的保存期届满前删除或废弃任何性质的审计工作底稿。

## 项目小结

审计方法是指审计人员为完成审计工作、实现审计目标而采取的各种方式、手段和技术的总称。审计方法是从审计实践中总结出来的，它随着审计对象的日趋复杂、社会对审计信息质量要求的不断提高和科学技术的不断发展而逐步改进、完善和发展，形成了较完善的审计方法体系。

## 项目训练

**【资料】**

某工厂 2020 年 12 月 31 日账面结存 A 材料 750 件，B 材料 270 件，经审阅和核对无差错。2021 年 1 月 1 日至 3 月 10 日收入 A 材料 320 件，B 材料 130 件，发出 A 材料 120 件，B 材料 80 件，经核对审阅和验算无误。2021 年 3 月 10 日审计盘存数为 A 材料 800 件，B 材料 320 件。

**【要求】**

该工厂如何调节材料结存数？

# 项目 3 审计计划

## 应知应会

- 了解审计计划的意义。
- 熟悉初步活动的目的和内容。
- 掌握审计业务约定书的基本内容。
- 理解审计业务约定书的特殊考虑。
- 知晓审计计划的两个层次。
- 熟悉审计具体计划的内容。

## 关键词

- 审计计划（audit plan）;
- 初步业务活动（preliminary business activities）;
- 审计约定书（audit engagement letter）;
- 总体审计策略（overall audit strategy）;
- 审计范围（audit scope）;
- 审计方向（audit direction）。

## 本项目在本书中的地位

审计计划是审计过程中非常重要的一部分，合理的审计计划有助于审计人员顺利完成审计工作和控制审计风险，是全书重点内容之一。

## 业务综述

制订审计计划工作十分重要，很多关键决策往往在这个阶段作出。

本项目主要讲述以下内容：

- 接受委托，编制审计计划；
- 初步活动内容；
- 审计的具体目标。

## 项目导图

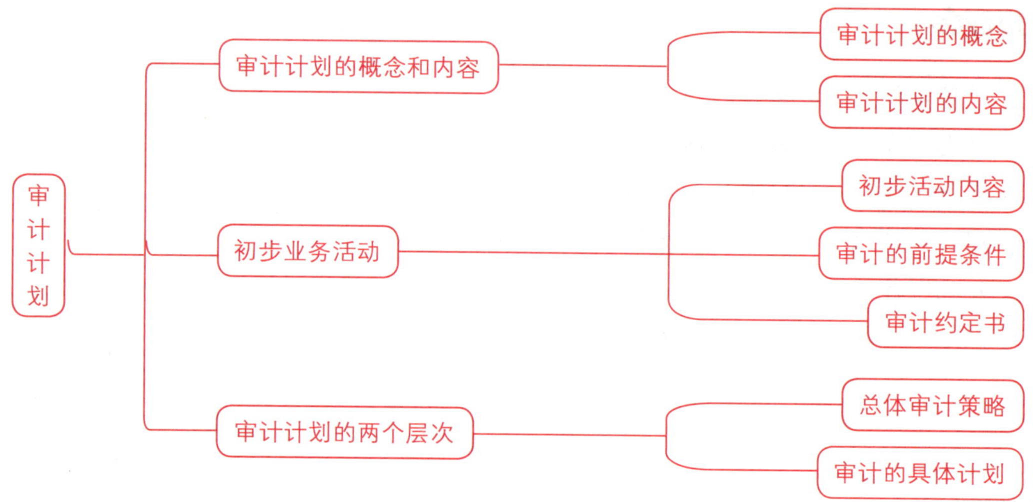

# 任务 3.1 审计计划的概念和内容

| 情景列表 | 情 景 实 例 |
| --- | --- |
| 接受委托，编制审计计划 | A 会计师事务所接受 B 国有企业的委托，审计 B 国有企业的 2012 年度的会计报表。A 会计师事务所委派注册会计师李豪担任项目经理，负责编制审计计划。李豪分派了注册会计师张雷、王景对 A 企业会计报表项目进行趋势分析性测试。李豪在复核张雷、王景编制的趋势分析性测试工作底稿的基础上，形成了分析性测试汇总表 |

## 子任务 3.1.1 审计计划的概念

审计计划指注册会计师为了达到预期的审计目标，完成各项审计业务，在具体执行审计程序之前编制的工作计划，并且在之后的工作中按照此计划进行执行。在执行审计过程中，可能情况会发生变化，因此对审计计划要进行相应的补充和修订。

## 子任务 3.1.2 审计计划的内容

### 1. 计划审计工作的意义

《中国注册会计师审计准则第 1201 号 —— 计划审计工作》第三条规定，注册会计师应当制订审计工作计划，使审计业务以有效的方式得到执行。

（1）合理的审计计划有助于注册会计师顺利完成审计工作和控制审计风险。

（2）合理的审计计划有助于注册会计师关注重点审计领域、及时发现和解决潜在问题、恰当地组织和管理审计工作，以使审计工作更加有效。

（3）合理的审计计划有助于注册会计师对项目组成员进行恰当分工和指导监督，并复核其工作。

（4）合理的审计计划有助于协调其他注册会计师和专家的工作。

### 2. 审计计划的参与者

制订审计计划十分重要，很多关键决策往往在这个阶段作出，如可接受的审计风险水平和重要性的确定、项目人员的配置等。鉴于其重要性，项目负责人和项目组其他关键成员应当参与制订审计计划，利用其经验和见解，以提高制订过程的效率和效果。

### 3. 审计计划的编制

审计计划通常由审计项目负责人在审计工作开始时起草，项目组其他关键成员也要参与审计计划的编制工作。审计计划应形成书面文件，并最终形成审计工作底稿的一部分。

审计计划的文件形式多种多样，主要有表格式、问卷式和文字叙述式三种主要形式。无论采用哪种形式，均不能生搬硬套，因为不同的被审计单位，具体情况和审计目标不同。

审计计划的文件格式和内容需要根据实际情况酌情调整。

按执业准则规定，审计人员可以与被审计单位的有关人员就总体审计策略的要点和某些审计程序进行讨论，并使审计程序与被审计单位有关人员的工作相协调，但独立编制审计计划仍是审计人员的责任。执业准则还规定，审计计划应当在具体实施前下达至审计小组的全体成员；审计人员应当根据审计情况的变化及时对审计计划进行修改、补充。计划修改、补充意见应经审计组织有关业务负责人同意，并记录于审计工作底稿。

虽然编制总体审计策略的过程通常在具体审计计划之前，但是两项活动并不是孤立的、不连续的过程，而是内在紧密联系的，对其中一项的决定可能会影响甚至改变对另一项的决定。

审计人员将制订总体审计策略和具体审计计划相结合进行，可能会使计划审计工作更有效率及效果。

总体审计策略的编制时需考虑的情况：

在编制总体审计策略时，至少需要考虑以下几方面情况：

（1）编制拟审计的财务信息所依据的财务报告编制基础。

（2）特定行业的报告要求，如某些行业监管机构要求提交的报告。

（3）预期审计工作涵盖的范围，包括应涵盖的组成部分的数量及所在地点。

（4）拟审计的经营分部的性质，包括是否需要具备专门知识。

（5）内部审计工作的可获得性及注册会计师拟信赖内部审计工作的程度。

（6）信息技术对审计程序的影响，包括数据的可获得性和对使用计算机辅助审计技术的预期。

（7）与被审计单位人员的时间协调和相关数据的可获得性。

（8）除为合并目的执行的审计工作之外，对个别财务报表进行法定审计的需求。

（9）对利用在以前审计工作中获取的审计证据（如获取的与风险评估程序和控制测试相关的审计证据）的预期。

# 任务 3.2 初步业务活动

| 情景列表 | 情 景 实 例 |
|---|---|
| 初步活动内容 | 会计师事务所应当每年至少一次向所有受独立性要求约束的人员获取其遵守独立性政策和程序的书面确认函 |

## 子任务 3.2.1 初步活动内容

### 1. 初步活动的目的

在本期审计业务开始时，注册会计师需要开展初步业务活动，以实现以下三个主要目的：

（1）具备执行业务所需的独立性和能力。

（2）不存在因管理层诚信问题而可能影响注册会计师保持该项业务的意愿的事项。

（3）与被审计单位之间不存在对业务约定条款的误解。

### 2. 初步活动的内容

注册会计师应当开展下列初步业务活动：

（1）针对保持客户关系和具体审计业务实施相应的质量控制程序。针对保持客户关系和具体审计业务实施质量控制程序，并且根据实施相应程序的结果作出适当的决策是注册会计师控制审计风险的重要环节。在连续审计时，注册会计师通常执行针对保持客户关系和具体审计业务的质量控制程序。在首次接受审计委托时，注册会计师需要执行针对建立有关客户关系和承接具体审计业务的质量控制程序。

**提 示**

无论是连续审计还是首次接受审计委托，注册会计师应当考虑下列主要事项，以确定保持客户关系和具体审计业务的结论是恰当的：

①被审计单位的主要股东、关键管理人员和管理层是否诚信。

②项目组是否具备执行审计业务的专业胜任能力以及必要的时间和资源。

③会计师事务所和项目组能否遵守职业道德规范。

由于在连续审计的情况下，注册会计师已经积累了一定的审计经验，因此，在决定是否保持与某一客户的关系时，项目负责人通常重点考虑本期或前期审计中发现的重大事项，及其对保持该客户关系的影响。

**提示**

在实务中，会计师事务所可以区别首次接受审计委托和连续审计的情况制定不同的质量控制程序，以提高审计工作的效率及效果。

（2）评价遵守职业道德规范的情况也是一项非常重要的初步业务活动。职业道德规范要求项目组成员恪守独立、客观、公正的原则，保持专业胜任能力和应有的关注，并对审计过程中获知的信息保密。

对于保持独立性，质量控制准则要求会计师事务所制定政策和程序，以及项目负责人实施相应措施。例如，会计师事务所应当每年至少一次向所有受独立性要求约束的人员获取其遵守独立性政策和程序的书面确认函。值得注意的是，由于审计过程中情况会发生变化，注册会计师对上述第一项（针对保持客户关系和具体审计业务实施相应的质量控制程序）及第二项（评价遵守职业道德规范的情况）的考虑应当贯穿审计业务的全过程。

虽然保持客户关系及具体审计业务和评价职业道德的工作贯穿审计业务的全过程，但是这两项活动需要安排在其他审计工作之前，以确保注册会计师已具备执行业务所需要的独立性和专业胜任能力，且不存在因管理层诚信问题而影响注册会计师保持该项业务意愿等情况。

（3）就审计业务约定条款达成一致意见，及时签订或修改审计业务约定书。在作出接受或保持客户关系及具体审计业务的决策后，注册会计师应当按照《中国注册会计师审计准则第 1111 号 —— 审计业务约定书》的规定，在审计业务开始前，与被审计单位就审计业务约定条款达成一致意见，签订或修改审计业务约定书，以避免双方对审计业务的理解产生分歧。

针对保持客户关系和具体审计业务实施质量控制程序，并且根据实施相应程序的结果作出适当的决策是注册会计师控制审计风险的重要环节。《中国注册会计师审计准则第 1121 号 —— 对财务报表审计实施的质量控制》及《质量控制准则第 5101 号 —— 会计师事务所对执行财务报表审计和审阅、其他鉴证和相关服务业务实施的质量控制》含有与客户关系和具体业务的接受与保持相关的要求，注册会计师应当按照其规定开展初步业务活动。

评价遵守相关职业道德要求的情况也是一项非常重要的初步业务活动。质量控制准则含有包括独立性在内的有关职业道德要求，注册会计师应当按照其规定执行。虽然保持客户关系及具体审计业务和评价职业道德的工作贯穿审计业务的全过程，但是这两项活动需要安排在其他审计工作之前，以确保注册会计师已具备执行业务所需要的独立性和专业胜任能力，且不存在因管理层诚信问题而影响注册会计师保持该项业务的意愿等情况。

**提示**

在连续审计的业务中，这些初步业务活动通常是在上期审计工作结束后不久或将要结束时就已经开始了。

在作出接受或保持客户关系及具体审计业务的决策后，注册会计师应当按照《中国注册会计师审计准则第 1111 号——就审计业务约定条款达成一致意见》的规定，在审计业务开始前，与被审计单位就审计业务约定条款达成一致意见，签订或修改审计业务约定书，以避免双方对审计业务的理解产生分歧。

## 子任务 3.2.2 审计的前提条件

### 1. 财务报告编制基础

承接鉴证业务的条件之一是《中国注册会计师鉴证业务基本准则》中提及的标准适当，且能够为预期使用者获取。标准是指用于评价或计量鉴证对象的基准，当涉及列报时，还包括列报与披露的基准。适当的标准使注册会计师能够运用职业判断对鉴证对象作出合理一致的评价或计量。就审计准则而言，适用的财务报告编制基础为注册会计师提供了用以审计财务报表（包括公允反映，如相关）的标准。如果不存在可接受的财务报告编制基础，管理层就不具有编制财务报表的恰当基础，注册会计师也不具有对财务报表进行审计的适当标准。

（1）确定财务报告编制基础的可接受性。在确定编制财务报表所采用的财务报告编制基础的可接受性时，注册会计师需要考虑下列相关因素：第一，被审计单位的性质；第二，财务报表的目的；第三，财务报表的性质。

按照某一财务报告编制基础编制，旨在满足广大财务报表使用者共同的财务信息需求的财务报表，称为通用目的财务报表。按照特殊目的编制基础编制的财务报表，称为特殊目的财务报表，旨在满足财务报表特定使用者的财务信息需求。对于特殊目的财务报表，预期财务报表使用者对财务信息的需求，决定适用的财务报告编制基础。《中国注册会计师审计准则第 1601 号——对按照特殊目的编制基础编制的财务报表审计的特殊考虑》规范了如何确定旨在满足财务报表特定使用者财务信息需求的财务报告编制基础的可接受性。

（2）通用目的编制基础。如果财务报告准则由经授权或获得认可的准则制定机构制定和发布，供某类实体使用，只要这些机构遵循一套既定和透明的程序（包括认真研究和仔细考虑广大利益相关者的观点），则认为财务报告准则对于这类实体编制通用目的财务报表是可接受的。这些财务报告准则主要有：国际会计准则理事会发布的国际财务报告准则、国际公共部门会计准则理事会发布的国际公共部门会计准则和某一国家或地区经授权或获得认可的准则制定机构，在遵循一套既定和透明的程序（包括认真研究和仔细考虑广大利益相关者的观点）的基础上发布的会计准则。

在规范通用目的财务报表编制的法律法规中，这些财务报告准则通常被界定为适用的财务报告编制基础。

### 2. 就管理层的责任达成一致意见

按照审计准则的规定执行审计工作的前提是管理层已认可并理解其承担的责任。审计准则并不超越法律法规对这些责任的规定。然而，独立审计的理念要求注册会计师不对财务报表的编制或被审计单位的相关内部控制承担责任，并要求注册会计师合理预期能够获取审计所需要的信息（在管理层能够提供或获取的信息范围内，包括从总账和明细账之外的其他途径获取的信息）。因此，管理层认可并理解其责任，这一前提对执行独立审计工作是至关重要的。

（1）按照适用的财务报告编制基础编制财务报表，并使其实现公允反映（如适用）。大多数财务报告编制基础包括与财务报表列报相关的要求，对于这些财务报告编制基础，在提到“按照适用的财务报告编制基础编制财务报表”时，编制包括列报。实现公允列报的报告目标非常重要，因而在与管理层达成一致意见的执行审计工作的前提中需要特别提及公允列报，或需要特别提及管理层负有确保财务报表根据财务报告编制基础编制并使其实现公允反映的责任。

（2）设计、执行和维护必要的内部控制，以使财务报表不存在由于舞弊或错误导致的重大错报。由于内部控制的固有限制，无论其如何有效，也只能合理保证被审计单位实现其财务报告目标。注册会计师按照审计准则的规定执行的独立审计工作，不能代替管理层维护编制财务报表所需要的内部控制。因此，注册会计师需要就管理层认可并理解其与内部控制有关的责任与管理层达成共识。

（3）向注册会计师提供必要的工作条件，包括允许注册会计师接触与编制财务报表相关的所有信息（如记录、文件和其他事项），向注册会计师提供审计所需要的其他信息，允许注册会计师在获取审计证据时不受限制地接触其认为必要的内部人员和其他相关人员。

### 3. 确认的形式

按照《中国注册会计师审计准则第 1341 号 —— 书面声明》的规定，注册会计师应当要求管理层就其已履行的某些责任提供书面声明。因此，注册会计师需要获取针对管理层责任的书面声明、其他审计准则要求的书面声明，以及在必要时需要获取用于支持其他审计证据（用以支持财务报表或者一项或多项具体认定）的书面声明。注册会计师需要使管理层意识到这一点。

如果管理层不认可其责任，或不同意提供书面声明，注册会计师将不能获取充分、适当的审计证据。在这种情况下，注册会计师承接此类审计业务是不恰当的，除非法律法规另有规定。如果法律法规要求承接此类审计业务，注册会计师可能需要向管理层解释这种情况的重要性及其对审计报告的影响。

## 子任务 3.2.3 审计约定书

审计业务约定书是指会计师事务所与被审计单位签订的，用以记录和确认审计业务的委托与受托关系、审计目标和范围、双方的责任以及报告的格式等事项的书面协议。会计师事务所承接任何审计业务，都应与被审计单位签订审计业务约定书。

### 1. 审计业务约定书的基本内容

审计业务约定书的具体内容和格式可能因被审计单位的不同而不同，但应当包括以下主要内容：

（1）财务报表审计的目标与范围。

（2）注册会计师的责任。

（3）管理层的责任。

（4）指出用于编制财务报表所适用的财务报告编制基础。

（5）提及注册会计师拟出具的审计报告的预期形式和内容，以及对在特定情况下出具的审计报告可能不同于预期形式和内容的说明。

## 2. 审计业务约定书的特殊考虑

（1）考虑特定需要。如果情况需要，注册会计师还可能考虑在审计业务约定书中列明下列内容：

①详细说明审计工作的范围，包括提及适用的法律法规、审计准则，以及注册会计师协会发布的职业道德守则和其他公告；

②对审计业务结果的其他沟通形式；

③关于注册会计师按照《中国注册会计师审计准则第1504号——在审计报告中沟通关键审计事项》的规定，在审计报告中沟通关键审计事项的要求；

④说明由于审计和内部控制的固有限制，即使审计工作按照审计准则的规定得到恰当的计划和执行，仍不可避免地存在某些重大错报未被发现的风险；

⑤计划和执行审计工作的安排，包括审计项目组的构成；

⑥预期管理层将提供书面声明；

⑦预期管理层将允许注册会计师接触管理层知悉的与财务报表编制相关的所有信息(包括与披露相关的所有信息)；

⑧管理层同意向注册会计师及时提供财务报表草稿（包括与财务报表及披露的编制相关的所有信息）和其他所有附带信息（如有），以使注册会计师能够按照预定的时间表完成审计工作；

⑨管理层同意告知注册会计师在审计报告日至财务报表报出日之间注意到的可能影响财务报表的事实；

⑩收费的计算基础和收费安排；

⑪管理层确认收到审计业务约定书并同意其中的条款；

⑫在某些方面对利用其他注册会计师和专家工作的安排；

⑬对审计涉及的内部审计人员和被审计单位其他员工工作的安排；

⑭在首次审计的情况下，与前任注册会计师（如存在）沟通的安排；

⑮说明对注册会计师责任可能存在的限制；

⑯注册会计师与被审计单位之间需要达成进一步协议的事项；

⑰向其他机构或人员提供审计工作底稿的义务。

（2）组成部分的审计。如果母公司的注册会计师同时也是组成部分注册会计师，需要考虑下列因素，决定是否向组成部分单独致送审计业务约定书：

①组成部分注册会计师的委托人；

②是否对组成部分单独出具审计报告；

③与审计委托相关的法律法规的规定；

④母公司占组成部分的所有权份额；

⑤组成部分管理层相对于母公司的独立程度。

（3）连续审计。对于连续审计，注册会计师应当根据具体情况评估是否需要对审计业务约定条款作出修改，以及是否需要提醒被审计单位注意现有的条款。

注册会计师可以决定不在每期都致送新的审计业务约定书或其他书面协议。然而，下列因素可能导致注册会计师修改审计业务约定条款或提醒被审计单位注意现有的业务约定条款：

①有迹象表明被审计单位误解审计目标和范围；

②需要修改约定条款或增加特别条款；

③被审计单位高级管理人员近期发生变动；

④被审计单位所有权发生重大变动；

⑤被审计单位业务的性质或规模发生重大变化；

⑥法律法规的规定发生变化；

⑦编制财务报表采用的财务报告编制基础发生变更；

⑧其他报告要求发生变化。

（4）审计业务约定条款的变更。

①变更审计业务约定条款的要求。在完成审计业务前，如果被审计单位或委托人要求将审计业务变更为保证程度较低的业务，注册会计师应当确定是否存在合理理由予以变更。

下列原因可能导致被审计单位要求变更业务：

- 环境变化对审计服务的需求产生影响；
- 对原来要求的审计业务的性质存在误解；
- 无论是管理层施加的还是其他情况引起的审计范围受到限制。

上述前两项通常被认为是变更业务的合理理由，但如果有迹象表明该变更要求与错误的、不完整的或者不能令人满意的信息有关，注册会计师不应认为该变更是合理的。

如果没有合理的理由，注册会计师不应同意变更业务。如果注册会计师不同意变更审计业务约定条款，而管理层又不允许继续执行原审计业务，注册会计师应当：

- 在适用的法律法规允许的情况下，解除审计业务约定；
- 确定是否有约定义务或其他义务向管理层、所有者或监管机构等报告该事项。

②变更为审阅业务或相关服务业务的要求。在同意将审计业务变更为审阅业务或相关服务业务前，接受委托按照审计准则执行审计工作的注册会计师，除考虑上述①中提及的事项外，还需要评估变更业务对法律责任或业务约定的影响。

如果注册会计师认为将审计业务变更为审阅业务或相关服务业务具有合理理由，截至变更日已执行的审计工作可能与变更后的业务相关，相应地，注册会计师需要执行的工作和出具的报告会适用于变更后的业务。为避免引起报告使用者的误解，对相关服务业务出具的报告不应提及原审计业务和在原审计业务中已执行的程序。只有将审计业务变更为执行商定程序业务，注册会计师才可在报告中提及已执行的程序。

# 任务 3.3 审计计划的两个层次

| 情景列表 | 情 景 实 例 |
| --- | --- |
| 审计的具体目标 | 审计人员李某审查兴茂公司原材料收发业务的正确性。根据管理层的认定，确定相应的审计具体目标 |

审计计划分为总体审计策略和具体审计计划两个层次。注册会计师应当针对总体审计策略中所识别的不同事项，制订具体审计计划，并考虑通过有效利用审计资源以实现审计目标。值得注意的是，虽然制定总体审计策略的过程通常在具体审计计划之前，但是两项计划具有内在紧密联系，对其中一项的决定可能会影响甚至改变对另外一项的决定。例如，注册会计师在了解被审计单位及其环境的过程中，注意到被审计单位对主要业务的处理依赖复杂的自动化信息系统，因此计算机信息系统的可靠性及有效性对其经营、管理、决策以及编制可靠的财务报告具有重大影响。对此，注册会计师可能会在具体审计计划中制定相应的审计程序，并相应调整总体审计策略的内容，作出利用信息风险管理专家的工作的决定。

## 子任务 3.3.1 总体审计策略

会计师应当为审计工作制定总体审计策略。总体审计策略用以确定审计范围、时间安排和方向，并指导具体审计计划的制订。

### 1. 确定审计业务的特征，以界定审计范围

在确定审计范围时，需要考虑下列具体事项：

（1）编制拟审计的财务信息所依据的财务报告编制基础，包括是否需要将财务信息调整至按照其他财务报告编制基础编制。

（2）特定行业的报告要求，如某些行业监管机构要求提交的报告。

（3）预期审计工作涵盖的范围，包括应涵盖的组成部分的数量及所在地点。

（4）母公司和集团组成部分之间存在的控制关系的性质，以确定如何编制合并财务报表。

（5）由组成部分注册会计师审计组成部分的范围。

（6）拟审计的经营分部的性质，包括是否需要具备专门知识。

（7）外币折算，包括外币交易的会计处理、外币财务报表的折算和相关信息的披露。

（8）除为合并目的执行的审计工作之外，对个别财务报表进行法定审计的需求。

（9）内部审计工作的可获得性及注册会计师拟信赖内部审计工作的程度。

（10）被审计单位使用服务机构的情况，及注册会计师如何取得有关服务机构内部控制设计和运行有效性的证据。

（11）对利用在以前审计工作中获取的审计证据（如获取的与风险评估程序和控制测试相关的审计证据）的预期。

（12）信息技术对审计程序的影响，包括数据的可获得性和对使用计算机辅助审计技术的预期。

（13）协调审计工作与中期财务信息审阅的预期涵盖范围和时间安排，以及中期审阅所获取的信息对审计工作的影响。

（14）与被审计单位人员的时间协调和相关数据的可获得性。

### 2. 明确审计业务的报告目标，以计划审计的时间安排和所需沟通的性质

为计划报告目标、时间安排和所需沟通，需要考虑下列事项：

（1）被审计单位对外报告的时间表，包括中间阶段和最终阶段。

（2）与管理层和治理层举行会谈，讨论审计工作的性质、时间安排和范围。

（3）与管理层和治理层讨论注册会计师拟出具的报告的类型和时间安排以及沟通的其他事项（口头或书面沟通），包括审计报告、管理建议书和向管理层通报的其他事项。

（4）与管理层讨论预期就整个审计业务中审计工作的进展进行的沟通。

（5）与组成部分注册会计师沟通拟出具的报告的类型和时间安排，以及与组成部分审计相关的其他事项。

（6）项目组成员之间沟通的预期性质和时间安排，包括项目组会议的性质和时间安排，以及复核已执行工作的时间安排。

### 3. 根据职业判断审计方向

总体审计策略的制定应当包括考虑影响审计业务的重要因素，以确定项目组工作方向，包括确定适当的重要性水平，初步识别可能存在较高的重大错报风险的领域，初步识别重要的组成部分和账户余额，评价是否需要针对内部控制的有效性获取审计证据，识别被审计单位、所处行业、财务报告要求及其他相关方面最近发生的重大变化等。

在确定审计方向时，注册会计师需要考虑下列事项：

（1）重要性方面。具体包括：

①为计划目的确定重要性；

②为组成部分确定重要性且与组成部分的注册会计师沟通；

③在审计过程中重新考虑重要性；

④识别重要的组成部分和账户余额。

（2）重大错报风险较高的审计领域。

（3）评估的财务报表层次的重大错报风险对指导、监督及复核的影响。

（4）项目组人员的选择（在必要时包括项目质量控制复核人员）和工作分工，包括向重大错报风险较高的审计领域分派具备适当经验的人员。

（5）项目预算，包括考虑为重大错报风险可能较高的审计领域分配适当的工作时间。

（6）如何向项目组成员强调在收集和评价审计证据过程中保持职业怀疑的必要性。

（7）以往审计中对内部控制运行有效性进行评价的结果，包括所识别的控制缺陷的性质及应对措施。

（8）管理层重视设计和实施健全的内部控制的相关证据，包括这些内部控制得以适当记录的证据。

（9）业务交易量规模，以基于审计效率的考虑确定是否依赖内部控制。

（10）对内部控制重要性的重视程度。

（11）管理层用于识别和编制适用的财务报告编制基础所要求的披露（包括从总账和明细账之外的其他途径获取的信息）的流程。

（12）影响被审计单位经营的重大发展变化，包括信息技术和业务流程的变化，关键管理人员变化，以及收购、兼并和分立。

（13）重大的行业发展情况，如行业法规变化和新的报告规定。

（14）会计准则及会计制度的变化，该变化可能涉及作出重大的新披露或对现有披露作出重大修改。

（15）其他重大变化，如影响被审计单位的法律环境的变化。

#### 4. 确定执行业务所需资源的性质、时间安排和范围

注册会计师应当在总体审计策略中清楚地说明审计资源的规划和调配，包括确定执行审计业务所必需的审计资源的性质、时间安排和范围。

（1）向具体审计领域调配的资源，包括向高风险领域分派有适当经验的项目组成员，就复杂的问题利用专家工作等。

（2）向具体审计领域分配资源的多少，包括分派到重要地点进行存货监盘的项目组成员的人数，在集团审计中复核组成部分注册会计师工作的范围，向高风险领域分配的审计时间预算等。

（3）何时调配这些资源，包括是在期中审计阶段还是在关键的截止日期调配资源等。

（4）如何管理、指导、监督这些资源，包括预期何时召开项目组预备会和总结会，预期项目合伙人和经理如何进行复核，是否需要实施项目质量控制复核等。

### 子任务 3.3.2 审计的具体计划

注册会计师应当为审计工作制订具体审计计划。具体审计计划比总体审计策略更加

详细，其内容包括为获取充分、适当的审计证据以将审计风险降至可接受的低水平，项目组成员拟实施的审计程序的性质、时间安排和范围。可以说，为获取充分、适当的审计证据，而确定审计程序的性质、时间安排和范围是具体审计计划的核心。具体审计计划应当包括风险评估程序、计划实施的进一步审计程序和其他审计程序。

### 1. 风险评估程序

具体审计计划应当包括按照《中国注册会计师审计准则第 1211 号——通过了解被审计单位及其环境识别和评估重大错报风险》的规定，为了充分识别和评估财务报表重大错报风险，注册会计师计划实施的风险评估程序的性质、时间安排和范围。

### 2. 计划实施的进一步审计程序

具体审计计划应当包括按照《中国注册会计师审计准则第 1231 号——针对评估的重大错报风险采取的应对措施》的规定，针对评估的认定层次的重大错报风险，注册会计师计划实施的进一步审计程序的性质、时间安排和范围。进一步审计程序包括控制测试和实质性程序。

注册会计师计划的进一步审计程序可以分为进一步审计程序的总体方案和拟实施的具体审计程序两个层次。进一步审计程序的总体方案主要是指注册会计师针对各类交易、账户余额和披露决定采用的总体方案（包括实质性方案和综合性方案）。具体审计程序则是对进一步审计程序的总体方案的延伸和细化，它通常包括控制测试和实质性程序的性质、时间安排和范围。在实务中，注册会计师通常单独制定一套包括这些具体程序的“进一步审计程序表”，待具体实施审计程序时，注册会计师将基于所计划的具体审计程序，进一步记录所实施的审计程序及结果，并最终形成有关进一步审计程序的审计工作底稿。

另外，完整、详细的进一步审计程序的计划包括对各类交易、账户余额和披露实施的具体审计程序的性质、时间安排和范围，包括抽取的样本量等。

**提示**

在实务中，注册会计师可以统筹安排进一步审计程序的先后顺序，如果对某类交易、账户余额或披露已经作出计划，则可以安排先行开展工作，与此同时再制定其他交易、账户余额和披露的进一步审计程序。

### 3. 计划其他审计程序

具体审计计划应当包括根据审计准则的规定，注册会计师针对审计业务需要实施的其他审计程序。计划的其他审计程序可以包括上述进一步程序的计划中没有涵盖的、根据其他审计准则的要求注册会计师应当执行的既定程序。

在审计计划阶段，除了按照《中国注册会计师审计准则第 1211 号——通过了解被审计单位及其环境识别和评估重大错报风险》进行计划工作，注册会计师还需要兼顾其他准则中规定的、针对特定项目在审计计划阶段应执行的程序及记录要求。例如，《中国注册会计师审计准则第 1141 号——财务报表审计中与舞弊相关的责任》《中国注册会计师审计准则第 1324 号——持续经营》《中国注册会计师审计准则第 1142 号——财务报表审计中对法律法规的考虑》及《中国注册会计师审计准则第 1323 号——关联方》等准则中对注册会计师针对这些特定项目在审计计划阶段应当执行的程序及其记录作出了规定。当然，由于被审计单位所处行业、环境各不相同，特别项目可能也有所不同。例如，有些企业可能涉及环境事项、电子商务等，在实务中注册会计师应根据被审计单位的具体情况确定特定项目并执行相应的审计程序。

## 4. 审计过程中对计划的更改

计划审计工作并非审计业务的一个孤立阶段，而是一个持续的、不断修正的过程，贯穿于整个审计业务的始终。由于未预期事项、条件的变化或在实施审计程序中获取的审计证据等原因，在审计过程中，注册会计师应当在必要时对总体审计策略和具体审计计划作出更新和修改。

审计过程可以分为不同阶段，通常前面阶段的工作结果会对后面阶段的工作计划产生一定的影响，而后面阶段的工作过程中又可能发现需要对已制定的相关计划进行相应的更新和修改。通常来讲，这些更新和修改可能涉及比较重要的事项。例如，对重要性水平的修改，对某类交易、账户余额和披露的重大错报风险的评估和进一步审计程序（包括总体方案和拟实施的具体审计程序）的更新和修改等。一旦计划被更新和修改，审计工作也就应当进行相应的修正。

例如，如果在制订审计计划时，注册会计师基于对材料采购交易的相关控制的设计和执行获取的审计证据，认为相关控制设计合理并得以执行，因此未将其评价为高风险领域并且计划执行控制测试。但是在执行控制测试时获得的审计证据与审计计划阶段获得的审计证据相矛盾，注册会计师认为该类交易的控制没有得到有效执行，此时，注册会计师可能需要修正对该类交易的风险评估，并基于修正的评估风险修改计划的审计方案，如采用实质性方案。

如果注册会计师在审计过程中对总体审计策略或具体审计计划作出重大修改，应当在审计工作底稿中记录作出的重大修改及其理由。

## 5. 指导、监督与复核

注册会计师应当制订计划，确定对项目组成员的指导、监督以及对其工作进行复核的性质、时间安排和范围。项目组成员的指导、监督以及对其工作进行复核的性质、时间安排和范围主要取决于下列因素：

（1）被审计单位的规模和复杂程度。

（2）审计领域。

（3）评估的重大错报风险。

（4）执行审计工作的项目组成员的专业素质和胜任能力。

注册会计师应在评估重大错报风险的基础上，计划对项目组成员工作的指导、监督与复核的性质、时间安排和范围。当评估的重大错报风险增加时，注册会计师通常会扩大指导与监督的范围，增强指导与监督的及时性，执行更详细的复核工作。在计划复核的性质、时间安排和范围时，注册会计师还应考虑单个项目组成员的专业素质和胜任能力。

## 项目小结

审计计划是注册会计师为了达到预期的审计目标，完成各项审计业务，在具体执行审计程序之前编制的工作计划，并且在之后的工作中按照此计划进行执行。审计计划分为总体审计策略和具体审计计划两个层次。

## 项目训练

**【资料】**

A 和 B 注册会计师对 X 股份有限公司 2020 年度财务报表进行审计，其未经审计的有关财务报表项目金额如表 3-1 所示。

表 3-1　未经审计的财务报表项目数据

单位：万元

| 财务报表项目名称 | 金额 |
| --- | --- |
| 资产总计 | 180 000 |
| 股东权益合计 | 88 000 |
| 营业收入 | 240 000 |
| 利润总额 | 36 000 |
| 净利润 | 24 120 |

**【要求】**

（1）如果以资产总额、净资产（股东权益）、营业收入和净利润作为判断基础，采用固定比率法，并假定资产总额、净资产、营业收入和净利润的固定百分比数值分别为 0.5%、1%、0.5% 和 5%，请代 A 和 B 注册会计师计算确定 X 股份有限公司 2020 年度财务报表层次的重要性水平（请列示计算过程）。

（2）简要说明重要性水平与审计风险之间的关系。

（3）简要说明重要性水平与审计证据之间的关系。

# 项目 4 审计测试流程

## 应知应会

- 了解风险评估的程序。
- 了解经营风险对重大错报风险的影响。
- 了解内部控制的要素。
- 掌握评估重大错报风险时考虑的因素。
- 掌握风险应对的措施。
- 知晓控制测试的性质。

## 关键词

- 风险评估（risk assessment）;
- 内部控制（internal controls）;
- 重大错报风险（risk of material misstatement）;
- 特别风险（special risk）;
- 风险应对（risk response）;
- 控制测试（control test）。

## 本项目在本书中的地位

本项目主要介绍审计测试流程中的重点、难点，需要全面掌握，是本书重点内容之一。

## 业务综述

注册会计师在审计过程中应当实施询问被审计单位管理层和内部其他相关人员、分析程序、观察和检查等审计程序，但在了解被审计单位及其环境的每一方面时无须实施上述所有程序。本项目主要讲述了以下内容：

- 了解被投资单位；
- 内部控制；
- 进一步审计程序。

## 项目导图

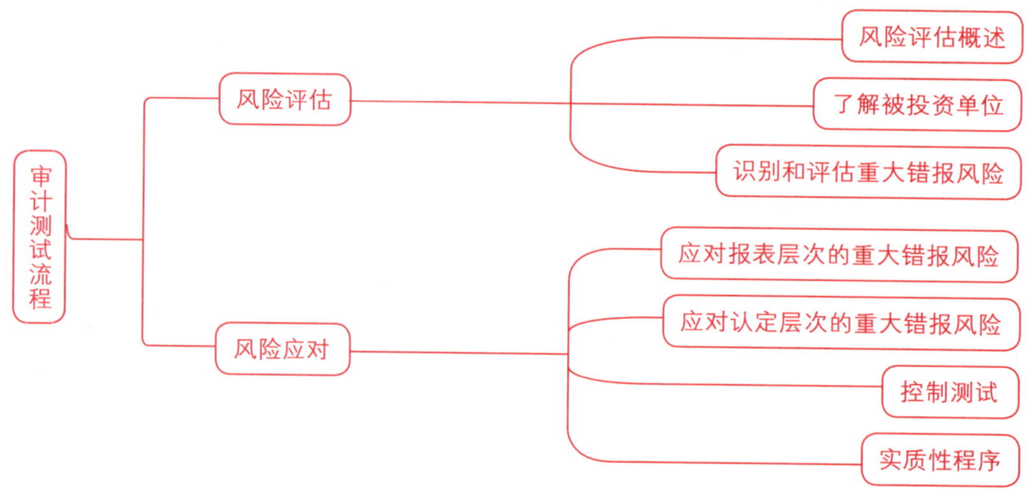

# 任务 4.1　风险评估

| 情景列表 | 情　景　实　例 |
|---|---|
| 了解被投资单位 | 银行监管机构对商业银行的资本充足率有专门规定，不能满足这一监管要求的商业银行可能有操纵财务报表的动机和压力 |
| 内部控制 | 对于某些非财务数据（如生产统计数据）的控制，如果注册会计师在实施分析程序时使用这些数据，这些控制就可能与审计相关 |

## 子任务 4.1.1　风险评估概述

### 1. 风险评估程序的概念

风险评估程序，是指注册会计师为了解被审计单位及其环境（包括内部控制），以识别和评估财务报表层次和认定层次的重大错报风险（无论该错报由于舞弊或错误导致）而实施的审计程序。

### 2. 风险评估程序的相关活动

注册会计师应当实施下列风险评估程序，以了解被审计单位及其环境：询问被审计单位管理层和内部其他相关人员；分析程序；观察和检查。

注册会计师在审计过程中应当实施上述审计程序，但是在了解被审计单位及其环境的每一方面时无须实施上述所有程序。

（1）询问被审计单位管理层和内部其他相关人员。询问被审计单位管理层和内部其他相关人员是注册会计师了解被审计单位及其环境的一个重要信息来源。询问管理层、适当的内部审计人员（如有），以及注册会计师判断认为可能掌握有助于注册会计师识别由于舞弊或错误导致的重大错报风险的信息的被审计单位内部其他人员。注册会计师可以考虑向管理层和财务负责人询问下列事项：

①管理层所关注的主要问题。如新的竞争对手、主要客户和供应商的流失、新的税收法规的实施以及经营目标或战略的变化等。

②被审计单位最近的财务状况、经营成果和现金流量。

③可能影响财务报告的交易和事项，或者目前发生的重大会计处理问题。如重大的购并事宜等。

④被审计单位发生的其他重要变化。如所有权结构、组织结构的变化，以及内部控制

的变化等。

（2）实施分析程序。分析程序应按照《中国注册会计师审计准则第 1313 号——分析程序》来进行，包括以下内容：

①注册会计师的目标。

- 在实施实质性分析程序时，获取相关、可靠的审计证据；
- 在临近审计结束时，设计和实施分析程序，帮助注册会计师对财务报表形成总体结论，以确定财务报表是否与其对被审计单位的了解一致。

②分析程序的要求。

- 实质性分析程序。在设计和实施实质性分析程序时，无论单独使用或与细节测试结合使用，注册会计师都应当：

第一，考虑针对所涉及认定评估的重大错报风险和实施的细节测试（如有），确定特定实质性分析程序对这些认定的适用性；

第二，考虑可获得信息的来源、可比性、性质和相关性以及与信息编制相关的控制，评价在对已记录的金额或比率作出预期时使用数据的可靠性；

第三，对已记录的金额或比率作出预期，并评价预期值是否足够精确以识别重大错报（包括单项重大的错报和单项虽不重大但连同其他错报可能导致财务报表产生重大错报的错报）；

第四，确定已记录金额与预期值之间可接受的，且无须按本准则第七条的要求作进一步调查的差异额。

- 有助于形成总体结论的分析程序。在临近审计结束时，注册会计师应当设计和实施分析程序，帮助其对财务报表形成总体结论，以确定财务报表是否与其对被审计单位的了解一致。
- 调查分析程序的结果。如果按照本准则的规定实施分析程序，识别出与其他相关信息不一致的波动或关系，或与预期值差异重大的波动或关系，注册会计师应当采取下列措施调查这些差异：

第一，询问管理层，并针对管理层的答复获取适当的审计证据；

第二，根据具体情况在必要时实施其他审计程序。

③观察和检查。观察和检查程序可以印证对管理层和其他相关人员询问的结果，并可提供有关被审计单位及其环境的信息，注册会计师应当实施下列观察和检查程序：

第一，观察被审计单位的生产经营活动；第二，检查文件、记录和内部控制手册；第三，阅读由管理层和治理层编制的报告；第四，实地察看被审计单位的生产经营场所和厂房设备；第五，追踪交易在财务报告信息系统中的处理过程（穿行测试）。

### 3. 项目组内部的讨论

《中国注册会计师审计准则第 1211 号——了解被审计单位及其环境并评估重大错报风险》要求项目合伙人和项目组其他关键成员应当讨论被审计单位财务报表存在重大错报的可能性，以及如何根据被审计单位的具体情况运用适用的财务报告编制基础。项目合伙人应当确定向未参与讨论的项目组成员通报哪些事项。

（1）项目讨论的意义。项目组内部关于财务报表发生重大错报可能性的讨论可以：

①使经验较丰富的项目组成员（包括项目合伙人）有机会分享其根据对被审计单位的了解形成的见解；

②使项目组成员能够讨论被审计单位面临的经营风险、财务报表容易发生错报的领域以及发生错报的方式，特别是由于舞弊或错误导致重大错报的可能性；

③帮助项目组成员更好地了解在各自负责的领域中潜在的财务报表重大错报，并了解各自实施的审计程序的结果可能如何影响审计的其他方面，包括对确定进一步审计程序的性质、时间安排和范围的影响；

④为项目组成员交流和分享在审计过程中获取的、可能影响重大错报风险评估结果或应对这些风险的审计程序的新信息提供基础。

《中国注册会计师审计准则第 1141 号——财务报表审计中与舞弊相关的责任》及其应用指南对项目组内部关于舞弊风险的讨论作出了进一步规定并提供了指引。

（2）项目组讨论的事项。

①财务报告要求的变化，该变化可能导致作出重大的新披露或对现有披露作出重大修改；

②被审计单位所处的环境、财务状况或经营活动的变化，该变化可能导致作出重大的新披露或对现有披露作出重大修改，例如，审计期间发生的重大企业合并；

③以前审计中难以获取充分、适当的审计证据的披露；

④关于复杂事项的披露，包括管理层对披露信息内容的重大判断。

（3）参与讨论的人员。所有成员都参与到一项讨论中，并非总是必要和可行的（如在跨地区审计中），将讨论中作出的全部决定告知项目组所有成员也不总是必要的。项目合伙人可以与项目组关键成员（包括专家和负责组成部分审计的人员，如认为适当）进行讨论，而在考虑整个项目组中必要的沟通范围后，可以委派代表与其他人员进行讨论。在这种情况下，经项目合伙人同意的沟通计划可能是有用的。

（4）讨论的时间和方式。项目组应当根据审计的具体情况，在整个审计过程中持续交换有关财务报表发生重大错报可能性的信息，方式灵活。项目组在讨论时应当强调在整个审计过程中保持职业怀疑态度，警惕可能发生重大错报的迹象，并对这些迹象进行严格追踪。通过讨论，项目组成员可以交流和分享在整个审计过程中获得的信息，包括可能对重大错报风险评估产生影响的信息或针对这些风险实施审计程序的信息。项目组还可以根据实际情况讨论其他重要事项。

## 子任务 4.1.2 了解被投资单位

### 1. 了解被投资单位及环境

注册会计师应当从下列方面了解被审计单位及其环境：

第一，相关行业状况、法律环境和监管环境及其他外部因素；第二，被审计单位的性质；第三，被审计单位对会计政策的选择和运用；第四，被审计单位的目标、战略以及可能导致重大错报风险的相关经营风险；第五，对被审计单位财务业绩的衡量和评价；第六，被审计单位的内部控制。

上述第一是被审计单位的外部环境，第二、三、四项以及第六项是被审计单位的内部因素，第五项则既有外部因素也有内部因素。

（1）行业状况、法律环境和监管环境及其他外部因素。

①行业状况。了解行业状况有助于注册会计师识别与被审计单位所处行业有关的重大错报风险。注册会计师应当了解被审计单位的行业状况，主要包括：所处行业的市场供求与竞争；生产经营的季节性和周期性；产品生产技术的变化；能源供应与成本；行业的关键指标和统计数据。

具体而言，注册会计师可能需要了解以下情况：

- 被审计单位所处行业的总体发展趋势是什么？
- 处于哪一发展阶段，如起步、快速成长、成熟或衰退阶段？
- 所处市场的需求、市场容量和价格竞争如何？
- 该行业是否受经济周期波动的影响，以及采取了什么行动使波动产生的影响最小化？
- 该行业受技术发展影响的程度如何？
- 是否开发了新的技术？
- 能源消耗在成本中所占比重，能源价格的变化对成本的影响？
- 谁是被审计单位最重要的竞争者，它们各自所占的市场份额是多少？
- 被审计单位与其竞争者相比主要的竞争优势是什么？
- 被审计单位业务的增长率和财务业绩与行业的平均水平及主要竞争者相比如何？存在重大差异的原因是什么？
- 竞争者是否采取了某些行动，如购并活动、降低销售价格、开发新技术等，从而对被审计单位的经营活动产生影响？

②法律环境与监管环境。了解法律环境与监管环境的主要原因在于：某些法律、法规或监管要求可能对被审计单位经营活动有重大影响，如不遵守将导致停业等严重后果；某些法律、法规或监管要求（如环保法规等）规定了被审计单位某些方面的责任和义务；某些法律、法规或监管要求决定了被审计单位需要遵循的行业惯例和核算要求。

注册会计师应当了解被审计单位所处的法律环境与监管环境，主要包括：适用的会计准则、会计制度和行业特定惯例；对经营活动产生重大影响的法律、法规及监管活动；对开展业务产生重大影响的政府政策，包括货币、财政、税收和贸易等政策；与被审计单位所处行业和所从事经营活动相关的环保要求。

具体而言，注册会计师可能需要了解以下情况：

- 国家对某一行业的企业是否有特殊的监管要求（如对银行、保险等行业的特殊监管要求）；
- 是否存在新出台的法律、法规（如新出台的有关产品责任、劳动安全或环境保护的法律法规等），对被审计单位有何影响；

- 国家货币、财政、税收和贸易等方面政策的变化是否会对被审计单位的经营活动产生影响；
- 与被审计单位相关的税务法规是否发生变化。

③其他外部因素。注册会计师应当了解影响被审计单位经营的其他外部因素，主要包括宏观经济的景气度、利率和资金供求状况、通货膨胀水平及币值变动、国际经济环境和汇率变动。

具体而言，注册会计师可能需要了解以下情况：

- 当前的宏观经济状况以及未来的发展趋势如何？
- 目前国内或本地区的经济状况（如增长率、通货膨胀率、失业率、利率等）怎样影响被审计单位的经营活动？
- 被审计单位的经营活动是否受到汇率波动或全球市场力量的影响？

④了解的重点和程度。注册会计师对行业状况、法律环境与监管环境以及其他外部因素了解的范围和程度，会因被审计单位所处行业、规模以及其他因素（如在市场中的地位）的不同而不同。例如，对从事计算机硬件制造的被审计单位，注册会计师可能更关心市场和竞争以及技术进步的情况；对金融机构，注册会计师可能关心宏观经济走势以及货币、财政等方面的宏观经济政策；对化工等产生污染的行业，注册会计师可能更关心相关环保法规。注册会计师应当考虑将了解的重点放在对被审计单位的经营活动能产生重要影响的关键外部因素以及与前期相比发生的重大变化上。

注册会计师应当考虑被审计单位所在行业的业务性质或监管程度是否可能导致特定的重大错报风险，考虑项目组是否配备了具有相关知识和经验的成员。

（2）审计单位的性质。注册会计师应当从下列方面了解被审计单位的性质：所有权结构、治理结构、组织结构、经营活动、投资活动和筹资活动。了解被审计单位的性质有助于注册会计师理解预期在财务报表中反映的各类交易、账户余额及列报。

①所有权结构。注册会计师应当了解被审计单位是属于国有企业、外商投资企业、民营企业，还是属于其他类型的企业，还应当了解其直接控股母公司、间接控股母公司、最终控股母公司和其他股东的构成，以及所有者与其他人员或实体，如控股母公司控制的其他企业之间的关系。对被审计单位所有权结构的了解有助于注册会计师识别关联方关系并了解被审计单位的决策过程。

②治理结构。良好的治理结构可以对被审计单位的经营和财务运作实施有效的监督，从而降低财务报表发生重大错报的风险。例如，董事会的构成情况、董事会内部是否有独立董事；治理结构中是否设有审计委员会或监事会及其运作情况。注册会计师应当考虑治理层是否能够在独立于管理层的情况下对被审计单位事务（包括财务报告）作出客观判断。

③组织结构。复杂的组织结构可能导致某些特定的重大错报风险。注册会计师应当了解被审计单位的组织结构，考虑复杂组织结构可能导致的重大错报风险，包括财务报表合并、商誉减值以及长期股权投资核算等问题。

④经营活动。了解被审计单位经营活动有助于注册会计师识别预期在财务报表中反映

的主要交易类别、重要账户余额和列报。注册会计师应当了解被审计单位的经营活动，主要包括：主营业务的性质、与生产产品或提供劳务相关的市场信息、业务的开展情况、联盟、合营与外包情况、关键客户、重要供应商、关联方交易等。

⑤投资活动。了解被审计单位投资活动有助于注册会计师关注被审计单位在经营策略和方向上的重大变化。注册会计师应当了解被审计单位的投资活动主要包括：近期拟实施或已实施的并购活动与资产处置情况、证券投资、委托贷款的发生与处置、资本性投资活动、不纳入合并范围的投资。

⑥筹资活动。了解被审计单位筹资活动有助于注册会计师评估被审计单位在融资方面的压力，并进一步考虑被审计单位在可预见未来的持续经营能力。注册会计师应当了解被审计单位的筹资活动主要包括：债务结构和相关条款、主要子公司和联营企业、关联方融资的特殊条款等。

⑦财务报告。了解影响财务报告的重要政策、交易或事项，例如：

- 会计政策和行业特定惯例，包括特定行业各类重要的交易、账户余额及财务报表相关披露（如银行业的贷款和投资、医药行业的研究与开发活动）；
- 收入确认惯例；
- 公允价值会计核算；
- 外币资产、负债与交易；
- 异常或复杂交易（包括在有争议的或新兴领域的交易）的会计处理（如对股份支付的会计处理）。

（3）被审计单位对会计政策的选择和运用。注册会计师应当了解被审计单位对会计政策的选择和运用是否符合国家颁布的会计准则，是否符合被审计单位的具体情况。

①重要项目的会计政策与行业惯例。重要项目的会计政策包括收入确认方法、存货计价方法、固定资产折旧的方法等。除会计政策外，某些行业可能还存在一些行业惯例，注册会计师应当熟悉这些行业惯例。当被审计单位采用与行业惯例不同的会计处理方法时，注册会计师应当了解其原因，并考虑采用与行业惯例不同的会计处理方法是否恰当。

②重大和异常交易的会计处理方法。例如，本期发生的投资的会计处理方法；某些被审计单位可能存在与其所处行业相关的重大交易，例如，银行向客户发放贷款、证券公司对外投资等。注册会计师应当考虑被审计单位对重大的和不经常发生的交易的会计处理方法是否适当。

③在缺乏权威性标准或共识、有争议的或新兴领域采用重要会计政策产生的影响。在缺乏权威性标准或共识的领域，注册会计师应当关注被审计单位选用了哪些会计政策，为什么选用这些会计政策以及选用这些会计政策产生的影响。

④会计政策的变更。如果被审计单位变更了重要的会计政策，注册会计师应当考虑变更的原因及其适当性：会计政策变更是否符合法律、行政法规或者适用的会计准则和相关会计制度要求；会计政策变更是否能够提供更可靠、更相关的会计信息。除此之外，注册会计师还应当关注会计政策的变更是否得到充分披露。

（4）被审计单位的目标、战略以及相关经营风险。

①目标、战略与经营风险。注册会计师应当了解被审计单位的目标和战略，以及可能导致财务报表重大错报的经营风险。注册会计师应当了解被审计单位是否存在与下列方面有关的目标和战略，并考虑相应的经营风险：行业发展，可能导致被审计单位不具备足以应对行业变化的人力资源和业务专长等风险；开发新产品或提供新服务，可能导致被审计单位产品责任增加等风险；业务扩张，可能导致被审计单位对市场需求的估计不准确等风险；新的会计要求，可能导致被审计单位执行不当或不完整，或会计处理成本增加等风险；监管要求，可能导致被审计单位法律责任增加等风险；本期及未来的融资条件，可能导致被审计单位由于无法满足融资条件而失去融资机会等风险；信息技术的运用，可能导致被审计单位信息系统与业务流程难以融合等风险。

②经营风险对重大错报风险的影响。经营风险与财务报表重大错报风险是既有联系又相互区别的两个概念，前者比后者范围更广。

**提示**

注册会计师了解被审计单位的经营风险有助于其识别财务报表重大错报风险，但是注册会计师没有责任识别或评估所有的经营风险。

多数经营风险最终都会产生财务后果，从而影响财务报表，但并非所有的经营风险都会导致重大错报风险。经营风险可能对各类交易、账户余额和列报的认定层次或财务报表层次产生直接影响。例如，企业业务扩张涉足新的领域，导致企业对市场需求估计不准确，生产的产品过剩，由此产生的经营风险可能增加与存货计价（计提跌价准备）认定有关的重大错报风险。同样的风险，在经济紧缩时，可能具有更为长期的后果，注册会计师在评估持续经营假设的适当性时需要考虑这一问题。注册会计师应当根据被审计单位的具体情况考虑经营风险是否可能导致财务报表产生重大错报。

③被审计单位财务业绩的衡量和评价。被审计单位内部或外部对财务业绩的衡量与评价可能对管理层产生压力，促使其采取行动改善财务业绩或歪曲财务报表。注册会计师应当了解被审计单位财务业绩衡量和评价情况，考虑这种压力是否能够导致管理层采取行动，以至于增加财务报表产生重大错报的风险，注册会计师应当关注下列信息：关键业绩指标；业绩趋势；预算、预测、差异分析；员工业绩考核与激励性报酬政策；与竞争对手的业绩比较。

### 2. 了解被投资单位内部控制

（1）内部控制的概念和要素。

①内部控制的概念。内部控制是被审计单位为了合理保证财务报告的可靠性、经营的效率和效果以及对法律法规的遵守，由治理层、管理层和其他人员设计与执行的政策及程序。从保证程度上来看，内部控制是合理保证；从目标上来看，内部控制是为实现财务报告的可靠性、经营的效率和效果以及对法律法规的遵守；从责任主体来看，设计和实施内部控制的责任主体是治理层、管理层和其他人员；从实现内部控制目标的手段来看是设计和执行控制政策及程序。

②内部控制的要素。内部控制包括下列要素：控制环境；风险评估过程；与财务报告相关的信息系统与沟通；控制活动；对控制的监督。

对内部控制要素的分类提供了了解内部控制的框架，但无论如何对内部控制要素进行分类，注册会计师都应当重点考虑，被审计单位的某项控制是否能够以及如何防止或发现并纠正各类交易、账户余额和披露存在的重大错报。也就是说，在了解和评价内部控制时，采用的具体分析框架及控制要素的分类可能并不唯一，重要的是控制能否实现控制目标。注册会计师可以使用不同的框架和术语描述内部控制的不同方面，但必须涵盖上述内部控制 5 个要素所涉及的各个方面。

被审计单位设计和执行内部控制的具体方式会因被审计单位的规模和复杂程度的不同而不同。小型被审计单位通常采用非正式和简单的内部控制实现其目标，参与日常经营管理的业主（以下简称业主）可能承担多项职能，内部控制要素没有得到清晰区分，注册会计师应当综合考虑小型被审计单位的内部控制要素能否实现其目标。

（2）与审计相关的控制。内部控制的目标旨在合理保证财务报告的可靠性、经营的效率和效果以及对法律、法规的遵守。注册会计师审计的目标是对财务报表是否不存在重大错报发表审计意见，尽管要求注册会计师在财务报表审计中考虑与财务报表编制相关的内部控制，但目的并非对被审计单位内部控制的有效性发表意见。因此，注册会计师需要了解和评价的内部控制只是与财务报表审计相关的内部控制，并非被审计单位所有的内部控制。

①为实现财务报告可靠性目标设计和实施的控制。与审计相关的控制，包括被审计单位为实现财务报告可靠性目标设计和实施的控制。注册会计师应当运用职业判断，考虑一项控制单独或连同其他控制是否与评估重大错报风险以及针对评估的风险设计和实施进一步审计程序有关。在运用职业判断时，注册会计师应当考虑下列因素：

- 注册会计师确定的重要性水平；
- 被审计单位的性质，包括组织结构和所有制性质；
- 被审计单位的规模；
- 被审计单位经营的多样性和复杂性；
- 法律法规和监管要求；
- 作为内部控制组成部分的系统（包括利用服务机构）的性质和复杂性。

②其他与审计相关的控制。如果在设计和实施进一步审计程序时拟利用被审计单位内部生成的信息，注册会计师应当考虑用于保证该信息完整性和准确性的控制可能与审计相关。注册会计师以前的经验以及在了解被审计单位及其环境过程中获得的信息，可以帮助注册会计师识别与审计相关的控制。如果用于保证经营效率、效果的控制以及对法律法规遵守的控制与实施审计程序时评价或使用的数据相关，注册会计师应当考虑这些控制可能与审计相关。

例如，对于某些非财务数据（如生产统计数据）的控制，如果注册会计师在实施分析程序时使用这些数据，这些控制就可能与审计相关。

（3）认识内部控制的局限性。内部控制存在固有局限性，没有完美的内部控制，只有相对强一些、弱一些的内部控制，以及相对完善或不够完善的内部控制，所以任何内部控制都会有某种程度的缺陷，无论内部控制的设计和执行多么严密，也不能认为它是完全有效的。即使管理层能够设计出一套严密的控制制度，这套制度的有效性也还要取决于执行制度的人的胜任能力和可靠性。内部控制通常存在下列固有局限性，无论如何设计和执行，只能对财务报告的可靠性提供合理的保证。

在决策时人为判断可能出现错误以及由于人为失误而导致内部控制失效。例如，被审计单位信息技术工作人员没有完全理解系统如何处理销售交易，为使系统能够处理新型产品的销售，可能错误地对系统进行更改；或者对系统的更改是正确的，但是程序员没能把更改转化为正确的程序代码。

可能由于两个或更多的人员进行串通或管理层凌驾于内部控制之上而被规避。例如，管理层可能与客户签订背后协议，对标准的销售合同作出变动，从而导致确认收入发生错误。再如，软件中的编辑控制旨在发现和报告超过赊销信用额度的交易，但这一控制可能被逾越或规避。

管理层往往是在综合考虑了各项控制的成本与效益之后才建立内部控制的。当实施某项控制成本大于控制效果而发生损失时，就没有必要设置控制环节或控制措施。

此外，如果被审计单位内部行使控制职能的人员素质不适应岗位要求，也会影响内部控制功能的正常发挥。内部控制一般都是针对经常而重复发生的业务而设置的，如果出现不经常发生或未预计到的业务，原有控制就可能不适用。

## 子任务 4.1.3 识别和评估重大错报风险

注册会计师应当在下列两个层次识别和评估重大错报风险，为设计和实施进一步审计程序提供基础：

（1）财务报表层次；

（2）各类交易、账户余额和披露的认定层次。

### 1. 识别、评估财务报表层次和认定层次的重大错报风险

（1）评估重大错报风险时考虑的因素。

风险评估时考虑的部分风险因素，如表 4-1 所示。

表 4-1 风险评估时考虑的部分风险因素

| 1. 已识别的风险是什么？ | |
|---|---|
| 财务报表层次 | （1）源于薄弱的被审计单位整体层面内部控制或信息技术一般控制；<br>（2）与财务报表整体广泛相关的特别风险；<br>（3）与管理层凌驾和舞弊相关的风险因素；<br>（4）管理层愿意接受的风险，例如小企业因缺乏职责分离导致的风险。 |
| 认定层次 | （1）与完整性、准确性、存在或计价相关的特定风险：<br>①收入、费用和其他交易；<br>②账户余额；<br>③财务报表披露。<br>（2）可能产生多重错报的风险。 |

（续表）

| | |
|---|---|
| 相关内部控制程序 | （1）特别风险；<br>（2）用于预防，发现或减轻已识别风险的恰当设计并执行的内部控制程序；<br>（3）仅通过执行控制测试应对的风险。 |
| 2. 错报（金额影响）可能发生的规模有多大？ | |
| 财务报表层次 | 什么事项可能导致财务报表重大错报？考虑管理层凌驾、舞弊、未预期事件和以往经验 |
| 认定层次 | 考虑：<br>（1）交易、账户余额或披露的固有性质；<br>（2）日常和例外事件；<br>（3）以往经验。 |
| 3. 事件（风险）发生的可能性有多大？ | |
| 财务报表层次 | 考虑：<br>（1）来自高层的基调；<br>（2）管理层风险管理的方法；<br>（3）采用的政策和程序；<br>（4）以往经验。 |
| 认定层次 | 考虑：<br>（1）相关的内部控制活动；<br>（2）以往经验。 |
| 相关内部控制程序 | 识别对于降低事件发生可能性非常关键的管理层风险应对要素 |

（2）评估重大错报风险的审计程序。在评估重大错报风险时，注册会计师应当实施下列审计程序。

①在了解被审计单位及其环境（包括与风险相关的控制）的整个过程中，结合对财务报表中各类交易、账户余额和披露（包括定量披露和定性披露）的考虑，识别风险。例如，被审计单位因相关环境法规的实施需要更新设备，可能面临原有设备闲置或贬值的风险；宏观经济的低迷可能预示应收账款的回收存在问题；竞争者开发的新产品上市，可能导致被审计单位的主要产品在短期内过时，预示将出现存货跌价和长期资产（如固定资产等）的减值。

②结合对拟测试的相关控制的考虑，将识别出的风险与认定层次可能发生错报的领域相联系。例如，销售困难使产品的市场价格下降，可能导致年末存货成本高于其可变现净值而需要计提存货跌价准备，这显示存货的计价认定可能发生错报。

③评估识别出的风险，并评价其是否更广泛地与财务报表整体相关，进而潜在地影响多项认定。

④考虑发生错报的可能性（包括发生多项错报的可能性），以及潜在错报的重大程度是否足以导致重大错报。

注册会计师应当根据职业判断，确定识别出的风险是否为特别风险。在进行判断时，注册会计师不应考虑识别出的控制对相关风险的抵消效果。

（3）识别两个层次的重大错报风险。在对重大错报风险进行识别和评估后，注册会计师应当确定识别的重大错报风险是与特定的某类交易、账户余额和披露的认定相关，还是与财务报表整体广泛相关，进而影响多项认定。

某些重大错报风险可能与特定的某类交易、账户余额和披露的认定相关。例如，被审计单位存在复杂的联营或合资，这一事项表明长期股权投资账户的认定可能存在重大错报风险。又如，被审计单位存在重大的关联方交易，该事项表明关联方及关联方交易的披露认定可能存在重大错报风险。

某些重大错报风险可能与财务报表整体广泛相关，进而影响多项认定。例如，在经济不稳定的国家和地区开展业务、资产的流动性出现问题、重要客户流失、融资能力受到限制等，可能导致注册会计师对被审计单位的持续经营能力产生重大疑虑。又如，管理层缺乏诚信或承受异常的压力可能引发舞弊风险，这些风险与财务报表整体相关。

（4）控制环境对评估财务报表层次重大错报风险的影响。财务报表层次的重大错报风险很可能源于薄弱的控制环境。薄弱的控制环境带来的风险可能对财务报表产生广泛影响，难以限于某类交易、账户余额和披露，注册会计师应当采取总体应对措施。

例如，被审计单位治理层、管理层对内部控制的重要性缺乏认识，没有建立必要的制度和程序；或管理层经营理念偏于激进，又缺乏实现激进目标的人力资源等，这些缺陷源于薄弱的控制环境，可能对财务报表产生广泛影响，需要注册会计师采取总体应对措施。

（5）控制对评估认定层次重大错报风险的影响。在评估重大错报风险时，注册会计师应当将所了解的控制与特定认定相联系。

这是由于控制有助于防止或发现并纠正认定层次的重大错报。在评估重大错报发生的可能性时，除了考虑可能的风险外，还要考虑控制对风险的抵消和遏制作用。有效的控制会减少错报发生的可能性，而控制不当或缺乏控制，错报就有可能会变成现实。

控制可能与某一认定直接相关，也可能与某一认定间接相关。关系越间接，控制在防止或发现并纠正认定中错报的作用越小。例如，销售经理对分地区的销售网点的销售情况进行复核，与销售收入完整性的认定只是间接相关。相应地，该项控制在降低销售收入完整性认定中的错报风险方面的效果，要比与该认定直接相关的控制（例如，将发货单与开具的销售发票相核对）的效果差。

注册会计师可能识别出有助于防止或发现并纠正特定认定发生重大错报的控制。在确定这些控制是否能够实现上述目标时，注册会计师应当将控制活动和其他要素综合考虑。如将销售和收款的控制置于其所在的流程和系统中考虑，以确定其能否实现控制目标。因为单个的控制活动（如将发货单与销售发票相核对）本身并不足以控制重大错报风险，只有多种控制活动和内部控制的其他要素综合作用才足以控制重大错报风险。

当然，也有某些控制活动可能专门针对某类交易或账户余额的个别认定。例如，被审计单位建立的、以确保盘点工作人员能够正确地盘点和记录存货的控制活动，直接与存货账户余额的存在和完整性认定相关。注册会计师只需要对盘点过程和程序进行了解，就可以确定控制是否能够实现目标。

注册会计师应当考虑对识别的各类交易、账户余额和披露认定层次的重大错报风险予以汇总和评估，以确定进一步审计程序的性质、时间安排和范围。表4-2给出了评估认定层次重大错报风险汇总表示例。

表 4-2　评估认定层次重大错报风险汇总表

| 重大账户 | 认定 | 识别的重大错报风险 | 风险评估结果 |
| --- | --- | --- | --- |
| 列示重大账户。例如，应收账款 | 列示相关的认定。例如，存在、完整性、计价或分摊等 | 汇总实施审计程序识别出的与该重大账户的某项认定相关的重大错报风险 | 评估该项认定的重大错报风险水平（应考虑控制设计是否合理、是否得到执行） |
| | | | |
| | | | |
| | | | |
| | | | |

（6）考虑财务报表的可审计性。注册会计师在了解被审计单位内部控制后，可能对被审计单位财务报表的可审计性产生怀疑。例如，对被审计单位会计记录的可靠性和状况的担心可能会使注册会计师认为可能很难获取充分、适当的审计证据，以支持对财务报表发表意见。再如，管理层严重缺乏诚信，注册会计师认为管理层在财务报表中作出虚假陈述的风险高到无法进行审计的程度。因此，如果通过对内部控制的了解发现下列情况，并对财务报表局部或整体的可审计性产生疑问，注册会计师应当考虑出具保留意见或无法表示意见的审计报告：被审计单位会计记录的状况和可靠性存在重大问题，不能获取充分、适当的审计证据以发表无保留意见；对管理层的诚信存在严重疑虑。必要时，注册会计师应当考虑解除业务约定。

### 2. 需要特别考虑的重大错报风险

（1）特别风险的概念。

特别风险，是指注册会计师识别和评估的、根据判断认为需要特别考虑的重大错报风险。

（2）确定特别风险时考虑的事项。

在判断哪些风险是特别风险时，注册会计师应当至少考虑下列事项：

①风险是否属于舞弊风险；

②风险是否与近期经济环境、会计处理方法或其他方面的重大变化相关，因而需要特别关注；

③交易的复杂程度；

④风险是否涉及重大的关联方交易；

⑤财务信息计量的主观程度，特别是计量结果是否具有高度不确定性；

⑥风险是否涉及异常或超出正常经营过程的重大交易。

如果认为存在特别风险，注册会计师应当了解被审计单位与该风险相关的控制（包括控制活动）。

（3）非常规交易和判断事项导致的特别风险。日常的、不复杂的、经正规处理的交易不太可能产生特别风险。特别风险通常与重大的非常规交易和判断事项有关。

非常规交易是指由于金额或性质异常而不经常发生的交易。例如，企业购并、债务重组、重大或有事项等。由于非常规交易具有下列特征，与重大非常规交易相关的特别风险可能导致更高的重大错报风险；管理层更多地干预会计处理；数据收集和处理进行更多的人工干预；复杂的计算或会计处理方法；非常规交易的性质可能使被审计单位难以对由此产生的特别风险实施有效控制。

判断事项通常包括作出的会计估计（具有计量的重大不确定性）。如资产减值准备金额的估计、需要运用复杂估值技术确定的公允价值计量等。由于下列原因，与重大判断事项相关的特别风险可能导致更高的重大错报风险：对涉及会计估计、收入确认等方面的会计原则存在不同的理解；所要求的判断可能是主观和复杂的，或需要对未来事项作出假设。

（4）考虑与特别风险相关的控制。了解与特别风险相关的控制，有助于注册会计师制订有效的审计方案予以应对。对特别风险，注册会计师应当评价相关控制的设计情况，并确定其是否已经得到执行。由于与重大非常规交易或判断事项相关的风险很少受到日常控制的约束，注册会计师应当了解被审计单位是否针对该特别风险设计和实施了控制。

例如，作出会计估计所依据的假设是否由管理层或专家进行复核，是否建立作出会计估计的正规程序，重大会计估计结果是否由治理层批准等。再如，管理层在收到重大诉讼事项的通知时采取的措施，包括这类事项是否提交适当的专家（如内部或外部的法律顾问）处理、是否对该事项的潜在影响作出评估、是否确定该事项在财务报表中的披露问题以及如何确定等。

如果管理层未能实施控制以恰当应对特别风险，注册会计师应当认为内部控制存在值得关注的内部控制缺陷，并考虑其对风险评估的影响。在此情况下，注册会计师应当就此类事项与治理层沟通。

### 3. 仅通过实质性程序无法应对的重大错报风险

作为风险评估的一部分，如果认为仅通过实质性程序获取的审计证据无法应对认定层次的重大错报风险，注册会计师应当评价被审计单位针对这些风险设计的控制，并确定其执行情况。

在被审计单位对日常交易采用高度自动化处理的情况下，审计证据可能仅以电子形式存在，其充分性和适当性通常取决于自动化信息系统相关控制的有效性，注册会计师应当考虑仅通过实施实质性程序不能获取充分、适当审计证据的可能性。

例如，某企业通过高度自动化的系统确定采购品种和数量，生成采购订购单，并通过系统中设定的收货确认和付款条件进行付款。除了系统中的相关信息以外，该企业没有其他有关订购单和收货的记录。在这种情况下，如果认为仅通过实施实质性程序不能获取充分、适当的审计证据，注册会计师应当考虑依赖的相关控制的有效性，并对其进行了解、评估和测试。

在实务中，注册会计师可以用表汇总识别的重大错报风险，如表 4-3 所示。

表 4-3　识别的重大错报风险汇总

| 识别的重大错报风险 | 对财务报表的影响 | 相关的各类交易类别、账户余额和披露认定 | 是否与财务报表整体广泛相关 | 是否属于特别风险 | 是否属于仅通过实质性程序无法应对的重大错报风险 |
| --- | --- | --- | --- | --- | --- |
| 记录识别的重大错报风险 | 描述对财务报表的影响和导致财务报表发生重大错报的可能性 | 列示相关的各类交易、账户余额和披露及其认定 | 考虑是否属于财务报表层次的重大错报风险 | 考虑是否属于特别风险 | 考虑是否属于仅通过实质性程序无法应对的重大错报风险 |
| | | | | | |
| | | | | | |
| | | | | | |

### 4. 对风险评估的修正

注册会计师对认定层次重大错报风险的评估，可能随着审计过程中不断获取审计证据而作出相应的变化。

例如，注册会计师对重大错报风险的评估可能基于预期控制运行有效这一判断，即相关控制可以防止或发现并纠正认定层次的重大错报。但在测试控制运行的有效性时，注册会计师获取的证据可能表明相关控制在被审计期间并未有效运行。同样，在实施实质性程序后，注册会计师可能发现错报的金额和频率比在风险评估时预计的金额和频率要高。因此，如果通过实施进一步审计程序获取的审计证据与初始评估获取的审计证据相矛盾，注册会计师应当修正风险评估结果，并相应修改原计划实施的进一步审计程序。

评估重大错报风险与了解被审计单位及其环境一样，也是一个连续和动态地收集、更新与分析信息的过程，贯穿于整个审计过程的始终。

## 任务 4.2　风险应对

| 情景列表 | 情　景　实　例 |
| --- | --- |
| 风险应对 | 在期末而非期中实施更多的审计程序、增加拟纳入审计范围的经营地点的数量都能应对财务报表层次重大错报风险 |

注册会计师的目标是，针对评估的重大错报风险，通过设计和实施恰当的应对措施，获取充分、适当的审计证据。

## 子任务 4.2.1 应对报表层次的重大错报风险

### 1. 财务报表层次重大错报风险与总体应对措施

注册会计师应当针对评估的财务报表层次重大错报风险，设计和实施总体应对措施。注册会计师应当针对评估的财务报表层次重大错报风险确定下列总体应对措施：

（1）向项目组强调保持职业怀疑的必要性。

（2）指派更有经验或具有特殊技能的审计人员，或利用专家的工作。审计项目组成员中应有一定比例的人员曾经参与过被审计单位以前年度的审计，或具有被审计单位所处特定行业的相关审计经验。必要时，要考虑利用信息技术、税务、评估、精算等方面的专家的工作。

（3）提供更多的督导。对于财务报表层次重大错报风险较高的审计项目，审计项目组的高级别成员，如项目合伙人、项目经理等经验较丰富的人员，要对其他成员提供更详细、更经常、更及时的指导和监督并加强项目质量复核。

（4）在选择拟实施的进一步审计程序时融入更多的不可预见的因素。在设计拟实施审计程序的性质、时间安排和范围时，为了避免既定思维对审计方案的限制，避免对审计效果的人为干涉，注册会计师要考虑使某些程序不被审计单位管理层预见或事先了解。

在实务中，注册会计师可以通过以下方式提高审计程序的不可预见性：①对某些未测试过的低于设定的重要性水平或风险较小的账户余额和认定实施实质性程序；②调整实施审计程序的时间，使被审计单位不可预期；③采取不同的审计抽样方法，使当期抽取的测试样本与以前有所不同；④选取不同的地点实施审计程序，或预先不告知被审计单位所选定的测试地点。

（5）注册会计师对控制环境的了解影响其对财务报表层次重大错报风险的评估，从而影响所采取的总体应对措施。有效的控制环境可以增强注册会计师对内部控制的信心和对被审计单位内部生成的审计证据的信赖程度。例如，如果控制环境有效，注册会计师可以在期中而非期末实施某些审计程序；如果控制环境存在缺陷，则产生相反的影响。为应对无效的控制环境，注册会计师可以采取的措施举例如下：

①在期末而非期中实施更多的审计程序；

②通过实施实质性程序获取更广泛的审计证据；

③增加拟纳入审计范围的经营地点的数量。

### 2. 增加审计程序不可预见性的方法

（1）增加审计程序不可预见性的思路。注册会计师可以通过以下方法提高审计程序的不可预见性：

①对某些以前未测试的低于设定的重要性水平或风险较小的账户余额和认定实施实质性程序。

②调整实施审计程序的时间，使其超出被审计单位的预期。比如说，如果注册会计师在以前年度的大多数审计工作都围绕着 12 月或在年底前后进行，那么被审计单位就会了解注册会计师这一审计习惯，由此可能会把一些不适当的会计调整放在年度的 9 月、10 月或 11 月等，以避免引起注册会计师的注意。因此，注册会计师可以考虑调整实施审计程序时测试项目的时间，从测试 12 月的项目调整到测试 9 月、10 月或 11 月的项目。

③采取不同的审计抽样方法，使当年抽取的测试样本与以前有所不同。

④选取不同的地点实施审计程序，或预先不告知被审计单位所选定的测试地点。例如，在存货监盘程序中，注册会计师可以到未事先通知被审计单位的盘点现场进行监盘，使被审计单位没有机会事先安排，隐藏一些不想让注册会计师知道的情况。

（2）增加审计程序不可预见性的实施要点。

①注册会计师需要与被审计单位的管理层事先沟通，要求实施具有不可预见性的审计程序，但不能告知其具体内容。注册会计师可以在签订审计业务约定书时明确提出这一要求。

②虽然对于不可预见性程度没有量化的规定，但审计项目组可根据对舞弊风险的评估等确定具有不可预见性的审计程序。审计项目组可以汇总那些具有不可预见性的审计程序，并记录在审计工作底稿中。

③项目合伙人需要安排项目组成员有效地实施具有不可预见性的审计程序，但同时要避免使项目组成员处于困难境地。

### 3. 总体应对措施对拟实施进一步审计程序的总体审计方案的影响

财务报表层次重大错报风险难以限于某类交易、账户余额和披露的特点，意味着此类风险可能对财务报表的多项认定产生广泛影响，并相应增加注册会计师对认定层次重大错报风险的评估难度。因此，注册会计师评估的财务报表层次重大错报风险以及采取的总体应对措施，对拟实施进一步审计程序的总体审计方案具有重大影响。

拟实施进一步审计程序的总体审计方案包括实质性方案和综合性方案。其中，实质性方案是指注册会计师实施的进一步审计程序以实质性程序为主；综合性方案是指注册会计师在实施进一步审计程序时，将控制测试与实质性程序结合使用。当评估的财务报表层次重大错报风险属于高风险水平（并相应采取更强调审计程序不可预见性以及重视调整审计程序的性质、时间安排和范围等总体应对措施）时，拟实施进一步审计程序的总体方案往往更倾向于实质性方案。

## 子任务 4.2.2 应对认定层次的重大错报风险

### 1. 进一步审计程序的概念和要求

（1）进一步审计程序的概念。进一步审计程序相对于风险评估程序而言，是指注册会计师针对评估的各类交易、账户余额和披露认定层次重大错报风险实施的审计程序，包括控制测试和实质性程序。

注册会计师应当针对评估的认定层次重大错报风险设计和实施进一步审计程序，包括审计程序的性质、时间安排和范围。

尽管在应对评估的认定层次重大错报风险时，拟实施的进一步审计程序的性质、时间安排和范围都应当确保其具有针对性，但其中进一步审计程序的性质是最重要的。

（2）设计进一步审计程序时的考虑因素。

在设计进一步审计程序时，注册会计师应当考虑下列因素：

①风险的重要性。风险的重要性是指风险造成的后果的严重程度。风险的后果越严重，就越需要注册会计师关注和重视，越需要精心设计有针对性的进一步审计程序。

②重大错报发生的可能性。重大错报发生的可能性越大，同样越需要注册会计师精心设计进一步审计程序。

③涉及的各类交易、账户余额和披露的特征。不同的交易、账户余额和披露，产生的认定层次的重大错报风险也会存在差异，适用的审计程序也有差别，需要注册会计师区别对待，并设计有针对性的进一步审计程序予以应对。

④被审计单位采用的特定控制的性质。不同性质的控制（尤其是人工控制或自动化控制）对注册会计师设计进一步审计程序具有重要影响。

⑤注册会计师是否拟获取审计证据，以确定内部控制在防止或发现并纠正重大错报方面的有效性。如果注册会计师在风险评估时预期内部控制运行有效，随后拟实施的进一步审计程序就必须包括控制测试，且实质性程序自然会受到之前控制测试结果的影响。

综合上述几方面因素，注册会计师对认定层次重大错报风险的评估为确定进一步审计程序的总体审计方案奠定了基础。因此，注册会计师应当根据对认定层次重大错报风险的评估结果，恰当选用实质性方案或综合性方案。通常情况下，注册会计师出于成本效益的考虑可以采用综合性方案设计进一步审计程序，即将测试控制运行的有效性与实质性程序结合使用。但在某些情况下（如仅通过实质性程序无法应对重大错报风险），注册会计师必须通过实施控制测试，才可能有效应对评估出的某一认定的重大错报风险；而在另一些情况下（如注册会计师的风险评估程序未能识别出与认定相关的任何控制，或注册会计师认为控制测试很可能不符合成本效益原则），注册会计师可能认为仅实施实质性程序就是适当的。

小型被审计单位可能不存在能够被注册会计师识别的控制活动，注册会计师实施的进一步审计程序可能主要是实质性程序。但是，注册会计师始终应当考虑在缺乏控制的情况下，仅通过实施实质性程序是否能够获取充分、适当的审计证据。

还需要特别说明的是，注册会计师对重大错报风险的评估毕竟是一种主观判断，可能无法充分识别所有的重大错报风险，同时内部控制存在固有局限性（特别是存在管理层凌驾于内部控制之上的可能性），因此，无论选择何种方案，注册会计师都应当对所有重大类别的交易、账户余额和披露设计和实施实质性程序。

### 2. 进一步审计程序的性质

（1）进一步审计程序的性质的概念。审计程序的性质是指审计程序的目的和类型。审计程序的目的包括实施控制测试以评价内部控制在防止或发现并纠正认定层次重大错报方面运行的有效性，实施实质性程序以发现认定层次重大错报。审计程序的类型包括检查、观察、询问、函证、重新计算、重新执行和分析程序。在应对评估的风险时，确定审计程序的性质是最重要的。

（2）进一步审计程序的性质的选择。在确定进一步审计程序的性质时，注册会计师首先需要考虑的是认定层次重大错报风险的评估结果。因此，注册会计师应当根据认定层次重大错报风险的评估结果选择审计程序。评估的认定层次重大错报风险越高，对通过实质性程序获取的审计证据的相关性和可靠性的要求越高，从而可能影响进一步审计程序的类型及其综合运用。例如，当注册会计师判断某类交易协议的完整性存在更高的重大错报风险时，除了检查文件以外，注册会计师还可能决定向第三方询问或函证协议条款的完整性。

除了从总体上把握认定层次重大错报风险的评估结果对选择进一步审计程序的影响外，在确定拟实施的审计程序时，注册会计师接下来应当考虑评估的认定层次重大错报风险产生的原因，包括考虑各类交易、账户余额和披露的具体特征以及内部控制。例如，注册会计师可能判断某特定类别的交易即使在不存在相关控制的情况下发生重大错报的风险仍较低，此时注册会计师可能认为仅实施实质性程序就可以获取充分、适当的审计证据。再如，对于经由被审计单位信息系统日常处理和控制的某类交易，如果注册会计师预期此类交易在内部控制运行有效的情况下发生重大错报的风险较低，且拟在控制运行有效的基础上设计实质性程序，注册会计师就会决定先实施控制测试。

需要说明的是，如果在实施进一步审计程序时拟利用被审计单位信息系统生成的信息，注册会计师应当就信息的准确性和完整性获取审计证据。例如，注册会计师在实施实质性分析程序时，使用了被审计单位生成的非财务信息或预算数据。再如，注册会计师在对被审计单位的存货期末余额实施实质性程序时，拟利用被审计单位信息系统生成的各个存货存放地点及其余额清单。注册会计师应当获取关于这些信息的准确性和完整性的审计证据。

### 3. 进一步审计程序的时间

（1）进一步审计程序的时间的概念。进一步审计程序的时间是指注册会计师何时实施进一步审计程序，或审计证据适用的期间或时点。因此，当提及进一步审计程序的时间时，在某些情况下指的是审计程序的实施时间，在另一些情况下是指需要获取的审计证据适用的期间或时点。

（2）进一步审计程序的时间的选择。有关进一步审计程序的时间的选择问题：第一个层面是注册会计师选择在何时实施进一步审计程序的问题；第二个层面是选择获取什么期间或时点的审计证据的问题。第一个层面的选择问题主要集中在如何权衡期中与期末实施审计程序的关系；第二个层面的选择问题分别集中在如何权衡期中审计证据与期末审计证据的关系、如何权衡以前审计获取的审计证据与本期审计获取的审计证据的关系。这两个层面的最终落脚点都是如何确保获取审计证据的效率和效果。

注册会计师可以在期中或期末实施控制测试或实质性程序。这就引出了注册会计师应当如何选择实施审计程序的时间的问题。一项基本的考虑因素应当是注册会计师评估的重大错报风险，当重大错报风险较高时，注册会计师应当考虑在期末或接近期末实施实质性程序，或采用不通知的方式，或在管理层不能预见的时间实施审计程序。

虽然在期末实施审计程序在很多情况下非常必要，但仍然不排除注册会计师在期中实施审计程序可能发挥积极作用。在期中实施进一步审计程序，可能有助于注册会计师在审计工作初期识别重大事项，并在管理层的协助下及时解决这些事项；或针对这些事项制订有效的实质性方案或综合性方案。当然，在期中实施进一步审计程序也存在很大的局限。首先，注册会计师往往难以仅凭在期中实施的进一步审计程序获取有关期中以前的充分、适当的审计证据（例如，某些期中以前发生的交易或事项在期中审计结束时尚未完结）；其次，即使注册会计师在期中实施的进一步审计程序能够获取有关期中以前的充分、适当的审计证据，但从期中到期末这段剩余期间还往往会发生重大的交易或事项（包括期中以前发生的交易、事项的延续，以及期中以后发生的新的交易、事项），从而对所审计期间的财务报表认定产生重大影响；最后，被审计单位管理层也完全有可能在注册会计师于期中实施了进一步审计程序之后对期中以前的相关会计记录作出调整甚至篡改，注册会计师在期中实施了进一步审计程序所获取的审计证据已经发生了变化。为此，如果在期中实施了进一步审计程序，注册会计师还应当针对剩余期间获取审计证据。

需要说明的是，虽然注册会计师在很多情况下可以根据具体情况选择实施进一步审计程序的时间，但也存在着一些限制选择的情况。某些审计程序只能在期末或期末以后实施，包括将财务报表中的信息与其所依据会计记录相核对或调节，检查财务报表编制过程中所作的会计调整等。如果被审计单位在期末或接近期末发生了重大交易，或重大交易在期末尚未完成，注册会计师应当考虑交易的发生或截止等认定可能存在的重大错报风险，并在期末或期末以后检查此类交易。

### 4. 进一步审计程序的范围

（1）进一步审计程序的范围的概念。进一步审计程序的范围是指实施进一步审计程序的数量，包括抽取的样本量、对某项控制活动的观察次数等。

（2）确定进一步审计程序的范围时考虑的因素。

在确定进一步审计程序的范围时，注册会计师应当考虑下列因素：

①确定的重要性水平。确定的重要性水平越低，注册会计师实施进一步审计程序的范围越广。

②评估的重大错报风险。评估的重大错报风险越高，对拟获取审计证据的相关性、可靠性的要求越高，因此，注册会计师实施的进一步审计程序的范围也越广。

③计划获取的保证程度。计划获取的保证程度，是指注册会计师计划通过所实施的审计程序对测试结果可靠性所获取的信心。计划获取的保证程度越高，对测试结果可靠性要求越高，注册会计师实施的进一步审计程序的范围越广。例如，注册会计师对财务报表是

否不存在重大错报的信心可能来自控制测试和实质性程序。如果注册会计师计划从控制测试中获取更高的保证程度，则控制测试的范围就更广。

需要说明的是，随着重大错报风险的增加，注册会计师应当考虑扩大审计程序的范围。但是，只有当审计程序本身与特定风险相关时，扩大审计程序的范围才是有效的。

在考虑确定进一步审计程序的范围时，使用计算机辅助审计技术具有积极的作用。注册会计师可以使用计算机辅助审计技术对电子化的交易和账户文档进行更广泛的测试，包括从主要电子文档中选取交易样本，或按照某一特征对交易进行分类，或对总体而非样本进行测试。

鉴于进一步审计程序的范围往往是通过一定的抽样方法加以确定的，因此，注册会计师需要慎重考虑抽样过程对审计程序范围的影响是否能够有效实现审计目的。注册会计师使用恰当的抽样方法通常可以得出有效结论。但如果存在下列情形，注册会计师依据样本得出的结论可能与对总体实施同样的审计程序得出的结论不同，出现不可接受的风险：从总体中选择的样本量过小；选择的抽样方法对实现特定目标不适当；未对发现的例外事项进行恰当的追查。

此外，注册会计师在综合运用不同审计程序时，除了面临各类审计程序的性质选择问题外，还面临如何权衡各类程序的范围问题。因此，注册会计师在综合运用不同审计程序时，不仅应当考虑各类审计程序的性质，还应当考虑测试的范围是否适当。

## 子任务 4.2.3 控制测试

控制测试是指用于评价内部控制在防止或发现并纠正认定层次重大错报方面的运行有效性的审计程序。

### 1. 控制测试的性质

控制测试的性质是指控制测试所使用的审计程序的类型及其组合。

计划从控制测试中获取的保证水平是决定控制测试性质的主要因素之一。注册会计师应当选择适当类型的审计程序以获取有关控制运行有效性的保证。计划的保证水平越高，对有关控制运行有效性的审计证据的可靠性要求越高。当拟实施的进一步审计程序主要以控制测试为主，尤其是仅实施实质性程序获取的审计证据无法将认定层次重大错报风险降至可接受的低水平时，注册会计师应当获取有关控制运行有效性的更高的保证水平。

虽然控制测试与了解内部控制的目的不同，但两者采用审计程序的类型通常相同，包括询问、观察、检查和重新执行。

（1）询问。注册会计师可以向被审计单位适当员工询问，获取与内部控制运行情况相关的信息。 例如，询问信息系统管理人员有无未经授权接触计算机硬件和软件，向负责复核银行存款余额调节表的人员询问如何进行复核，包括复核的要点是什么、发现不符事项如何处理等。然而，仅仅通过询问不能为控制运行的有效性提供充分的证据，注册会计师通常需要印证被询问者的答复，如向其他人员询问和检查执行控制时所使用的报告、手册或其他文件等。因此，虽然询问是一种有用的手段，但它必须和其他测试手段结合使用才能发挥作用。在询问过程中，注册会计师应当保持职业怀疑态度。

（2）观察。观察是测试不留下书面记录的控制（如职责分离）的运行情况的有效方法。例如，观察存货盘点控制的执行情况。观察也可运用于实物控制，如查看仓库门是否锁好，或空白支票是否妥善保管。通常情况下，注册会计师通过观察直接获取的证据比间接获取的证据更可靠。但是，注册会计师还要考虑其所观察到的控制在注册会计师不在场时可能未被执行的情况。

（3）检查。对运行情况留有书面证据的控制，检查非常适用。书面说明、复核时留下的记号，或其他记录在偏差报告中的标志，都可以被当作控制运行情况的证据。例如，检查销售发票是否有复核人员签字，检查销售发票是否附有客户订购单和出库单等。

（4）重新执行。通常只有当询问、观察和检查程序结合在一起仍无法获得充分的证据时，注册会计师才考虑通过重新执行来证实控制是否有效运行。例如，为了合理保证计价认定的准确性，被审计单位的一项控制是由复核人员核对销售发票上的价格与统一价格单上的价格是否一致。但是，要检查复核人员有没有认真执行核对，仅仅检查复核人员是否在相关文件上签字是不够的，注册会计师还需要自己选取一部分销售发票进行核对，这就是重新执行程序。如果需要进行大量的重新执行，注册会计师就要考虑通过实施控制测试以缩小实质性程序的范围是否有效率。

询问本身并不足以测试控制运行的有效性，注册会计师应当将询问与其他审计程序结合使用，以获取有关控制运行有效性的审计证据。观察提供的证据仅限于观察发生的时点，本身也不足以测试控制运行的有效性。将询问与检查或重新执行结合使用，通常能够比仅实施询问和观察获取更高的保证。例如，被审计单位针对处理收到的邮政汇款单设计和执行了相关的内部控制，注册会计师通过询问和观察程序往往不足以测试此类控制的运行有效性，还需要检查能够证明此类控制在所审计期间的其他时段有效运行的文件和凭证，以获取充分、适当的审计证据。

### 2. 控制测试的要求

作为进一步审计程序的类型之一，控制测试并非在任何情况下都需要实施。当存在下列情形之一时，注册会计师应当实施控制测试：①在评估认定层次重大错报风险时，预期控制的运行是有效的；②仅实施实质性程序并不能够提供认定层次充分、适当的审计证据。

如果在评估认定层次重大错报风险时预期控制的运行是有效的，注册会计师应当实施控制测试，就控制在相关期间或时点的运行有效性获取充分、适当的审计证据。

注册会计师通过实施风险评估程序，可能发现某项控制的设计是存在的，也是合理的，同时得到了执行。在这种情况下，出于成本效益的考虑，注册会计师可能预期，如果相关控制在不同时点都得到了一贯执行，与该项控制有关的财务报表认定发生重大错报的可能性就不会很大，也就不需要实施很多的实质性程序。为此，注册会计师可能会认为值得对相关控制在不同时点是否得到了一贯执行进行测试，即实施控制测试。这种测试主要是出于成本效益的考虑，其前提是注册会计师通过了解内部控制以后认为某项控制存在着被信赖和利用的可能。因此，只有认为控制设计合理、能够防止或发现和纠正认定层次的重大错报，注册会计师才有必要对控制运行的有效性实施测试。

如果认为仅实施实质性程序获取的审计证据无法将认定层次重大错报风险降至可接受的低水平，注册会计师应当实施相关的控制测试，以获取控制运行有效性的审计证据。

有时，对有些重大错报风险，注册会计师仅通过实质性程序无法予以应对。例如，在被审计单位对日常交易或与财务报表相关的其他数据（包括信息的生成、记录、处理、报告）采用高度自动化处理的情况下，审计证据可能仅以电子形式存在，此时审计证据是否充分和适当通常取决于自动化信息系统相关控制的有效性。如果信息的生成、记录、处理和报告均通过电子格式进行而没有适当有效的控制，则生成不正确信息或信息被不恰当修改的可能性就会大大增加。在认为仅通过实施实质性程序不能获取充分、适当的审计证据的情况下，注册会计师必须实施控制测试，且这种测试已经不再是单纯出于成本效益的考虑，而是必须获取的一类审计证据。

此外，需要说明的是，被审计单位在所审计期间内可能由于技术更新或组织管理变更而更换了信息系统，从而导致在不同时期使用了不同的控制。如果被审计单位在所审计期间内的不同时期使用了不同的控制，注册会计师应当考虑不同时期控制运行的有效性。

### 3. 控制测试的时间

在了解内部控制之后，注册会计师要结合对风险进行的评估确定客户内部控制的运行是否有效，并决定是否要依赖客户的内部控制，一般来说，只有当信赖内部控制而减少的实质性测试工作量大于控制测试的工作量，或者通过实质性程序本身获得的认定层次的审计证据不足以保证证据的充分性和适当性时，注册会计师才对内部控制实施测试。

控制测试是为了确定内部控制的设计是否合理和执行是否有效而实施的审计程序。只有在了解内部控制的基础上并经过评估认定层次重大错报风险后认为被审计单位的内部控制设计合理且运行有效，能够防止或发现并纠正认定层次的重大错报时，注册会计师才对控制运行的有效性实施测试，就控制在相关期间或时点的运行有效性获取充分、适当的审计证据，否则测试是没有意义的。同时，如果认为仅实施实质性程序获取的审计证据无法将认定层次重大错报风险降至可接受的低水平，注册会计师应当实施相关的控制测试，以获取控制运行有效性的审计证据。

控制测试的时间取决于注册会计师的目的，并决定了信赖相关控制的时间。如果测试特定时点的控制，注册会计师仅能得到该时点控制有效运行的审计证据；如果测试某一期间的控制，注册会计师则获取控制在该期间有效运行的审计证据。

如果需要获取控制在某一期间有效运行的审计证据，仅与时点相关的审计证据是不充分的，注册会计师应当辅以其他控制测试，通常包括测试被审计单位对控制的监督，以获取相关期间控制运行有效的审计证据。

如果已获取有关控制在期中有效运行的审计证据，并拟利用该证据，注册会计师需要实施以下两个审计程序：第一，获取这些控制在剩余期间变化情况的审计证据；第二，确定针对剩余期间还需获取的补充审计证据。

如果拟信赖的控制自上次测试后未发生变化，且不属于旨在减轻特别风险的控制，注册会计师应当运用职业判断确定是否在本期审计中测试其运行有效性，以及本次测试与上次测试的时间间隔，审计准则规定两次测试的时间间隔不得超过两年。

### 4. 控制测试的性质

注册会计师需要选择适当类型的审计程序以获取有关控制运行有效性的保证。当计划的保证水平增加时，注册会计师要相应获取更为可靠的审计证据。当拟实施的进一步程序和采取的审计方法主要以控制测试为主时，尤其是仅实施实质性程序获取的审计证据无法将认定层次重大错报风险降至可接受的低水平时，注册会计师必须获取有关控制运行有效性的更高的保证水平。

控制测试与了解内部控制的目的不同，但两者采用审计程序的类型通常相同，包括询问、观察、检查和穿行测试。此外，控制测试的程序还包括重新执行。需要注意的是询问本身并不足以测试控制运行的有效性，注册会计师还要将询问与其他审计程序结合使用，以获取有关控制运行有效性的审计证据。将询问与检查或重新执行结合使用，通常能够比仅实施询问和观察获取更高的保证。观察提供的证据仅限于观察发生的时点，本身不足以测试控制运行的有效性。

对于一项自动化的应用控制，由于信息技术处理过程的内在一贯性，注册会计师可以利用该项控制得以执行的审计证据和信息技术一般控制运行有效性的审计证据，作为支持该项控制在相关期间运行有效性的审计证据。

对控制运行的有效性进行测试，注册会计师需要从下列方面获取控制有效运行的审计证据：①控制在所审计期间的不同时点是如何运用的；②控制是否得到一贯执行；③控制由谁执行；④控制以什么方式执行。如果被审计单位在所审计期间内的不同时期使用了不同的控制，注册会计师还要考虑不同时期控制运行的有效性。

### 5. 控制测试的范围

在确定某项控制的测试范围时，注册会计师通常考虑下列因素：①在所审计期间，被审计单位执行控制的频率；②在所审计期间，注册会计师拟信赖控制运行有效性的时间长度；③为证实控制能够防止或发现并纠正认定层次重大错报，所需获取审计证据的相关性和可靠性；④通过测试与认定相关的其他控制所获取的审计证据的范围；⑤在风险评估时拟信赖控制运行有效性的程度；⑥控制的预期偏差。

注册会计师在风险评估时对控制运行有效性的拟信赖程度越高，实施控制测试的范围越大。控制的预期偏差率越高，控制测试的范围越大，注册会计师应当考虑控制是否不足以将认定层次的重大错报风险降至所评估的水平。如果控制的预期偏差率过高，注册会计师应当考虑针对某一认定实施的控制测试可能是无效的。

信息技术处理具有内在一贯性，除非系统发生变动，注册会计师通常不需要增加自动化控制的测试范围。

## 子任务 4.2.4 实质性程序

### 1. 实质性程序的概念

实质性程序是指用于发现认定层次重大错报的审计程序，包括对各类交易、账户余额和披露的细节测试以及实质性分析程序。

注册会计师实施的实质性程序应当包括下列与财务报表编制完成阶段相关的审计程序：

（1）将财务报表中的信息与其所依据的会计记录进行核对或调节，包括核对或调节披露中的信息，无论该信息是从总账和明细账中获取，还是从总账和明细账之外的其他途径获取。

（2）检查财务报表编制过程中作出的重大会计分录和其他调整。注册会计师对会计分录和其他会计调整检查的性质和范围，取决于被审计单位财务报告过程的性质和复杂程度以及由此产生的重大错报风险。

由于注册会计师对重大错报风险的评估是一种判断，可能无法充分识别所有的重大错报风险，并且由于内部控制存在固有局限性，无论评估的重大错报风险结果如何，注册会计师都应当针对所有重大类别的交易、账户余额和披露实施实质性程序。

### 2. 针对特别风险实施的实质性程序

如果认为评估的认定层次重大错报风险是特别风险，注册会计师应当专门针对该风险实施实质性程序。例如，如果认为管理层面临实现盈利指标的压力而可能提前确认收入，注册会计师在设计询证函时不仅应当考虑函证应收账款的账户余额，还应当考虑询证销售协议的细节条款（如交货、结算及退货条款）；注册会计师还可考虑在实施函证的基础上针对销售协议及其变动情况询问被审计单位的非财务人员。如果针对特别风险实施的程序仅为实质性程序，这些程序应当包括细节测试，或将细节测试和实质性分析程序结合使用，以获取充分、适当的审计证据。为应对特别风险需要获取具有高度相关性和可靠性的审计证据，仅实施实质性分析程序不足以获取有关特别风险的充分、适当的审计证据。

### 3. 实质性程序的性质

注册会计师要根据各类交易、账户余额、列报的性质选择实质性程序的类型。实质性程序首先包括细节测试，注册会计师为了达到认定层次所计划的保证水平，应当针对评估的风险情况设计细节测试，细节测试适用于对各类交易、账户余额、列报认定的测试，以此获取充分、适当的审计证据，尤其是对存在或发生、计价认定的测试。

在设计实质性分析程序时，注册会计师应当考虑以下几个方面：第一，对既定的认定使用实质性分析程序的适当性；第二，对已记录的金额或比率进行预期时，所依据的内部或外部数据的可靠性；第三，在计划的保证水平上，作出的预期是否足以准确识别重大错报；第四，已记录金额与预期值之间可接受的差异额。

### 4. 实质性程序的时间

注册会计师可以在会计年度结束前实施实质性测试，但需要注意的是在期中实施实质性程序，可能增加期末存在错报而未被发现的风险，并且该风险随着剩余期间的延长而增加。如果在期中实施了实质性程序，注册会计师应当针对剩余期间实施进一步的实质性程序，或将实质性程序和控制测试结合使用，以将期中测试得出的结论合理延伸至期末。

如果已在期末实施了实质性程序，或将控制测试与实质性程序相结合，并拟信赖期中测试得出的结论，注册会计师应当将期末信息和期中的可比信息进行比较、调节，识别和调查出现的异常金额，并针对剩余期间实施实质性分析程序或细节测试。如果拟针对剩余期间实施实质性分析程序，注册会计师应当考虑某类交易的期末累计发生额或账户期末余额在金额、相对重要性及构成方面能否被合理预期。

如果在期中检查出各类交易或账户余额存在错报，注册会计师应当考虑修改与各类交易或账户余额相关的风险评估以及针对剩余期间拟实施实质性程序的性质、时间和范围，或扩大实质性程序的范围，或在期末重新执行实质性程序。

### 5. 实质性程序的范围

重大错报风险与实质性程序的范围成正比关系，故注册会计师评估的重大错报风险越高，实施实质性程序的范围越广。如果对控制测试结果不满意，注册会计师应当考虑扩大实质性程序的范围。

在设计细节测试时，注册会计师除了从样本量的角度考虑测试范围外，还要考虑其他选择样本的方法是否更为有效。在设计实质性分析程序时，注册会计师应当考虑已记录金额与预期值之间的差异额是否可以接受而无须进一步调查，这种考虑主要受重要性和计划的保证水平的影响。

### 6. 评价审计证据的充分性和适当性

注册会计师应当根据实施的审计程序和获取的审计证据，评价对认定层次重大错报风险的评估是否仍然适当。财务报表审计是一个累积和反复的过程。随着计划的审计程序的实施，如果获取的信息与风险评估时依据的信息有重大差异，注册会计师应当考虑修正风险评估结果，并据以修改原计划的其他审计程序的性质、时间和范围。

注册会计师对充分适当的审计证据都应当在工作底稿中进行记录，包括对评估的财务报表层次重大错报风险采取的总体应对措施；实施进一步审计程序的性质、时间和范围；实施的进一步审计程序与评估的认定层次重大错报风险的联系；实施进一步审计程序的结果。如果拟利用以前审计获取的有关控制运行有效性的审计证据，注册会计师应当记录信赖这些控制的理由和结论。如果对重大的财务报表认定没有获取充分、适当的审计证据，注册会计师应当尽量获取进一步的审计证据。如果不能获取充分、适当的审计证据，注册会计师应当发表保留意见或无法表示意见。

## 项目小结

审计测试程序详细规定了审计人员在对被审计单位的内部控制和会计报表项目进行符合性测试与实质性测试时应该经过的步骤，并明确了每一步骤应该做什么，怎么做。这不仅对审计测试进行了具体规划，而且对审计人员起到了具体指导作用，能够使审计人员真正做到心中有数，操作起来有的放矢。

## 项目训练

**【资料】**

ABC会计师事务所承接D公司2020年财务报表审计工作。于2021年3月15日完成审计工作。审计报告于2021年3月20日提交。被审计单位于2021年3月22日对外公布财务报表。注册会计师在日后事项期间分别发生如下事项：

（1）2021年3月12日公司在一起历时半年的诉讼中败诉，支付赔偿金1500万元，公司在上年末已确认预计负债1000万元。被审计单位最终未接受注册会计师要求的按规定对此事项进行恰当会计处理的建议。

（2）2021年4月6日因遭受火灾，存货发生毁损100万元。

（3）2021年3月21日已确认为2019年度营业收入的重大销售相关货物因质量原因被退回，管理层最终并未修改财务报表。

（4）2021年4月2日被审计单位为从银行借入5 000万元长期借款而签订重大资产抵押合同。

（5）2021年3月24日，注册会计师发现已公布财务报表中存在某项当初未被发现的重大错报。被审计单位按注册会计师的要求修改了财务报表。

**【要求】**

根据上述资料判断是否属于期后事项，对于归属期后事项的，请判断出归属的种类、注册会计师应承担的责任以及注册会计师应采取的对措施。(假设：上述事项相互之间并不关联，单独考虑每一事项即可)

# 项目 5

# 各类交易和账户余额的审计（上）

## 应知应会

- 理解销售与收款循环的重要内部控制。
- 理解销售与收款循环的控制测试的程序。
- 掌握购货与付款循环的测试重点和关键的审计方法。
- 了解购货与付款循环主要凭证与记录。
- 理解生产与费用循环重要内部控制及控制测试的程序。
- 掌握生产与费用循环的测试重点和关键的审计方法。

## 关键词

- 销售与收款循环（sales and collection cycle）；
- 控制测试（control test）；
- 生产与费用循环（production and cost cycle）；
- 存货监盘（inventory monitoring）。

## 本项目在本书中的地位

本项目有助于审计人员提高审计工作的效率和效果。

## 业务综述

本项目主要讲述以下内容：

- 销售与收款循环；
- 购货与付款循环；
- 购货与付款循环的实质性程序；
- 直接人工成本测试；
- 存货计价测试。

## 项目导图

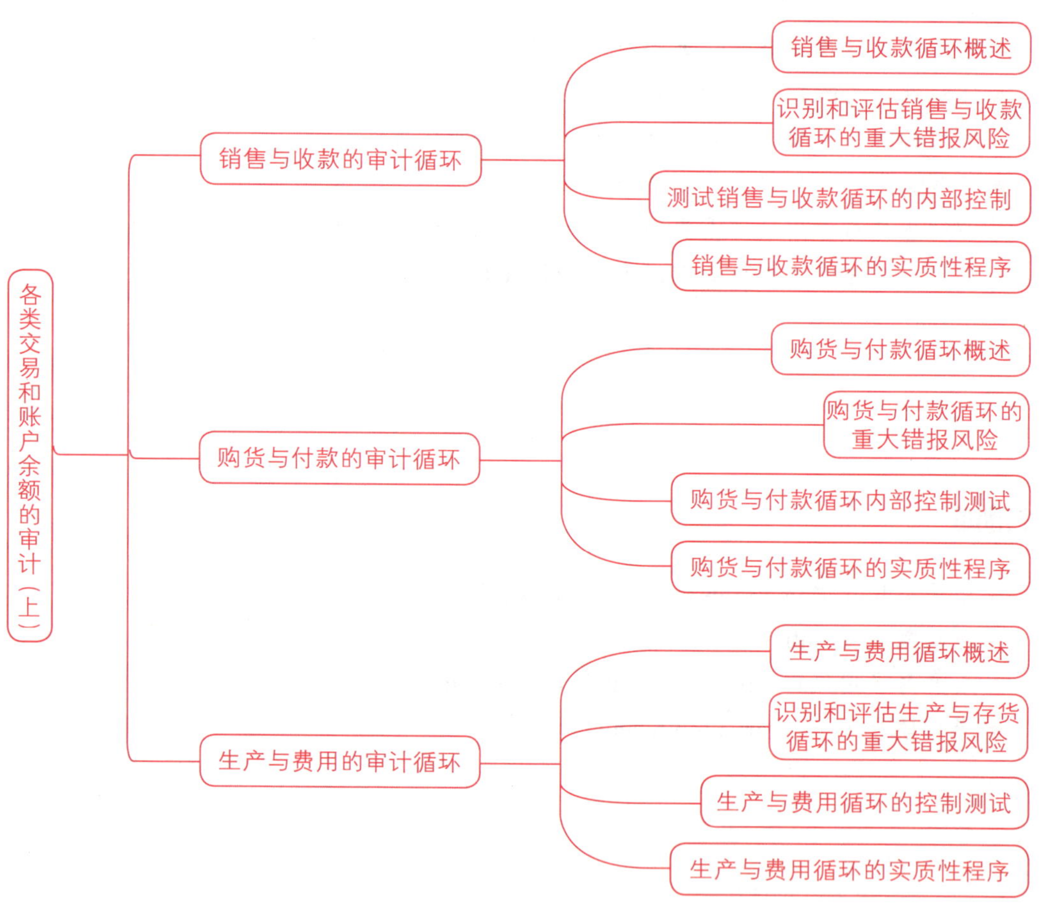

# 任务 5.1 销售与收款的审计循环

| 情景列表 | 情 景 实 例 |
| --- | --- |
| 销售与收款循环 | 某会计师事务所对北京市鼎盛股份有限公司进行审计时，注册会计师周飞对北京市鼎盛股份有限公司的销售与收款循环内部控制进行了解，得知：北京市鼎盛股份有限公司发出产成品时，由销售部填制一式四联的出库单，仓库发出产成品后，将第一联出库单留存登记产成品卡片，第二联交销售部留存，第三、四联交会计部会计人员张冀南登记产成品总账和明细账。分析上述情况有无不妥之处 |

## 子任务 5.1.1 销售与收款循环概述

### 1. 不同行业类型的收入来源

企业的收入主要来自出售商品、提供服务等，由于所处行业不同，企业具体的收入来源有所不同。一个企业所处的行业和经营性质决定了该企业的收入来源，以及为获取收入而相应产生的各项费用支出。注册会计师需要对被审计单位的相关行业活动和经营性质有比较全面的了解，才能因地制宜地执行被审计单位收入、支出的审计工作。

### 2. 销售与收款循环的主要业务活动

了解企业在销售与收款循环中的主要业务活动，对销售和收入循环的审计十分必要。企业销售与收款循环主要由企业与顾客交换商品和劳务、收回现金等经营业务所组成。每一个业务均需经过若干步骤才能完成。

（1）接受顾客订货单。顾客提出订货要求是整个销售与收款循环的起点。订单管理部门应区分现购和赊购，赊购订单只有在符合管理当局的授权标准时，才能被接受。管理层一般都列出了已准予赊销的顾客名单。订单管理部门的职员在决定是否同意接受顾客订单之前，应追查该顾客是否已被列在该名单中。企业批准了顾客订单后，通常编制一式多联的销售单。

销售单是证明管理当局对有关销售交易的“存在或发生”认定的凭据。

（2）批准赊销。赊销批准是由信用管理部门根据管理当局的赊销政策和对每个顾客已授权的信用额度来进行的。信用管理部门收到销售单后，应将销售单与该顾客已被授权的赊销信用额度以及至今尚欠的账款余额加以比较，从而决定能否批准赊销。执行人工赊销信用检查时，应合理划分工作责任，以切实避免销售人员为增加销售而使企业承担不适当的信用风险。这些控制与应收账款净额的“估价或分摊”认定有关。

（3）按销售单发货。商品存储部门只有在收到经过信用部门批准的销售单时才能发货。该项控制程序的目的是为了防止仓库在未经授权的情况下擅自发货。因此，经批准的销售单的一联通常应送达仓库，作为仓库按销售通知单供货和发货给装运部门的授权依据。

（4）按销售单发运。将按经批准的销售单发货与按销售单装运货物职责相分离，有助于避免装运职员在未经授权的情况下装运产品。装运部门职员在装运之前，必须独立验证从仓库提取的商品是否都附有经批准的销售单，且所收到商品的内容是否与销售单一致。若符合要求，应填制装运凭证。装运凭证是一种连续编号的出货单，通常由装运部门保管。它是证实销售交易“存在或发生”认定的另一种形式的凭据。

（5）向顾客开具账单。向顾客开具账单包括编制和向顾客寄送事先连续编号的销售发票。为了降低开具账单过程中出现遗漏、重复、错误计价或其他差错的风险，应设置以下控制程序：

①开具账单部门职员在编制每张销售发票之前，应独立检查是否存在装运凭证和相应的经批准的销售单。

②应依据已授权批准的商品价目表编制销售发票。

③独立检查销售发票计价和计算的正确性。

④将装运凭证上的商品总数与相对应的销售发票上的商品总数进行比较。

**提示**

上述的这些控制与销售交易的“存在或发生”“完整性”以及“估价或分摊”的认定有关。

（6）记录销售。记账人员根据开具的销售发票编制记账凭证，登记销售明细账、应收账款明细账或库存现金、银行存款日记账及相应的总账。记录销售环节重点关注以下几方面：

①只依据附有有效装运凭证和销售单的销售发票记录。

②控制所有事先连续编号的销售发票。

③独立检查已处理销售发票上的销售金额与会计记录的一致性。

④记录销售的职责与处理销货交易的其他功能相分离。

⑤对记录过程中所涉及的有关记录的接触予以限制，以减少未经授权批准的记录的发生。

⑥ 定期检查应收账款的明细账与总账的一致性。

**提示**

以上这些控制与“存在或发生”“完整性”以及“估价或分摊”认定有关。

（7）办理和记录收款。这项功能涉及有关货款收回，现金、银行存款的记录以及应收账款减少等活动。处理收到的货款时，最重要的是要保证全部货币资金都必须如数、及时地记入现金、银行存款日记账以及应收账款明细账和总账，并如数、及时地将现金存入银行。

（8）办理和记录销售退回、销售折扣与折让。发生此类事项时，必须经授权批准，并应确保与办理此事有关的部门和职员各司其职，分别控制实物流和会计记录。在这方面，严格使用贷项通知单无疑会起到关键的作用。

（9）坏账处理。对于确实无法收回的应收账款，应该获取货款无法收回的确凿证据，经适当审批后方可作为坏账，并及时作相应的账务处理。

（10）提取坏账准备。坏账准备提取的数额必须能够抵补企业以后无法收回的销货款。

### 3. 涉及的主要单据与会计记录

在内部控制比较健全的企业，处理销售与收款业务通常需要使用很多单据与会计记录。典型的销售与收款循环所涉及的主要单据与会计记录有以下几种（不同被审计单位的单据名称可能不同）：

（1）客户订购单。客户订购单即客户提出的书面购货要求。企业可以通过销售人员或其他途径，如采用电话、信函、邮件和向现有的及潜在的客户发送订购单等方式接受订货，取得客户订购单。

（2）销售单。销售单是列示客户所订商品的名称、规格、数量以及其他与客户订购单有关信息的凭证，作为销售方内部处理客户订购单的凭据。

（3）发运凭证。发运凭证即在发运货物时填制的，用以反映发出商品的规格、数量和其他有关内容的凭据。发运凭证的一联留给客户，其余联（一联或数联）由企业保留，通常其中有一联由客户在收到商品时签署并返还给销售方，用作销售方确认收入及向客户收取货款的依据。

（4）销售发票。销售发票通常包含已销售商品的名称、规格、数量、价格、销售金额等内容。以增值税发票为例，销售发票的两联（抵扣联和发票联）寄送给客户，一联由企业保留。销售发票也是在会计账簿中登记销售交易的基本凭据之一。

（5）商品价目表。商品价目表是列示已经授权批准的、可供销售的各种商品的价格清单。

（6）贷项通知单。贷项通知单是一种用来表示由于销售退回或经批准的折让而导致应收货款减少的单据，其格式通常与销售发票的格式类似。

（7）应收账款账龄分析表。通常，应收账款账龄分析表按月编制，反映月末应收账款总额的账龄区间，并详细反映每个客户月末应收账款金额和账龄。它也是常见的计提应收账款坏账准备的重要依据之一。

（8）应收账款明细账。应收账款明细账是用来记录每个客户各项赊销、还款、销售退回及折让交易的明细账。

（9）主营业务收入明细账。主营业务收入明细账是一种用来记录销售交易的明细账。

它通常记载和反映不同类别商品或服务的营业收入的明细发生情况和总额。

（10）折扣与折让明细账。折扣与折让明细账是一种用来核算企业销售商品时，按销售合同规定为了及早收回货款而给予客户的销售折扣和因商品品种、质量等原因而给予客户的销售折让情况的明细账。企业也可以不设置折扣与折让明细账，而将该类业务直接记入主营业务收入明细账。

（11）汇款通知书。汇款通知书是一种与销售发票一起寄给客户，由客户在付款时再寄回销售单位的凭证。这种凭证注明了客户名称、销售发票号码、销售单位开户银行账号以及金额等内容。

（12）现金日记账和银行存款日记账。现金日记账和银行存款日记账是用来记录应收账款的收回或现销收入以及其他各种现金、银行存款收入和支出的日记账。

（13）坏账核销审批表。坏账核销审批表是一种用来批准将无法收回的应收款项作为坏账予以核销的单据。

（14）客户对账单。客户对账单是一种定期寄送给客户的用于购销双方核对账目的文件。客户对账单上通常注明应收账款的期初余额、本期销售交易的金额、本期已收到的货款、贷项通知单的金额以及期末余额等内容。对账单可能是月度、季度或年度的，取决于企业的经营管理需要。

（15）转账凭证。转账凭证是指记录转账业务的记账凭证。它是根据有关转账业务（即不涉及现金、银行存款收付的各项业务）的原始凭证编制的。企业记录赊销交易的会计凭证即为一种转账凭证。

（16）现金和银行凭证。现金和银行凭证是指分别用来记录现金和银行存款收入业务和支付业务的记账凭证。

### 4. 销售与收款循环的业务活动相关内部控制

在销售与收款循环中企业通常从以下方面设计和执行内部控制：

（1）适当的职责分离。

适当的职责分离不仅是预防舞弊的必要手段，也有助于防止各种有意或无意的错误。例如，主营业务收入账如果系由记录应收账款之外的员工独立登记，并由另一位不负责账簿记录的员工定期调节总账和明细账，就构成了一项交互牵制；规定负责主营业务收入和应收账款记账的员工不得经手货币资金，也是防止舞弊的一项重要控制。另外，销售人员通常有一种追求更大销售数量的自然倾向，而不问它是否将以巨额坏账损失为代价，赊销的审批则在一定程度上可以抑制这种倾向。因此，赊销批准职能与销售职能的分离，也是一种理想的控制。

为确保办理销售与收款业务的不相容岗位相互分离、制约和监督，一个企业销售与收款业务相关职责适当分离的基本要求通常包括：企业应当分别设立办理销售、发货、收款三项业务的部门（或岗位）；企业在销售合同订立前，应当指定专门人员就销售价格、信用政策、发货及收款方式等具体事项与客户进行谈判。谈判人员至少应有两人以上，并与订立合同的人员相分离；编制销售发票通知单的人员与开具销售发票的人员应相互分离；

销售人员应当避免接触销货现款；企业应收票据的取得和贴现必须经由保管票据以外的主管人员的书面批准。

（2）恰当的授权审批。

对于授权审批问题，注册会计师应当关注以下四个关键点上的审批程序：其一，在销售发生之前，赊销已经正确审批；其二，非经正当审批，不得发出货物；其三，销售价格、销售条件、运费、折扣等必须经过审批；其四，审批人应当根据销售与收款授权批准制度的规定，在授权范围内进行审批，不得超越审批权限。对于超过企业既定销售政策和信用政策规定范围的特殊销售交易，需要经过适当的授权。前两项控制的目的在于防止企业因向虚构的或者无力支付货款的客户发货而蒙受损失；价格审批控制的目的在于保证销售交易按照企业定价政策规定的价格开票收款；对授权审批范围设定权限的目的则在于防止因审批人决策失误而造成严重损失。

（3）充分的凭证和记录。

充分的凭证和记录有助于企业执行各项控制以控制目标。例如，企业在收到客户订购单后，编制一份预先编号的一式多联的销售单，分别用于批准赊销、审批发货、记录发货数量以及向客户开具发票等。在这种制度下，通过定期清点销售单和销售发票，可以避免漏开发票或漏记销售的情况。又如，财务人员在记录销售交易之前，对相关的销售单、发运凭证和销售发票上的信息进行核对，以确保入账的营业收入是真实发生的、准确的。

（4）凭证的预先编号。

对凭证预先进行编号，旨在防止销售以后遗漏向客户开具发票或登记入账，也可防止重复开具发票或重复记账。当然，如果对凭证的编号不作清点，预先编号就会失去其控制意义。定期检查全部凭证的编号，并调查凭证缺号或重号的原因，是实施这项控制的关键点。在目前信息技术得以广泛运用的环境下，凭证预先编号这一控制在很多情况下由系统执行，同时辅以人工的监控（例如对系统生成的例外报告进行复核）。

（5）按月寄出对账单。

由不负责现金出纳和销售及应收账款记账的人员按月向客户寄发对账单，能促使客户在发现应付账款余额不正确后及时反馈有关信息。为了使这项控制更加有效，最好将账户余额中出现的所有核对不符的账项，指定一位既不掌管货币资金也不记录主营业务收入和应收账款账目的主管人员处理，然后由独立人员按月编制对账情况汇总报告并交管理层审阅。

（6）内部核查程序。

由内部审计人员或其他独立人员核查销售交易的处理和记录，是实现内部控制目标所不可缺少的一项控制措施。

销售与收款内部控制检查的主要内容包括：

①销售与收款交易相关岗位及人员的设置情况。重点检查是否存在销售与收款交易不相容职务混岗的现象。

②销售与收款交易授权批准制度的执行情况。重点检查授权批准手续是否健全，是否存在越权审批行为。

③销售的管理情况。重点检查信用政策、销售政策的执行是否符合规定。

④收款的管理情况。重点检查销售收入是否及时入账，应收账款的催收是否有效，坏账核销和应收票据的管理是否符合规定。

⑤销售退回的管理情况。重点检查销售退回手续是否齐全，退回货物是否及时入库。

此外，对于收款循环的内部控制而言，尽管由于每个企业的性质、所处行业、规模以及内部控制健全程度等不同，而使得其与收款交易相关的内部控制内容有所不同，但以下与收款交易相关的内部控制内容通常是共同遵循的：

①企业应当按照《现金管理暂行条例》《支付结算办法》等规定，及时办理销售收款业务。

②企业应将销售收入及时入账，不得账外设账，不得擅自坐支现金。销售人员应当避免接触销售现款。

③企业应当建立应收账款信用风险分析制度和逾期应收账款催收制度。销售部门应当负责应收账款的催收，财会部门应当督促销售部门加紧催收。对催收无效的逾期应收账款可通过法律程序予以解决。

④企业应当按客户设置应收账款台账，及时登记每一客户应收账款余额增减变动情况和信用额度使用情况。对长期往来客户应当建立起完善的客户资料，并对客户资料实施动态管理，及时更新。

⑤企业对于可能成为坏账的应收账款应当报告有关决策机构，由其进行审查，确定是否确认为坏账。企业发生的各项坏账，应查明原因，明确责任，并在履行规定的审批程序后作出会计处理。

⑥企业注销的坏账应当进行备查登记，做到账销案存。已注销的坏账又收回时应当及时入账，防止形成账外资金。

⑦企业应收票据的取得和贴现必须经由保管票据以外的主管人员的书面批准。应有专人保管应收票据，对于即将到期的应收票据，应及时向付款人提示付款；已贴现票据应在备查簿中登记，以便日后追踪管理；并应制定逾期票据的冲销管理程序和逾期票据追踪监控制度。

⑧企业应当定期与往来客户通过函证等方式核对应收账款、应收票据、预收款项等往来款项。如有不符，应查明原因，及时处理。

## 子任务 5.1.2 识别和评估销售与收款循环的重大错报风险

被审计单位可能有各种各样的收入来源，处于不同的控制环境，存在复杂的合同安排，这些情况对收入交易的会计核算可能存在诸多影响，比如不同交易安排下的收入确认的时间和依据可能不尽相同。

### 1. 销售与收款循环存在的重大错报风险

（1）相关交易和余额存在的重大错报风险。与销售与收款循环相关的财务报表项目主要为营业收入和应收账款，此外还有应收票据、预收货款、长期应收款、应交税费等。

（2）对收入确认存在的舞弊风险的评估。

注册会计师在识别和评估与收入确认相关的重大错报风险时，应当基于收入确认存在舞弊风险的假定，评价哪些类型的收入、收入交易或认定导致舞弊风险。

假设收入确认存在舞弊风险，并不意味着注册会计师应当将与收入确认相关的所有认定都假定为存在舞弊风险。注册会计师需要结合对被审计单位及其环境的具体了解，考虑收入确认舞弊可能如何发生。被审计单位不同，管理层实施舞弊的动机或压力不同，其舞弊风险所涉及的具体认定也不同，注册会计师需要作出具体分析。

**提示**

如果注册会计师认为收入确认存在舞弊风险的假定不适用于业务的具体情况，从而未将收入确认作为由于舞弊导致的重大错报风险领域，注册会计师应当在审计工作底稿中记录得出该结论的理由。

（1）通过实施风险评估程序识别与收入确认相关的舞弊风险。

注册会计师应当评价通过实施风险评估程序和执行其他相关活动获取的信息是否表明存在舞弊风险因素。例如，如果注册会计师通过实施风险评估程序了解到，被审计单位所处行业竞争激烈并伴随着利润率的下降，而管理层过于强调提高被审计单位利润水平的目标，则注册会计师需要警惕管理层通过实施舞弊高估收入，从而高估利润的风险。

（2）常用的收入确认舞弊手段。

了解被审计单位通常采用的收入确认舞弊手段，有助于注册会计师更加有针对性地实施审计程序。被审计单位通常采用的收入确认舞弊手段举例如下：

①为了达到粉饰财务报表的目的而虚增收入或提前确认收入。

- 虚构销售交易。包括：

第一，在无存货实物流转的情况下，通过与其他方（包括已披露或未披露的关联方、非关联方等）签订虚假购销合同，虚构存货进出库，并通过伪造出库单、发运单、验收单等单据，以及虚开商品销售发票虚构收入。

第二，在多方串通的情况下，通过与其他方（包括已披露或未披露的关联方、非关联方等）签订虚假购销合同，并通过存货实物流转、真实的交易单证票据和资金流转配合，虚构收入。

第三，被审计单位根据其所处行业特点虚构销售交易。例如，从事网络游戏运营业务的被审计单位，以游戏玩家的名义，利用体外资金购买虚拟物品或服务，并予以消费，以虚增收入。

从是否涉及安排货款回笼的角度看，被审计单位可能通过两种方式掩盖虚构的收入。一种是虚构收入后无货款回笼，虚增的应收账款（或合同资产）通过日后不当计提减值准备或核销等方式加以消化。另一种方法相对复杂和隐蔽，被审计单位会使用货币资金配合货款回笼，并需要解决因虚构收入而带来的虚增资产或虚减负债问题。在这种情况下，虚构收入可能对许多财务报表项目均会产生影响，包括但不限于货币资金、应收账款（或合同资产）、预付款项、存货、长期股权投资、其他权益工具投资、固定资产、在建工程、无形资产、开发支出、短期借款、应付票据、应付账款、其他应付款、营业收入、营业成本、税金及附加、销售费用等。

被审计单位采用上述第二种方法虚构收入时，相应确认应收账款（或合同资产），同时通过虚假存货采购套取其自有资金用于货款回笼，形成资金闭环。但通过虚假存货采购套取的资金金额可能小于虚构收入金额，或者对真实商品进行虚假销售而无须虚构存货，导致虚构收入无法通过上述方法套取的资金实现货款全部回笼，此时，被审计单位还可能采用如下手段：

第一，通过虚假预付款项（预付商品采购款、预付工程设备款等）套取资金用于虚构收入的货款回笼。

第二，虚增长期资产采购金额。被审计单位通过虚增对外投资、固定资产、在建工程、无形资产、开发支出等购买金额套取资金，用于虚增收入的货款回笼。形成的虚增长期资产账面价值，通过折旧、摊销或计提资产减值准备等方式在日后予以消化。

第三，通过被投资单位套取投资资金。被审计单位将资金投入被投资单位，再从被投资单位套取资金用于虚构收入的货款回笼，形成的虚增投资账面价值通过日后计提减值准备予以消化。

第四，通过对负债不入账或虚减负债套取资金。例如，被审计单位开具商业汇票给子公司，子公司将票据贴现后用于货款回笼。

第五，伪造回款单据进行虚假货款回笼。采用这种方法通常会形成虚假货币资金。

第六，对应收账款（或合同资产）不当计提减值准备。

第七，被审计单位实际控制人或其他关联方将资金提供给被审计单位客户或第三方，客户或第三方以该笔资金向被审计单位支付货款。资金可能来源于被审计单位实际控制人或其他关联方的自有资金，也可能来源于对被审计单位的资金占用或通过被审计单位担保取得的银行借款。例如，被审计单位及其控股股东与银行签订现金管理账户协议，将被审计单位的银行账户作为子账户向控股股东集团账户自动归集，实现控股股东对被审计单位的资金占用，控股股东将该资金用于对被审计单位的货款回笼。又如，被审计单位以定期存款质押的方式为关联方提供担保，关联方取得借款后用于货款回笼。

需要注意的是，被审计单位在进行虚构收入舞弊时并不一定采用上述某一种方式，可能采用上述某几种方式的组合。例如，被审计单位生产非标准化产品，毛利率不具有可比性，可能无须虚构大量与虚增收入相匹配的存货采购交易，可以通过实际控制人或其他关联方的体外资金，或以虚增长期资产采购金额套取的资金实现货款回笼。

- 进行显失公允的交易。包括：

第一，通过与未披露的关联方或真实非关联方进行显失公允的交易。例如，以明显高于其他客户的价格向未披露的关联方销售商品。与真实非关联方客户进行显失公允的交易，通常会由实际控制人或其他关联方以其他方式弥补客户损失。

第二，通过出售关联方的股权，使之从形式上不再构成关联方，但仍与之进行显失公允的交易，或与未来或潜在的关联方进行显失公允的交易。

第三，与同一客户或同受一方控制的多个客户在各期发生多次交易，通过调节各次交易的商品销售价格，调节各期销售收入金额。

● 在客户取得相关商品控制权前确认销售收入。

例如，在委托代销安排下，在被审计单位向受托方转移商品时确认收入，而受托方并未获得对该商品的控制权。又如，在客户取得相关商品控制权前，通过伪造出库单、发运单、验收单等单据，提前确认销售收入。

● 通过隐瞒退货条款，在发货时全额确认销售收入。

● 通过隐瞒不符合收入确认条件的售后回购或售后租回协议，而将以售后回购或售后租回方式发出的商品作为销售商品确认收入。

● 在被审计单位属于代理人的情况下，被审计单位按主要责任人确认收入。

例如，被审计单位为代理商，在仅向购销双方提供帮助接洽、磋商等中介代理服务的情况下，按照相关购销交易的总额而非净额（佣金和代理费等）确认收入。又如，被审计单位将虽然签订购销合同但实质为代理的受托加工业务作为正常购销业务处理，按照相关购销交易的总额而非净额（加工费）确认收入。

● 对于属于在某一时段内履约的销售交易，通过高估履约进度的方法实现当期多确认收入。

● 当存在多种可供选择的收入确认会计政策或会计估计方法时，随意变更所选择的会计政策或会计估计方法。

● 选择与销售模式不匹配的收入确认会计政策。

● 通过调整与单独售价或可变对价等相关的会计估计，达到多计或提前确认收入的目的。

● 对于存在多项履约义务的销售交易，未对各项履约义务单独进行核算，而整体作为单项履约义务一次性确认收入。

● 对于应整体作为单项履约义务的销售交易，通过将其拆分为多项履约义务，达到提前确认收入的目的。

②为了达到报告期内降低税负或转移利润等目的而少计收入或推迟确认收入。

● 被审计单位在满足收入确认条件后，不确认收入，而将收到的货款作为负债挂账，或转入本单位以外的其他账户。

● 被审计单位采用以旧换新的方式销售商品时，以新旧商品的差价确认收入。

● 对于应采用总额法确认收入的销售交易，被审计单位采用净额法确认收入。

● 对于属于在某一时段内履约的销售交易，被审计单位未按实际履约进度确认收入，或采用时点法确认收入。

● 对于属于在某一时点履约的销售交易，被审计单位未在客户取得相关商品或服务控制权时确认收入，推迟收入确认时点。

● 通过调整与单独售价或可变对价等相关的会计估计，达到少计或推迟确认收入的目的。

（3）表明被审计单位在收入确认方面可能存在舞弊风险的迹象。

舞弊风险迹象，是注册会计师在实施审计过程中发现的、需要引起对舞弊风险警觉的事实或情况。存在舞弊风险迹象并不必然表明发生了舞弊，但了解舞弊风险迹象，有助于注册会计师对审计过程中发现的异常情况产生警觉，从而更有针对性地采取应对措施。注册会计师保持职业怀疑，充分了解被审计单位业务模式并理解业务逻辑，有助于识别舞弊风险迹象。例如，被审计单位的产品具有一定的销售半径，如果存在超出销售半径而没有合理商业理由的销售交易，则可能表明被审计单位存在收入舞弊风险。又如，被审计单位技术水平处于行业中端，但高端产品却占销售收入比重较大，可能表明被审计单位存在收入舞弊风险。

通常表明被审计单位在收入确认方面可能存在舞弊风险的迹象举例如下：

①销售客户方面出现异常情况，包括：

- 销售情况与客户所处行业状况不符。例如，客户所处行业景气度下降，但对该客户的销售却出现增长；又如，销售数量接近或超过客户所处行业的需求。
- 与同一客户同时发生销售和采购交易，或者与同受一方控制的客户和供应商同时发生交易。
- 交易标的对交易对方而言不具有合理用途。
- 主要客户自身规模与其交易规模不匹配。
- 与新成立或之前缺乏从事相关业务经历的客户发生大量或大额的交易，或者与原有客户交易金额出现不合理的大额增长。
- 与关联方或疑似关联方客户发生大量或大额交易。
- 与个人、个体工商户发生异常大量的交易。
- 对应收款项账龄长、回款率低或缺乏还款能力的客户，仍放宽信用政策。
- 被审计单位的客户是否付款取决于下列情况：

第一，能否从第三方取得融资；

第二，能否转售给第三方（如经销商）；

第三，被审计单位能否满足特定的重要条件。

- 直接或通过关联方为客户提供融资担保。

②销售交易方面出现异常情况，包括：

- 在临近期末时发生了大量或大额的交易。
- 实际销售情况与订单不符，或者根据已取消的订单发货或重复发货。
- 未经客户同意，在销售合同约定的发货期之前发送商品或将商品运送到销售合同约定地点以外的其他地点。
- 被审计单位的销售记录表明，已将商品发往外部仓库或货运代理人，却未指明任何客户。
- 销售价格异常。例如，明显高于或低于被审计单位和其他客户之间的交易价格。
- 已经销售的商品在期后有大量退回。
- 交易之后长期不进行结算。

③销售合同、单据方面出现异常情况，包括：

- 销售合同未签字盖章，或者销售合同上加盖的公章并不属于合同所指定的客户。
- 销售合同中重要条款（例如，交货地点、付款条件）缺失或含糊。

- 销售合同中部分条款或条件不同于被审计单位的标准销售合同，或过于复杂。
- 销售合同或发运单上的日期被更改。
- 在实际发货之前开具销售发票，或实际未发货而开具销售发票。
- 记录的销售交易未经恰当授权或缺乏出库单、货运单、销售发票等证据支持。

④销售回款方面出现异常情况，包括：

- 应收款项收回时，付款单位与购买方不一致，存在较多代付款的情况。
- 应收款项收回时，银行回单中的摘要与销售业务无关。
- 对不同客户的应收款项从同一付款单位收回。
- 经常采用多方债权债务抵消的方式抵消应收款项。

⑤被审计单位通常会使用货币资金配合收入舞弊，注册会计师需要关注资金方面出现的异常情况，包括：

- 通过虚构交易套取资金。
- 发生异常大量的现金交易，或被审计单位有非正常的资金流转及往来，特别是有非正常现金收付的情况。
- 在货币资金充足的情况下仍大额举债。
- 被审计单位申请公开发行股票并上市，连续几个年度进行大额分红。工程实际付款进度明显快于合同约定付款进度。
- 与关联方或疑似关联方客户发生大额资金往来。

⑥其他方面出现异常情况，包括：

- 采用异常于行业惯例的收入确认方法。
- 与销售和收款相关的业务流程、内部控制发生异常变化，或者销售交易未按照内部控制制度的规定执行。
- 非财务人员过度参与与收入相关的会计政策的选择、运用以及重要会计估计的作出。
- 通过实施分析程序发现异常或偏离预期的趋势或关系。
- 被审计单位的账簿记录与询证函回函提供的信息之间存在重大或异常差异。
- 在被审计单位业务或其他相关事项未发生重大变化的情况下，询证函回函相符比例明显异于以前年度。
- 被审计单位管理层不允许注册会计师接触可能提供审计证据的特定员工、客户、供应商或其他人员。

需要注意的是，以上情况并未穷尽实务中存在舞弊风险的迹象，被审计单位存在列举的某一迹象也并不意味着其在收入确认方面一定存在舞弊风险，注册会计师应当结合对被审计单位及其环境的了解，在审计过程中对异常情况保持高度警觉和职业怀疑，在此基础上运用职业判断确定被审计单位在收入确认方面是否可能存在舞弊风险。

（4）对收入确认实施分析程序。

在收入确认领域实施审计程序时，分析程序是一种较为有效的方法，注册会计师需要重视并充分利用分析程序，发挥其在识别收入确认舞弊中的作用。在设计分析程序时，注册会计师需要在充分了解被审计单位及其环境的基础上，识别与收入相关的财务数据和其他财务数据、非财务数据之间存在的关系，以提升实施分析程序的效果。基于被审计单位的业务性质，可以采用不同的数据指标分析。例如，餐饮业可以考虑翻台率，游戏直播行业可以考虑单客充值金额、实际在线时间等。

在收入确认领域，注册会计师可以实施的分析程序的例子包括：

①将账面销售收入、销售清单和销售增值税销项清单进行核对。

②将本期销售收入金额与以前可比期间的对应数据或预算数进行比较。

③分析月度或季度销售量、销售单价、销售收入金额、毛利率变动趋势。

④将销售收入变动幅度与销售商品及提供劳务收到的现金、应收账款（或合同资产）、存货、税金等项目的变动幅度进行比较。

⑤将销售毛利率、应收账款（或合同资产周转率）、存货周转率等关键财务指标与可比期间数据、预算数或同行业其他企业数据进行比较。

⑥分析销售收入等财务信息与投入产出率、劳动生产率、产能、水电能耗、运输数量等非财务信息之间的关系。

⑦分析销售收入与销售费用之间的关系，包括销售人员的人均业绩指标、销售人员薪酬、广告费、差旅费，以及销售机构的设置、规模、数量、分布等。

注册会计师通过实施分析程序，可能识别出未注意到的异常关系，或通过其他审计程序难以发现的变动趋势，从而有目的、有针对性地关注可能发生重大错报风险的领域，有助于评估重大错报风险，为设计和实施应对措施奠定基础。例如，如果注册会计师发现被审计单位不断地为完成销售目标而增加销售量，或者大量的销售因不能收现而导致应收账款（或合同资产）大量增加，需要对销售收入的真实性予以额外关注；如果注册会计师发现被审计单位临近期末销售量大幅增加，需要警惕被审计单位将下期收入提前确认或虚假销售的可能性；如果注册会计师发现单笔大额收入能够减轻被审计单位盈利方面的压力，或使被审计单位完成销售目标，需要警惕被审计单位虚构收入的可能性。

如果发现异常或偏离预期的趋势或关系，注册会计师需要认真调查其原因，评价是否表明可能存在由于舞弊导致的重大错报风险。涉及临近期末收入和利润的异常关系尤其值得关注，例如在报告期的最后几周内记录了不寻常的大额收入或异常交易。注册会计师可能采取的调查方法举例如下：

①如果注册会计师发现被审计单位的毛利率变动较大或与所在行业的平均毛利率差异较大，注册会计师可以采用定性分析与定量分析相结合的方法，从行业及市场变化趋势、产品销售价格和产品成本要素等方面对毛利率变动的合理性进行调查。

②如果注册会计师发现应收账款（或合同资产）余额较大，或其增长幅度高于销售收入的增长幅度，注册会计师需要分析具体原因（如赊销政策和信用期限是否发生变化等），并在必要时采取恰当的措施，如扩大函证比例、增加截止测试和期后收款测试的比例、使用与前期不同的抽样方法、实地走访客户等。

③如果注册会计师发现被审计单位的收入增长幅度明显高于管理层的预期，可以询问管理层的适当人员，并考虑管理层的答复是否与其他审计证据一致。 例如，如果管理层表示收入增长是由于销售量增加所致，注册会计师可以调查与市场需求相关的情况。

在收入确认领域，注册会计师可以借助数据分析技术。

### 2. 根据重大错报风险评估结果设计进一步审计程序

注册会计师基于销售与收款循环的重大错报风险评估结果，制订实施进一步审计程序的总体方案（包括综合性方案和实质性方案），如表5-1所示，继而实施控制测试和实质性程序，以应对识别出的认定层次的重大错报风险。注册会计师通过控制测试和实质性程序获取的审计证据综合起来应足以应对识别出的认定层次的重大错报风险。

表5-1　销售与收款循环的重大错报风险和进一步审计程序总体方案

| 重大错报风险描述 | 相关财务报表项目及认定 | 风险程度 | 是否信赖控制 | 进一步审计程序的总体方案 | 拟从控制测试中获取的保证程度 | 拟从实质性程序中获取的保证程度 |
|---|---|---|---|---|---|---|
| 销售收入可能未真实发生 | 收入：发生<br>应收账款：存在 | 特别 | 是 | 综合性方案 | 高 | 中 |
| 销售收入记录可能不完整 | 收入（或应收账款）：完整性 | 一般 | 否 | 实质性方案 | 无 | 低 |
| 期末收入交易可能未计入正确的期间 | 收入：截止<br>应收账款：存在/完整性 | 特别 | 否 | 实质性方案 | 无 | 高 |
| 发生的收入交易未能得到准确记录 | 收入：准确性<br>应收账款：计价和分摊 | 一般 | 是 | 综合性方案 | 部分 | 低 |
| 应收账款坏账准备的计提不准确 | 应收账款：计价和分摊 | 一般 | 否 | 实质性方案 | 无 | 中 |

注册会计师根据重大错报风险的评估结果初步确定实施进一步审计程序的具体审计计划，因为风险评估和审计计划都是贯穿审计全过程的动态的活动，而且控制测试的结果可能导致注册会计师改变对内部控制的信赖程度，因此，具体审计计划并非一成不变，可能需要在审计过程中进行调整。

无论是采用综合性方案还是实质性方案，获取的审计证据都应当能够从认定层面应对所识别的重大错报风险，直至针对该风险所涉及的全部相关认定，都已获取了足够的保证程度。

## 子任务5.1.3　测试销售与收款循环的内部控制

### 1. 控制测试的基本原理

在对被审计单位销售与收款循环的相关内部控制实施测试时，注册会计师需要注意以下几点：

（1）控制测试所使用的审计程序的类型主要包括询问、观察、检查和重新执行，其提供的保证程度依次递增。注册会计师需要根据所测试的内部控制的特征及需要获得的保证程度选用适当的测试程序。

（2）如果在期中实施了控制测试，注册会计师应当在年末审计时实施适当的前推程序，就控制在剩余期间的运行情况获取证据，以确定控制是否在整个被审计期间持续运行有效。

（3）控制测试的范围取决于注册会计师需要通过控制测试获取的保证程度。

（4）如果拟信赖的内部控制是由计算机执行的自动化控制，注册会计师除了测试自动化应用控制的运行有效性，还需要就相关的信息技术一般控制的运行有效性获取审计证据。如果所测试的人工控制利用了系统生成的信息或报告，注册会计师除了测试人工控制，还需就系统生成的信息或报告的可靠性获取审计证据。

上述有关实施销售与收款循环的控制测试时的基本要求，就其原理而言，对其他业务循环的控制测试同样适用，因此，在后面讨论其他业务循环的控制测试时将不再重复。

### 2. 以风险为起点的控制测试

风险评估和风险应对是整个审计过程的核心，因此，注册会计师通常以识别的重大错报风险为起点，选取拟测试的控制并实施控制测试。

在上述控制测试中，如果人工控制在执行时，依赖信息系统生成的报告，那么注册会计师还应当针对系统生成报告的准确性执行测试。例如与坏账准备计提相关的管理层控制中使用了系统生成的应收账款账龄分析表，其准确性影响管理层控制的有效性，因此，注册会计师需要同时测试应收账款账龄分析表的准确性。

资料

销售与收款循环的内部控制及控制测试

## 子任务 5.1.4 销售与收款循环的实质性程序

在完成控制测试之后，注册会计师基于控制测试的结果（即控制运行是否有效），确定从控制测试中已获得的审计证据及其保证程度，确定是否需要对具体审计计划中设计的实质性程序的性质、时间安排和范围作出适当调整。

### 1. 营业收入的实质性程序

（1）营业收入的审计目标。

营业收入核算企业在售商品、提供劳务等主营业务活动中所产生的收入，以及企业确认的除主营业务活动之外的其他经营活动实现的收入，包括出租固定资产、出租无形资产、出租包装物和商品、销售材料等实现的收入。其审计目标一般包括：确定利润表中记录的营业收入是否已发生，且与被审计单位有关（发生认定）；确定所有应当记录的营业收入是否均已记录（完整性认定）；确定与营业收入有关的金额及其他数据是否已恰当记录，包括对销售退回、销售折扣与折让的处理是否适当（准确性认定）；确定营业收入是否已记录于正确的会计期间（截止认定）；确定营业收入是否已按照企业会计准则的规定在财务报表中作出恰当的列报。营业收入包括主营业务收入和其他业务收入，下面分别介绍这两部分的实质性程序。

（2）主营业务收入的一般实质性程序。

①获取营业收入明细表，并执行以下工作：

● 复核加计是否正确，并与总账数和明细账合计数核对是否相符；

● 检查以非记账本位币结算的主营业务收入使用的折算汇率及折算是否正确。

②实施实质性分析程序。

● 针对已识别需要运用分析程序的有关项目，并基于对被审计单位及其环境的了解，通过进行比较，同时考虑有关数据间关系的影响，以建立有关数据的期望值。

● 确定可接受的差异额。

● 将实际金额与期望值相比较，计算差异。

资料 实施实质性分析程序

● 如果差异额超过确定的可接受差异额，调查并获取充分的解释和恰当的、佐证性质的审计证据（如通过检查相关的凭证等）。需要注意的是，如果差异超过可接受差异额，注册会计师需要对差异额的全额进行调查证实，而非仅针对超出可接受差异额的部分。

● 评估实质性分析程序的结果。

③检查主营业务收入确认方法是否符合《企业会计准则》的规定。

根据《企业会计准则第 14 号 —— 收入》的规定，企业应当在履行了合同中的履约义务，及在客户取得相关商品控制权时确认收入。取得相关商品控制权，是指能够主导该商品的使用并从中获得几乎全部的经济利益。

当企业与客户之间的合同同时满足下列条件时，企业应当在客户取得商品控制权时确认收入：

● 合同各方已批准该合同并承诺将履行各自义务；

● 该合同明确了合同各方与所转让商品或提供劳务相关的权利和义务；

● 该合同有明确的与所转让的商品相关的支付条款；

● 该合同具有商业实质，即履行该合同将改变企业未来现金流量的风险、时间分布或金额；

● 企业因向客户转让商品而有权取得的对价很可能收回。

《企业会计准则》分别对“在某一时段内履行的履约义务”和“在某一时点履行的履约义务”的收入确认作出了规定。

对于在某一时段内履行的履约义务，企业应当在该段时间内按照履约进度确认收入。当履约进度能够合理确定时，采用产出法或投入法确定恰当的履约进度。当履约进度不能合理确定时，企业已经发生的成本预计能够得到补偿的，应当按照已经发生的成本金额确认收入，直到履约进度能够合理确定为止。

对于在某一时点履行的履约义务，企业应当在客户取得相关商品的控制权时确认收入。在判断客户是否已取得商品控制权时，企业应当考虑下列迹象：

● 企业就该商品享有现时收款权利，即客户就该商品负有现时付款义务；

● 企业已将该商品的法定所有权转移给客户，即客户已拥有该商品的法定所有权；

● 企业已将该商品实物转移给客户，即客户已实物占有该商品；

● 企业已将该商品所有权上的主要风险和报酬转移给客户，即客户已取得该商品所有权上的主要风险和报酬；

- 客户已接受该商品；
- 其他表明客户已取得商品控制权的迹象。

因此，注册会计师需要基于对被审计单位商业模式和日常经营活动的了解，判断被审计单位的合同履约义务是在某一时段内履行还是某一时点履行的，据以评估被审计单位确认产品销售收入的会计政策是否符合《企业会计准则》，并测试被审计单位是否按照其既定的会计政策确认产品销售收入。

注册会计师通常对所选取的交易，追查至原始的销售合同及与履行合同相关的单据和文件记录，以评价收入确认方法是否符合《企业会计准则》的规定。本章假定被审计单位在某一时点履行履约义务，在商品发运至客户并签收时确认收入（客户在该时点取得对商品的控制权）。

④核对收入交易的原始凭证与会计分录。以主营业务收入明细账中的会计分录为起点，检查相关原始凭证如订购单、销售单、发运凭证、发票等，以评价已入账的营业收入是否真实发生。检查订购单和销售单，用以确认存在真实的客户购买要求，销售交易已经过适当的授权批准。销售发票存根上所列的单价，通常还要与经过批准的商品价目表进行比较核对，对其金额小计和合计数也要进行复算。发票中列出的商品的规格、数量和客户代码等，则应与发运凭证进行比较核对，尤其是由客户签收商品的一联，确定已按合同约定履行了履约义务，可以确认收入。同时，还要检查原始凭证中的交易日期（客户取得商品控制权的日期），以确认收入计入了正确的会计期间。

⑤从发运凭证（客户签收联）中选取样本，追查至主营业务收入明细账，以确定是否存在遗漏事项（完整性认定）。也就是说，如果注册会计师测试收入的“完整”这一目标，起点应是发货凭证。为使这一程序成为一项有意义的测试，注册会计师需要确认全部发运凭证均已归档，这一点一般可以通过检查发运凭证的顺序编号来查明。

⑥结合对应收账款实施的函证程序，选择主要客户函证本期销售额。

⑦实施销售截止测试。对销售实施截止测试，其目的主要在于确定被审计单位主营业务收入的会计记录归属期是否正确：应计入本期或下期的主营业务收入是否被推延至下期或提前至本期。

注册会计师对销售交易实施的截止测试可能包括以下程序：

- 选取资产负债表日前后若干天的发运凭证，与应收账款和收入明细账进行核对；同时，从应收账款和收入明细账选取在资产负债表日前后若干天的凭证，与发运凭证核对，以确定销售是否存在跨期现象。
- 复核资产负债表日前后销售和发货水平，确定业务活动水平是否异常，并考虑是否有必要追加实施截止测试程序。
- 取得资产负债表日后所有的销售退回记录，检查是否存在提前确认收入的情况。
- 结合对资产负债表日应收账款的函证程序，检查有无未取得对方认可的销售。

实施截止测试的前提是注册会计师充分了解被审计单位的收入确认会计实务，并识别能够证明某笔销售符合收入确认条件的关键单据。例如，货物出库时，与货物所有权相关的主要风险和报酬可能尚未转移，即客户尚未取得对商品的控制权，不符合收入确认的条件，因此，仓储部门留存的发运凭证可能不是实现收入的充分证据，注册会计师需要检查有客户签署的那一联发运凭证。销售发票与收入相关，但是发票开具日期不一定与收入实现的日期一致。实务中由于增值税发票涉及企业的纳税和抵扣问题，开票日期滞后于收入可确认日期的情况并不少见，因此，通常不能将开票日期作为收入确认的日期。

假定某一般制造型企业在货物送达客户并由客户签收时确认收入，注册会计师可以考虑选择两条审计路径实施主营业务收入的截止测试。

一是以账簿记录为起点。从资产负债表日前后若干天的账簿记录追查至记账凭证和客户签收的发运凭证，目的是证实已入账收入是否在同一期间已发货并由客户签收，有无多记收入。这种方法的优点是比较直观，容易追查至相关凭证记录，以确定其是否应在本期确认收入，特别是在连续审计两个以上会计期间时，检查跨期收入十分便捷，可以提高审计效率。缺点是缺乏全面性和连贯性，只能查多记，无法查漏记，尤其是当本期漏记收入延至下期而审计时被审计单位尚未及时登账时，不易发现应计入而未计入报告期收入的情况。因此，使用这种方法主要是为了防止多计收入。

二是以发运凭证为起点。从资产负债表日前后若干天的已经客户签收的发运凭证查至账簿记录，确定主营业务收入是否已计入恰当的会计期间。

上述两条审计路径在实务中均被广泛采用，它们并不是孤立的，注册会计师可以考虑在同一主营业务收入科目审计中并用这两条路径。实际上，由于被审计单位的具体情况各异，管理层意图各不相同，有的为了完成利润目标、承包指标，更多地享受税收等优惠政策，便于筹资等目的，可能会多计收入；有的则为了以丰补歉、留有余地、推迟缴税时间等目的而少计收入。因此，注册会计师需要凭借专业经验和所掌握的信息进行风险评估，作出正确判断，选择适当的审计路径实施有效的收入截止测试。

⑧存在销货退回的，检查相关手续是否符合规定，结合原始销售凭证检查其会计处理是否正确，结合存货项目审计关注其真实性。

⑨检查销售折扣与折让。企业在销售交易中，往往会因各种原因向客户提供销售折扣与折让。销售折扣与折让直接影响收入的计量。注册会计师针对销售折扣与折让的实质性程序可能包括：

- 获取折扣与折让明细表，复核加计正确，并与明细账合计数核对相符；
- 了解被审计单位有关折扣与折让的政策和程序，抽查折扣与折让的授权批准情况，与实际执行情况进行核对；
- 检查折扣与折让的会计处理是否正确。

⑩检查主营业务收入在财务报表中的列报和披露是否符合企业会计准则的规定。

（3）营业收入的特别审计程序。

除了上述较为常规的审计程序外，注册会计师还要根据被审计单位的特定情况和收入的重大错报风险程度，考虑是否有必要实施一些特别的审计程序。

①附有销售退回条件的商品销售，评估对退货部分的估计是否合理，确定其是否按估计不会退货部分确认收入。

②售后回购，了解回购安排属于远期安排、企业拥有回购选择权还是客户拥有回售选

择权，确定企业是否根据不同的安排进行了恰当的会计处理。

③以旧换新销售，确定销售的商品是否按照商品销售的方法确认收入，回收的商品是否作为购进商品处理。

④出口销售，根据交易的定价和成交方式（离岸价格、到岸价格或成本加运费价格等），并结合合同（包括购销合同和运输合同）中有关货物运输途中风险承担的条款，确定收入确认的时点和金额。

如果识别出被审计单位收入真实性存在重大异常情况，且通过常规审计程序无法获取充分、适当的审计证据，注册会计师需要考虑实施“延伸检查”程序，即对检查范围进行合理延伸，以应对识别出的舞弊风险。例如，对所销售产品或服务及其所涉及资金的来源和去向进行追踪，对交易参与方（含代为收付款方）的最终控制人或其真实身份进行查询。

注册会计师在判断是否需要实施“延伸检查”程序及如何实施时，应当根据审计准则的规定，并考虑有经验的专业人士在该场景下通常会作出的合理职业判断。《中国注册会计师审计准则第 1131 号——审计工作底稿》对“有经验的专业人士”进行了定义。此外，实施“延伸检查”程序的可行性和效果受诸多因素影响，注册会计师设计的具体“延伸检查”程序的性质、时间安排和范围，应当针对被审计单位的具体情况，与评估的舞弊风险相称，并体现重要性原则。例如，被审计单位所处行业的下游产业链较长，如果对下游产业链的某个或某几个环节实施“延伸检查”程序获取的审计证据，可以应对与收入确认相关的舞弊风险，则“延伸检查”程序无须覆盖所有环节。再者，相对于常规年度财务报表审计而言，在首次公开发行股票并上市审计（IPO 审计）中，由于存在监管要求和相关方的配合，注册会计师实施“延伸检查”程序通常相对可行。

实务中，注册会计师可以实施的“延伸检查”程序举例如下：

①在获取被审计单位配合的前提下，对相关供应商、客户进行实地走访，针对相关采购、销售交易的真实性获取进一步的审计证据。在实施实地走访程序时，注册会计师通常需要关注以下事项：

- 被访谈对象的身份真实性和适当性；
- 相关供应商、客户是否与被审计单位存在关联方关系或“隐性”关联方关系；
- 观察相关供应商、客户的生产经营场地，判断其与被审计单位之间的交易规模是否和其生产经营规模匹配；
- 相关客户向被审计单位进行采购的商业理由；
- 相关客户采购被审计单位商品的用途和去向，是否存在销售给被审计单位指定单位的情况；
- 相关客户从被审计单位采购的商品的库存情况，必要时进行实地察看；
- 是否存在“抽屉协议”，如退货条款、价格保护机制等；
- 相关供应商向被审计单位销售的产品是否来自被审计单位的指定单位；
- 相关供应商、客户与被审计单位是否存在除购销交易以外的资金往来，如有，了解资金往来的性质。

注册会计师应当充分考虑被审计单位与被访谈对象串通舞弊的可能性，根据实际情况仔细设计访谈计划和访谈提纲，并对在访谈过程中注意到的可疑迹象保持警觉。注册会计师在访谈前应注意对访谈提纲保密，必要时，选择两名或不同层级的被访谈人员访谈相同或类似问题，进行相互印证。

②利用企业信息查询工具，查询主要供应商和客户的股东至其最终控制人，以识别相关供应商和客户与被审计单位是否存在关联方关系。

③在采用经销模式的情况下，检查经销商的最终销售实现情况。

④当注意到存在关联方（例如被审计单位控股股东、实际控制人、关键管理人员）配合被审计单位虚构收入的迹象时，获取并检查相关关联方的银行账户资金流水，关注是否存在与被审计单位相关供应商或客户的异常资金往来。

如果识别出收入舞弊或获取的信息表明可能存在舞弊，注册会计师可与被审计单位治理层沟通，并要求治理层就舞弊事项进行调查。

审计程序的性质、时间安排和范围应当能够应对评估的由于舞弊导致的认定层次重大错报风险。如果注册会计师认为“延伸检查”程序是必要的，但受条件限制无法实施，或实施“延伸检查”程序后仍不足以获取充分、适当的审计证据，注册会计师应当考虑审计范围是否受限，并考虑对审计报告意见类型的影响或解除业务约定。

（4）其他业务收入的实质性程序。

其他业务收入的实质性程序一般包括以下内容：

①获取其他业务收入明细表，复核加计是否正确，并与总账数和明细账合计数核对是否相符，结合主营业务收入科目与营业收入报表数核对是否相符。

②计算本期其他业务收入与其他业务成本的比率，并与上期该比率比较，检查是否有重大波动，并查明原因。

③检查其他业务收入是否真实准确，收入确认原则及会计处理是否符合规定，抽查原始凭证予以核实。

④对异常项目，追查入账依据及有关法律文件是否充分。

⑤抽查资产负债表日前后一定数量的记账凭证，实施截止测试，确定入账时间是否正确。

⑥确定其他业务收入在财务报表中的列报是否恰当。

### 2. 应收账款的实质性程序

应收账款余额一般包括应收账款账面余额和相应的坏账准备两部分。

应收账款指企业因销售商品、提供劳务而形成的现时收款权利，即由于企业销售商品、提供劳务等原因，应向购货客户或接受劳务的客户收取的款项。

坏账是指企业无法收回或收回可能性极小的应收款项（包括应收票据、应收账款、预付款项、其他应收款和长期应收款等）。由于发生坏账而产生的损失称为坏账损失。企业通常应采用备抵法按期估计坏账损失。企业通常应当于资产负债表日评估应收款项的信用风险，合理预计各项应收款项可能发生的坏账，相应计提坏账准备。

企业的应收账款是在销售交易或提供劳务过程中产生的。因此，应收账款的审计需要结合销售交易的审计来进行。一方面，收入的“发生”认定直接影响应收账款的“存在”

认定；另一方面，由于应收账款代表了尚未收回货款的收入，通过审计应收账款获取的审计证据也能够为收入提供审计证据。

（1）应收账款的审计目标。

应收账款的审计目标一般包括：确定资产负债表中记录的应收账款是否存在（存在认定）；确定所有应当记录的应收账款是否均已记录（完整性认定）；确定记录的应收账款是否由被审计单位拥有或控制（权利和义务认定）；确定应收账款是否可收回，坏账准备的计提方法和比例是否恰当，计提是否充分（计价和分摊认定）；确定应收账款及其坏账准备是否已按照企业会计准则的规定在财务报表中作出恰当列报。

（2）应收账款的实质性程序。

针对应收账款的实质性程序通常有以下几种：

①取得应收账款明细表。

● 复核加计正确，并与总账数和明细账合计数核对是否相符；结合坏账准备科目与报表数核对是否相符。应收账款报表数反映企业因销售商品、提供劳务等应向购买单位收取的各种款项，减去已计提的相应的坏账准备后的净额。

● 检查非记账本位币应收账款的折算汇率及折算是否正确。对于用非记账本位币（通常为外币）结算的应收账款，注册会计师检查被审计单位外币应收账款的增减变动是否采用交易发生日的即期汇率将外币金额折算为记账本位币金额，或者采用按照系统合理的方法确定的、与交易发生日即期汇率近似的汇率折算，选择采用汇率的方法前后各期是否一致；期末外币应收账款余额是否采用期末即期汇率折合为记账本位币金额；折算差额的会计处理是否正确。

● 分析有贷方余额的项目，查明原因，必要时，建议作重分类调整。

● 结合其他应收款、预收款项等往来项目的明细余额，调查有无同一客户多处挂账、异常余额或与销售无关的其他款项（如代销账户、关联方账户或员工账户）。必要时提出调整建议。

②分析与应收账款相关的财务指标。

● 复核应收账款借方累计发生额与主营业务收入关系是否合理，并将当期应收账款借方发生额占销售收入净额的百分比与管理层考核指标和被审计单位相关赊销政策比较，如存在异常查明原因。

● 计算应收账款周转率、应收账款周转天数等指标，并与被审计单位相关赊销政策、被审计单位以前年度指标、同行业同期相关指标对比，分析是否存在重大异常并查明原因。

③检查应收账款账龄分析是否正确。

● 获取应收账款账龄分析表。被审计单位通常会编制应收账款账龄分析报告，以监控货款回收情况、及时识别可能无法收回的应收账款并作为计提坏账准备的依据之一。注册会计师可以通过查看应收账款账龄分析表了解和评估应收账款的可收回性。

● 测试应收账款账龄分析表计算的准确性，并将应收账款账龄分析表中的合计数与应收账款总分类账余额相比较，并调查重大调节项目。

● 从账龄分析表中抽取一定数量的项目，追查至相关销售原始凭证，测试账龄划分的准确性。

本项程序与下文“（3）坏账准备的实质性程序”紧密相关。

④对应收账款实施函证程序。函证应收账款的目的在于证实应收账款账户余额是否真实准确。通过第三方提供的函证回复，可以比较有效地证明被询证者的存在和被审计单位记录的可靠性。

注册会计师根据被审计单位的经营环境、内部控制的有效性、应收账款账户的性质、被询证者处理询证函的习惯做法及回函的可能性等，确定应收账款函证的范围、对象、方式和时间。

● 函证决策。除非有充分证据表明应收账款对被审计单位财务报表而言是不重要的，或者函证很可能是无效的，否则，注册会计师应当对应收账款进行函证。如果注册会计师不对应收账款进行函证，应当在审计工作底稿中说明理由。如果认为函证很可能是无效的，注册会计师应当实施替代审计程序，获取相关、可靠的审计证据。

● 函证的范围和对象。函证范围是由诸多因素决定的，主要有：

第一，应收账款在全部资产中的重要程度。若应收账款在全部资产中所占的比重较大，则函证的范围应相应大一些。

第二，被审计单位内部控制的有效性。若相关内部控制有效，则可以相应减少函证范围；反之，则扩大函证范围。

第三，以前期间的函证结果。若以前期间函证中发现过重大差异，或欠款纠纷较多，则函证范围应相应扩大一些 。

注册会计师选择函证项目时，除了考虑金额较大的项目，也需要考虑风险较高的项目，例如，账龄较长的项目；与债务人发生纠纷的项目；重大关联方项目；主要客户（包括关系密切的客户）项目；新增客户项目；交易频繁但期末余额较小甚至余额为零的项目；可能产生重大错报或舞弊的非正常的项目。这种基于一定的标准选取样本的方法具有针对性，比较适用于应收账款余额金额和性质差异较大的情况。如果应收账款余额由大量金额较小且性质类似的项目构成，则注册会计师通常采用抽样技术选取函证样本。

● 函证的方式。注册会计师可采用积极的或消极的函证方式实施函证，也可将两种方式结合使用。由于应收账款通常存在高估风险，且与之相关的收入确认存在舞弊风险假定，因此，实务中通常对应收账款采用积极的函证方式。

● 函证时间的选择。注册会计师通常以资产负债表日为截止日，在资产负债表日后适当时间内实施函证。如果重大错报风险评估为低水平，注册会计师可选择资产负债表日前适当日期为截止日实施函证，并对所函证项目自该截止日起至资产负债表日止发生的变动实施其他实质性程序。

● 函证的控制。注册会计师通常利用被审计单位提供的应收账款明细账户名称及客户地址等资料据以编制询证函，但注册会计师应当对函证全过程保持控制。并对确定需要确认或填列的信息、选择适当的被询证者、设计询证函以及发出和跟进（包括收回）询证函保持控制。

● 对不符事项的处理。对回函中出现的不符事项，注册会计师需要调查核实原因，确定其是否构成错报。注册会计师不能仅通过询问被审计单位相关人员对不符事项的性质和原因得出结论，而是要在询问原因的基础上，检查相关的原始凭证和文件资料予以证实。必要时与被询证方联系，获取相关信息和解释。对应收账款而言，登记入账的时间不同而产生的不符事项主要表现为：第一，客户已经付款，被审计单位尚未收到货款；第二，被审计单位的货物已经发出并已做销售记录，但货物仍在途中，客户尚未收到货物；第三，客户由于某种原因将货物退回，而被审计单位尚未收到；第四，客户对收到的货物的数量、质量及价格等方面有异议而全部或部分拒付货款等。

- 对未回函项目实施替代程序。如果未收到被询证方的回函，注册会计师应当实施替代审计程序，例如：

第一，检查资产负债表日后收回的货款，值得注意的是，注册会计师不能仅查看应收账款的贷方发生额，而是要查看相关的收款单据，以证实付款方确为该客户且确与资产负债表日的应收账款相关；

第二，检查相关的销售合同、销售单、发运凭证等文件。注册会计师需要根据被审计单位的收入确认条件和时点，确定能够证明收入发生的凭证：

第三，检查被审计单位与客户之间的往来邮件，如有关发货、对账、催款等事宜邮件。

在某些情况下，注册会计师可能认为取得积极式函证回函是获取充分、适当的审计证据的必要程序，尤其是识别出有关收入确认的舞弊风险，导致注册会计师不能信赖从被审计单位取得的审计证据，则替代程序不能提供注册会计师需要的审计证据。在这种情况下，如果未获取回函，注册会计师应当确定其对审计工作和审计意见的影响。

需要指出的是，注册会计师应当将询证函回函作为审计证据，纳入审计工作底稿管理，询证函回函的所有权归属所在会计师事务所。

⑤对应收账款余额实施函证以外的细节测试。在未实施应收账款函证的情况下（例如，由于实施函证不可行），注册会计师需要实施其他审计程序获取有关应收账款的审计证据。这种程序通常与上述未收到回函情况下实施的替代程序相似。

⑥检查坏账的冲销和转回。首先，注册会计师检查有无债务人破产或者死亡的，以及破产或以遗产清偿后仍无法收回的，或者债务人长期未履行清偿义务的应收账款；其次，应检查被审计单位坏账的处理是否经授权批准，有关会计处理是否正确。

⑦确定应收账款的列报是否恰当。除了企业会计准则要求的披露之外，如果被审计单位为上市公司，注册会计师还要评价其披露是否符合证券监管部门的特别规定。

（3）坏账准备的实质性程序。

应收账款属于以摊余成本计量的金融资产，企业应当以预期信用损失为基础，对其进行减值会计处理并确认损失准备。以下阐述坏账准备审计常用的实质性程序。

①取得坏账准备明细表，复核加计是否正确，与坏账准备总账数、明细账合计数核对是否相符。

②将应收账款坏账准备本期计提数与资产减值损失相应明细项目的发生额核对是否相符。

③检查应收账款坏账准备计提和核销的批准程序，取得书面报告等证明文件，结合应

收账款函证回函结果，评价计提坏账准备所依据的资料、假设及方法。

企业应合理预计信用损失并计提坏账准备，不得多提或少提，否则应视为滥用会计估计，按照前期差错更正的方法进行会计处理。

④实际发生坏账损失的，检查转销依据是否符合有关规定，会计处理是否正确。对于被审计单位在被审计期间内发生的坏账损失，注册会计师应检查其原因是否清楚，是否符合有关规定，有无授权批准，有无已做坏账处理后又重新收回的应收账款，相应的会计处理是否正确。对有确凿证据表明确实无法收回的应收账款，如债务单位已撤销、破产、资不抵债、现金流量严重不足等，企业应根据管理权限，经股东（大）会或董事会，或经理（厂长）办公会或类似机构批准作为坏账损失，冲销提取的坏账准备。

⑤已经确认并转销的坏账重新收回的，检查其会计处理是否正确。

⑥确定应收账款坏账准备的披露是否恰当。企业应当在财务报表附注中清晰地说明坏账的确认标准、坏账准备的计提方法和计提比例。

## 任务 5.2 购货与付款的审计循环

| 情景列表 | 情　景　实　例 |
|---|---|
| 购货与付款循环 | 北京市鼎盛股份有限公司没有设置独立的验收部门，在采购部门里设置一个验收岗位，并且在采购量大、品种多，验收人员忙不过来的情况下，可以由采购人员协助验收。这种安排是否符合恰当的内部控制要求 |
| 购货与付款循环的实质性程序 | 审计人员在审查某企业 6 月份基本生产车间设备折旧额时，发现以下记录：<br>（1）5 月份该车间设备折旧额为 32 600 元，年折旧率为 5%。<br>（2）5 月份购入原值 65 000 元设备一台，已安装完毕并交付使用。<br>（3）5 月份将原未使用的一台设备投入车间使用，其原值为 35 000 元。<br>（4）5 月份交外单位大修理设备一台，原值 48 000 元。<br>（5）5 月份扩建完工厂房一栋，已交付使用。该厂房原值 600 000 元，扩建工程支出 150 000 元，变价收入 60 000 元。<br>（6）6 月份该车间设备折旧额为 69 700 元。<br>指出该企业存在的问题，提出处理意见（假设以上固定资产均不考虑残值） |

### 子任务 5.2.1 购货与付款循环概述

#### 1. 不同行业类型的收入来源

购货与付款是相互联系的两个方面。购货既包括商品、材料等存货的购进，也包括固定资产的购进业务。购进存货与固定资产，便相应发生了付款业务。购货与付款循环是企业资金周转的关键环节，企业只有及时组织好资产的采购、货物的验收，才能保证生产、销售业务的正常进行。

### 2. 购货与付款循环的主要业务活动

购货与付款循环涉及采购、验收、储存、会计等部门，企业应尽可能地将各项职能活动指派给不同的部门或职员来完成，以保证业务处理的正确、可靠。下面以商品采购为例，阐述购货与付款循环中的主要业务活动。

（1）请购商品。大多数企业对正常经营活动所需物资的购买均作一般授权，比如，仓库在现有库存达到再订货点时就可直接提出采购申请，其他部门也可为正常的工作直接申请采购有关物品。因此，仓库负责对需要购买的已列入存货清单的项目填写请购单，其他部门也可以对所需要购买的未列入存货的项目编制请购单。但对资本支出和租赁合同，企业政策则通常要求作特别授权，只允许指定人员提出请购。请购单可由手工或计算机编制，由于企业内很多部门都可以填列请购单，不便事先编号，为加强控制，每张请购单必须经由对这类支出负预算责任的主管人员签字批准。

（2）编制订货单。采购部门在收到请购单后，只对经过批准的请购单发出订货单。对每张订货单，采购部门应确定最佳的供应商。对一些大额、重要的采购项目，应采取竞价方式来确定供应商，以保证供货的质量和低成本。订货单应正确填写所需要的商品名称、数量、价格、厂商名称和地址等。订货单应预先顺序编号并经过被授权的采购人员签名，其正联送交供应商，副联则送至企业内部的验收部门、应付凭单部门和开出请购单的部门。这项检查与采购交易的“完整性”认定有关。

（3）验收商品。由独立于采购、存储等部门以外的部门负责验收。验收部门首先应比较所收商品与订货单上的要求是否相符，然后再盘点商品数量并检查商品质量。验收后，验收部门应对已收货的每张订货单编制一式多联、预先顺序编号的验收单，作为验收和检验商品的依据。验收完毕应立即将货品送交存储部门或其他请购部门，并将验收单副联分送采购部门、存储部门和应付凭单部门。验收单是支持资产或费用以及与采购有关的负债的“存在或发生”认定的重要凭证。

（4）储存已验收的商品。商品入库须由存储部门先行点验和检查，然后在验收单的副联上签收。据此，存储部门确立了本身应负的资产保管责任，并对验收部门的工作进行验证。将已验收商品的保管与采购职责相分离，目的是减少未经授权的采购和盗用商品的风险。存放商品的仓储区应相对独立，限制无关人员接近。这些控制与商品的“存在或发生”认定有关。

（5）编制付款凭单。订购的商品验收入库或交付使用后，应付凭单部门要编制付款凭单，并登记未付凭单登记册。付款凭单是载明已收到商品、资产或接受劳务的厂商、应付款金额和付款日期的凭证。经适当批准和预先编号的应付凭单是记录采购业务的依据，与采购业务的“存在或发生”“完整性”和“估价或分摊”认定有关。

（6）确认与记录负债。企业应正确地确认已验收货物的债务，并要求会计部门准确、迅速地记录负债。应付凭单部门应将已批准的未付款凭单送达会计部门，据以编制有关记账凭证和登记有关账簿。审计人员应核对会计人员所记录的凭单总数与应付凭单部门送来的每日凭单汇总表是否一致，并定期独立检查应付账款总账余额与应付凭单部门未付款凭单档案中的总金额是否一致。

（7）付款。公司在准备付款以前，应核对付款条件，并检查资金是否充足。在签发支票的同时登记支票登记簿和日记账，以便登记每一笔付款。已签发的支票连同有关发票、合同凭证应送交有关负责人审核签字，并将支票送交供应商。

付款环节是购货与付款循环的关键环节。

（8）会计记录。会计人员应根据已签发的支票编制付款凭证，并据以登记银行存款日记账及其他明细账和总账。

### 3. 涉及的主要单据与会计记录

购货与付款业务通常要经过请购、订货、验收、付款这样的程序，在内部控制比较健全的企业，处理购货与付款业务通常也需要使用很多凭证与会计记录。典型的购货与付款循环所涉及的主要凭证与记录有以下几种：

（1）请购单。请购单是由请购人填写，送交采购部门，反映申请购买的商品或劳务的种类、质量、数量以及其他有关信息的书面凭证。经批准的请购单上应有审批人员的授权签章。

（2）订购单。订购单是由采购部门填写，向另一企业要求购买指定商品或劳务的凭证。

（3）验收单。验收单是由验收部门填写，记录从供应商处收到的商品或劳务的有关信息的凭证。如商品、资产的种类和数量等内容。

（4）供应方发票。供应方发票是由供应商提供的外部凭证，反映发运的货物或提供的劳务的种类、数量、运费、付款条件等事项。

（5）付款凭单。付款凭单由应付凭单部门编制，是载明已收到的商品、资产或接受劳务、供应商、应付款金额和付款日期的凭证，用以反映因赊购商品或劳务而产生的负债的有关信息。

（6）应付账款明细账。应付账款明细账通常按供应商设置，记录对每位供应商的各项赊购额、账款支付、应付账款余额等内容。

（7）现金日记账和银行存款日记账。在购货和付款循环中，应付账款支付或现购支出都应及时记入现金日记账和银行存款日记账。

（8）卖方对账单。卖方对账单由供应方按期提供，记载未付购货款期初余额、本期购买、本期支付款项及期末未付购货款余额等内容。由于买卖双方在收发货物时间上可能存在差异，卖方对账单上的期末余额不一定与采购方应付账款期末余额一致，对于余额上的差异应查明原因。

### 4. 购货与付款循环的内部控制

（1）不相容职务分离制度。购货与付款循环包括许多业务活动，这些业务活动中不相容的职务应当分离。在购货与付款循环中不相容的职务主要有物资的采购人员不能同时负责存货的验收保管，物资的采购人员、保管人员、使用人员不能同时负责会计记录，采购人员应与负责付款审批的人员相分离，审核付款人员应与付款人员相分离，记录应付账款的人员应与出纳人员相分离。

（2）请购的控制制度。请购商品或劳务的关键控制一般包括以下几方面：

①请购商品或劳务应填写请购单，请购单的内容必须完整。

②请购单由仓库管理部门或其他部门根据授权填写。一般来说，企业正常生产经营所需的物资由经一般授权的人员提出请购，并填写请购单；固定资产、无形资产等资本性支出由经特殊授权的特定人员提出请购，并填写请购单。

③请购单必须经有关主管人员审批，审批后的请购单送交采购部门。

（3）订货的控制制度。购货部门在收到请购单后，在最终发出订购单前，都必须对以下三方面作出决定：应订购多少，向谁发出订购单，什么时候发出订购单。在这三方面的决定做出之后，购货部门应该及时填制订购单。订购单的控制制度包括以下几方面：

①订购单应正确填写所购买商品或劳务的名称、数量、种类、价格、供货商名称和地址、付款条件等内容，并预先予以编号，以确保日后订购单能被完整地保存和在会计上进行处理。

②在订购单发出前，必须由专人检查该订购单是否得到授权人的签字，以及是否有经请购部门主管批准的请购单作为支持凭证，以确保订购单的有效性。

③由专人复查订购单的编制过程和内容。包括复查从请购单中摘录的资料、有关供货商的主要文件资料、价格和数量及金额的计算等。

④订购单一式多份，正联送交供应商，副联分别送交企业内部的验收部门、请购部门、会计部门、仓库及采购部门自身留存。

（4）货物验收的控制制度。为了达到控制目的，验收的职务必须由独立于请购、采购和会计部门的人员来担任。加强验收工作的控制，既有利于控制采购活动，又有利于控制存货的管理工作。验收控制的主要目标是根据订购单上的数量和质量要求独立地检验所收货物的数量和质量。验收部门收到货物之后，应通过计数、过磅或测量等方法来证明与货运单或订购单上所列数量是否一致。验收部门还应该在可能的范围内对货物的质量进行检验，例如，检验有无因运输造成损坏等。验收部门验收完毕之后，必须填制包括供应商名称、收货日期、货物名称、数量、质量以及货运人名称、原订购单编号等内容的预先连续编号、一式多联的验收单或验收报告。验收单或验收报告经验收人员签字后，应及时报送采购部门和会计部门，以防止少计应付账款、成本或者存货。

（5）退货和折让的控制制度。购货部门在收到验收单后，如果发现货物的数量和质量不符合订购单上的要求，应及时通知供应商。对于数量上的短缺，通常是要求供应商补足。如果是质量上的问题，则应首先通知使用部门不能使用该批货物，其次是决定退货还是要求供应商给予适当的折让。当决定退货时，购货部门应编制退货通知单，授权运输部门将货物退回，同时将退货通知单副本寄交供应商。退货通知单要经过授权人审核批准。运输部门经手货物退回后，应通知购货部门和会计部门。购货部门在货物退回后，应编制借项凭单，内容包括退货数量、价格、日期、供应商名称以及金额的计算等。会计部门应根据借项凭单来调整应付账款。因对购货质量不满而向供应商提出的折让，需要同供应商谈判解决。

（6）记录应付账款的控制制度。应付账款是流动负债的主要构成内容，它对资产负债表能否正确揭示企业财务状况有很大影响。对应付账款的控制主要包括以下制度：

①应付账款的记录必须由独立于请购、采购、验收、付款的人员来进行。

②应付账款的入账必须在取得和审核各种必要的凭证以后才能进行。这些凭证主要是供货商的发票，以及为核对发票正确性的其他凭证。

③必须分别设置应付账款的总账和明细账来记录应付账款，并在月末进行总账和明细账的余额核对，以防止记账过程中的差错。

（7）支付货款的内部控制。不同的结算方式，其内部控制不同，下面以支票结算方式为例介绍有关的内部控制。

①独立检查已签发支票的总额与所处理付款凭单的总额的一致性。

②支票应当由被授权的财务部门的人员负责签署。

③被授权签发支票的人员应确定每张支票都附有一张已经审批的未付款凭单，同时还应确定支票受款人姓名和金额与凭单内容的一致性。

④支票一经签署就应在其凭单和支持性凭证上用加盖印戳或打洞等方式将其注销，以免重复付款。

⑤不应签发无记名甚至空白的支票。

⑥支票应预先连续编号，保证支出支票存根的完整性和作废支票处理的恰当性。

⑦应确保只有被授权的人员才能接近未使用的空白支票。

## 子任务 5.2.2 购货与付款循环的重大错报风险

### 1. 购货与付款循环的相关交易和余额存在的重大错报风险

注册会计师基于在了解被审计单位及其环境的整个过程中所识别的相关风险，结合对采购与付款循环中拟测试控制的了解，考虑在采购与付款循环中发生错报的可能性以及潜在错报的重大程度是否足以导致重大错报，从而评估购货与付款循环的相关交易和余额存在的重大错报风险，以为设计和实施进一步审计程序提供基础。

影响购货与付款交易和余额的重大错报风险可能包括：

（1）低估负债或相关准备。在承受反映较高盈利水平和营运资本的压力下，被审计单位管理层可能试图低估应付账款等负债或资产相关准备，包括低估对存货应计提的跌价准备。重大错报风险常常集中体现在：

①遗漏交易，例如未记录已收取货物但尚未收到发票的采购相关的负债或未记录尚未

付款的已经购买的服务支出等；

②采用不正确的费用支出截止期，例如将本期的支出延迟到下期确认；

③将应当及时确认损益的费用性支出资本化，然后通过资产的逐步摊销予以消化等。

这些将对完整性、截止、发生、存在、准确性和分类认定产生影响。

（2）管理层错报负债费用支出的偏好和动因。被审计单位管理层可能为了完成预算，满足业绩考核要求，保证从银行获得资金，吸引潜在投资者，误导股东，影响公司股价等动机，通过操纵负债和费用的确认控制损益，例如：

①平滑利润。通过多计准备或少计负债和准备，把损益控制在被审计单位管理层希望的程度；

②利用特别目的实体把负债从资产负债表中剥离，或利用关联方间的费用定价优势制造虚假的收益增长趋势；

③被审计单位管理层把私人费用计入企业费用，把企业资金当作私人资金运作。

（3）费用支出的复杂性。例如，被审计单位以复杂的交易安排购买一定期间的多种服务，管理层对于涉及的服务受益与付款安排所涉及的复杂性缺乏足够的了解。这可能导致费用支出分配或计提的错误。

（4）不正确地记录外币交易。当被审计单位进口用于出售的商品时，可能由于采用不恰当的外币汇率而导致该项采购的记录出现差错。此外，还存在未能将诸如运费、保险费和关税等与存货相关的进口费用进行正确分摊的风险。

（5）舞弊和盗窃的固有风险。如果被审计单位经营大型零售业务，由于所采购商品和固定资产的数量及支付的款项庞大，交易复杂，容易造成商品发运错误，员工和客户发生舞弊和盗窃的风险较高。如果那些负责付款的会计人员有权接触应付账款主文档，并能够通过在应付账款主文档中擅自添加新的账户来虚构采购交易，风险也会增加。

（6）存在未记录的权利和义务。这可能导致资产负债表分类错误以及财务报表附注不正确或披露不充分。

如前所述，为评估重大错报风险，注册会计师应详细了解有关交易或付款的内部控制，这些控制主要是为预防、检查和纠正前面所认定的重大错报的固有风险而设置的。注册会计师可以通过审阅以前年度审计工作底稿、观察内部控制执行情况、询问管理层和员工、检查相关的文件和资料等方法加以了解。对相关文件和资料的检查可以提供审计证据，例如通过检查供应商对账表和银行对账单，能够发现差错并加以纠正。

在评估重大错报风险时，注册会计师之所以需要充分了解被审计单位对采购与付款交易的控制活动，目的在于使得计划实施的审计程序更加有效。也就是说，注册会计师必须对被审计单位的重大错报风险有一定认识，在此基础上设计并实施进一步审计程序，才能有效应对重大错报风险。

### 2. 根据重大错报风险的评估结果设计进一步审计程序

针对评估的财务报表层次重大错报风险，注册会计师应计划进一步审计程序的总体方案，包括确定针对相关认定计划采用综合性方案还是实质性方案，以及考虑审计程序的性质、时间安排和范围。当存在下列情形之一时，注册会计师应当设计和实施控制测试：

（1）在评估认定层次重大错报风险时，预期控制的运行是有效的（即在确定实质性程序的性质、时间安排和范围时，注册会计师拟信赖控制运行的有效性）。

（2）仅实施实质性程序并不能够提供认定层次充分、适当的审计证据。

综合控制测试及实质性程序，注册会计师需要评价获取的审计证据是否足以应对识别出的认定层次重大错报风险。

表 5-2 为假定评估应付账款为重要账户，且相关认定包括存在（或发生）、完整性、准确性及截止的前提下，注册会计师计划的进一步审计程序总体方案实例如表 5-2 所示。

表 5-2　采购及付款循环的重大错报风险及进一步审计程序总体审计方案

| 重大错报风险描述 | 相关财务报表项目及认定 | 风险程度 | 是否信赖控制 | 进一步的审计程序的总体方案 | 拟从控制测试中获取的保证程度 | 拟从实质性程序中获取的保证程度 |
|---|---|---|---|---|---|---|
| 确认的负债及费用并未实际发生 | 应付账款（或其他应付款）：存在<br>销售费用（或管理费用）：发生 | 一般 | 是 | 综合性方案 | 高 | 低 |
| 不计提采购相关的负债或不计提尚未付款的已经购买的服务支出 | 应付账数（或其他应付款）：完整<br>销售费用（或管理费用）：完整 | 特别 | 是 | 综合性方案 | 高 | 中 |
| 采用不正确的费用支出截止期，例如将本期的支出延迟到下期确认 | 应付账款（或其他应付款）：存在 / 完整<br>销售费用（或管理费用）：截止 | 一般 | 否 | 实质性方案 | 无 | 高 |
| 发生的采购未能以正确的金额记录 | 应付账款（或其他应付款）：准确性<br>销售费用（或管理费用）：计价和分摊 | 一般 | 是 | 综合性方案 | 高 | 低 |

需要说明的是，上面的计划示例是根据注册会计师对重大错报风险的初步评估安排的，如果在审计过程中注册会计师了解的情况或获取的证据导致其更新相关风险的评估，则注册会计师需要执行的进一步审计程序也需要相应更新。例如，如果注册会计师通过控制测试发现被审计单位针对计价认定的相关控制存在缺陷，导致其需要提高对相关控制风险的评估水平，则注册会计师可能需要提高相关重大错报风险的评估水平，并进一步修改实质性审计程序的性质、时间安排和范围。

## 子任务 5.2.3　购货与付款循环内部控制测试

审计实务中，如果忽视了对购货与付款循环内部控制的测试，而仅仅依赖于对会计报表项目的实质性测试，则审计工作将费时、费力。如果被审计单位有健全而且执行良好的内部控制制度，审计人员应把审计重点放在内部控制的符合性测试上，这就会大大减少报表项目实质性测试的工作量，节约审计成本，提高审计工作效率。

### 1. 购货与付款循环内部控制测试

（1）了解和描述购货与付款循环内部控制。审计人员应调查了解企业购货与付款循环内部控制，并采用编制流程图、撰写内部控制说明书、设计问答式调查 等方法进行记录。

（2）初步评价购货与付款循环的内部控制。在调查了解购货与付款循环内部控制后，审计人员应对其控制风险作出初步评价，以确定购货与付款循环内部控制是否可以依赖。如果购货与付款循环内部控制可以依赖，而且实施符合性测试的成本低于因此而减少的实质性测试所需的成本，则应当进行符合性测试。如果被审计单位内部控制不可以依赖，或进行符合性测试的工作量可能大于因此所减少的实质性测试的工作量，那么审计人员就应该直接实施实质性测试，不再进行符合性测试。

（3）购货与付款循环的符合性测试。

①请购控制的符合性测试。请购单制度对账户余额并没有直接影响，但它有助于对订购单和发票进行控制。符合性测试程序为，选出若干请购单，检查其内容是否完整、正确，是否经有关人员审批，注意编号的顺序，查询编号顺序中的缺号。

②订货控制的符合性测试。由于通过订购单能核定一项采购业务的执行情况，并能据此核定相关账户的入账金额及付款金额，因此审计人员通常更重视对订购单的填制和执行的控制进行测试。对订购单的符合性测试通常与对卖方发票控制的符合性测试结合在一起。其符合性测试程序如下：选取几张付讫发票，追查发票数据与购货订单和验收单上的数据是否一致；检查订购单的完整性，是否经授权批准；检查表明已予复核过和核实过的卖方发票；检查表明批准付款和付款后注销的凭证；检查按照发票付款的凭证；检查未完成订购单，追查过时项目或非常项目的原因。

③验收控制的符合性测试。抽取若干验收单，检查验收单内容是否完整，是否预先连续编号并经验收人员签字；实地观察验收人员验收工作，以确定其验收工作的合规性。

④储存控制的符合性测试。询问仓库管理人员其职责情况，实地观察存货的保管情况，以确定存货是否存放在安全的地点并由专门人员保管，且限制未经过批准的人接触。

⑤会计记录控制的符合性测试。抽取一定购货业务记录，检查其记账凭证是否附有订货单、验收单、购货发票等，核对这些原始凭证的数量、单价、金额是否一致，各种手续是否齐全；对选取记录购货业务的记账凭证，审计人员应根据记录的内容分别追查应付账款明细账和总账、存货明细账和总账、现金日记账、银行存款日记账等，并核对各账户记录的金额是否一致。

⑥付款控制的符合性测试。对付款控制实施符合性测试时，应该把注意力集中在支票付款业务上，审计人员可以通过查询、观察、检查以及重复执行内部控制等程序对付款业务进行符合性测试，具体程序如下：审查支票本，审核付款是否经过审批，支票是否和应付凭单一致，付款后是否注销凭单，支票是否经过授权批准的人员签发；审查支票登记簿编号次序，并与相应的应付账款明细账和银行存款日记账核对，审核其金额是否一致；观察签发支票和保管支票的职责等是否分开，是否符合内部牵制原则。

⑦退货控制的符合性测试。退货控制测试的主要程序如下：查询和观察用于确保所有退货具有核实凭证的实物控制；审查被审计单位因退货产生的索款权利凭证和借项通知单；审查应付账款明细账等账户，以确认因退货而进行的相关账务处理的正确性。

### 2. 固定资产内部控制测试

对于制造企业，固定资产在其资产总额中占有很大的比重，固定资产的购建会影响企业的现金流量，而固定资产的折旧、维修等费用则是影响其损益大小的重要因素。固定资产管理一旦失控，所造成的损失将远远超过流动资产。因此，为了确保固定资产的真实、完整、安全和有效利用，被审计单位应当建立专门的固定资产内部控制制度。

审计人员可通过审阅固定资产内部控制的有关文件、询问有关人员及实地观察等方法了解固定资产内部控制情况，并采用适当方法记录下来，形成审计工作底稿，在此基础上，决定是否进行符合性测试。固定资产内部控制的主要符合性测试程序如下：

（1）检查固定资产的取得是否与预算相符，是否经过适当的授权。

（2）检查固定资产的报废、出售是否经过适当的授权。

（3）抽查固定资产明细账记录和购置发票等原始凭证，检查其入账价值是否符合资本性支出标准。

（4）查阅固定资产保管、使用、维修等方面的规章制度，并现场观察固定资产的保管、使用、保养状况。

（5）抽查固定资产明细账记录并核对其与固定资产登记卡是否相符，其记录是否完善，固定资产总账与明细账是否进行平行登记。

## 子任务 5.2.4 购货与付款循环的实质性程序

### 1. 应付账款的实质性程序

应付账款是企业在正常经营过程中，因购买材料、商品和接受劳务供应等经营活动而应付给供应商的款项。注册会计师应结合赊购交易进行应付账款的审计。

（1）应付账款的审计目标。应付账款的审计目标一般包括：确定资产负债表中记录的应付账款是否存在（存在认定）；确定所有应当记录的应付账款是否均已记录（完整性认定）；确定资产负债表中记录的应付账款是否为被审计单位应当履行的现时义务；确定应付账款是否以恰当的金额包括在财务报表中，与之相关的计价调整是否已恰当记录（计价认定）；确定应付账款是否已按照企业会计准则的规定在财务报表中作出恰当的列报。

具体的审计程序计划则需要根据评估的重大错报风险确定。对于一般以营利为导向的企业而言，采购与付款交易的重大错报风险常见的情况下是通过低估费用和应付账款，高估利润、粉饰财务状况。但某些企业可能为平滑各年度利润，在经营情况和预算完成情况较好的年度倾向于高估费用，则高估费用和负债可能是其相关年度审计时需要应对的重大错报风险。

（2）应付账款的实质性程序。

①获取或编制应付账款明细表，并执行以下工作：

● 复核加计是否正确，并与报表数、总账数和明细账合计数核对是否相符；

● 检查非记账本位币应付账款的折算汇率及折算是否正确；

● 分析出现借方余额的项目，查明原因，必要时，建议作重分类调整；

● 结合预付账款、其他应付款等往来项目的明细余额，检查有无针对同一交易在应付账款和预付款项同时记账的情况、异常余额或与购货无关的其他款项（如关联方账户或雇员账户）。

②函证应付账款。获取适当的供应商相关清单，例如本期采购量清单、所有现存供应商名单或应付账款明细账。询问该清单是否完整并考虑该清单是否应包括预期负债等附加项目。选取样本进行测试并执行如下程序：

● 向债权人发送询证函。注册会计师应根据审计准则的规定对询证函保持控制，包括确定需要确认或填列的信息、选择适当的被询证者、设计询证函，包括正确填列被询证者的姓名和地址，以及被询证者直接向注册会计师回函的地址等信息，必要时再次向被询证者寄发询证函等。

● 将询证函回函确认的余额与已记录金额相比较，如存在差异，检查支持性文件。评价已记录金额是否适当。

● 对于未作回复的函证实施替代程序：如检查至付款文件（如，现金支出、电汇凭证和支票复印件）、相关的采购文件（如，采购订单、验收单、发票和合同）或其他适当文件。

● 如果认为回函不可靠，评价对评估的重大错报风险以及其他审计程序的性质、时间安排和范围的影响。

③检查应付账款是否计入了正确的会计期间，是否存在未入账的应付账款。

● 对本期发生的应付账款增减变动，检查至相关支持性文件，确认会计处理是否正确。

● 检查资产负债表日后应付账款明细账贷方发生额的相应凭证，关注其验收单购货发票的日期，确认其入账时间是否合理。

● 获取并检查被审计单位与其供应商之间的对账单以及被审计单位编制的差异调节表，确定应付账款金额的准确性。

● 针对资产负债表日后付款项目，检查银行对账单及有关付款凭证（如银行汇款通知、供应商收据等），询问被审计单位内部或外部的知情人员，查找有无未及时入的应付账款。

● 结合存货监盘程序，检查被审计单位在资产负债表日前后的存货入库资料（验收报告或入库单），检查相关负债是否计入了正确的会计期间。

● 如果注册会计师通过这些审计程序发现某些未入账的应付账款，应将有关情况详细记入审计工作底稿，并根据其重要性确定是否需建议被审计单位进行相应的调整。

④寻找未入账负债的测试。获取期后收取、记录或支付的发票明细，包括获取支票登记簿（或电汇报告）、银行对账单（根据被审计单位情况不同）以及入账的发票和未入账的发票。从中选取项目（尽量接近审计报告日）进行测试并实施以下程序：

● 检查支持性文件，如相关的发票、采购合同或申请、收货文件以及接受劳务明细，以确定收到商品、接受劳务的日期及应在期末之前入账的日期。

● 追踪已选取项目至应付账款明细账、货到票未到的暂估入账，并关注费用所计入的会计期间。调查并跟进所有已识别的差异。

● 评价费用是否被记录于正确的会计期间，并相应确定是否存在期末未入账负债。

⑤检查应付账款长期挂账的原因并作出记录，对确实无须支付的应付款的会计处理是否正确。

⑥如存在应付关联方的款项：

● 了解交易的商业理由。

● 检查证实交易的支持性文件（例如，发票、合同、协议及入库和运输单据等相关文件）。

● 检查被审计单位与关联方的对账记录或向关联方函证。

⑦检查应付账款是否已按照企业会计准则的规定在财务报表中作出恰当列报和披露。

## 2. 除折旧（或摊销）、人工费用以外的一般费用的实质性程序

折旧（或摊销）和人工费用一般分别在固定资产循环和人力资源和职工薪酬循环中涵盖，此处提及的是除这些以外的一般费用。

（1）一般费用的审计目标。

一般费用的审计目标一般包括：确定利润表中记录的一般费用是否确认发生（发生认定）；确定所有应当记录的费用是否均已记录（完整性认定）；确定一般费用是否以恰当的金额包括在财务报表中（准确性认定）；确定费用是否已计入恰当的会计期间（截止认定）。

（2）一般费用的实质性程序。

①获取一般费用明细表，复核其加计数是否正确、并与总账和明细账合计数核对是否正确。

②实质性分析程序。

● 考虑可获取信息的来源、可比性、性质和相关性以及与信息编制相关的控制，评价在对记录的金额或比率作出预期时使用数据的可靠性。

● 将费用细化到适当层次，根据关键因素和相互关系（例如本期预算、费用类别与销售数量、职工人数的变化之间的关系等）设定预期值，评价预期值是否足够精确以识别重大错报。

● 确定已记录金额与预期值之间可接受的、无须作进一步调查的可接受的差异额。

● 将已记录金额与期望值进行比较，识别需要进一步调查的差异。

● 调查差异，询问管理层，针对管理层的答复获取适当的审计证据；根据具体情况在必要时实施其他审计程序。

③从资产负债表日后的银行对账单或付款凭证中选取项目进行测试，检查支持性文件（如合同或发票），关注发票日期和支付日期，追踪已选取项目至相关费用明细表，检查费用所计入的会计期间，评价费用是否被记录于正确的会计期间。

④对本期发生的费用选取样本，检查其支持性文件，确定原始凭证是否齐全，记账凭证与原始凭证是否相符以及账务处理是否正确。

⑤抽取资产负债表日前后的凭证，实施截止测试，评价费用是否被记录于正确的会计

期间。

⑥检查一般费用是否已按照企业会计准则及其他相关规定在财务报表中作出恰当的列报和披露。

【情景 5-1】审计人员在审查某企业 6 月份基本生产车间设备折旧额时，发现以下记录：

（1）5 月份该车间设备折旧额为 32 600 元，年折旧率为 5%。

（2）5 月份购入原值 65 000 元设备一台，已安装完毕并交付使用。

（3）5 月份将原未使用的一台设备投入车间使用，其原值为 35 000 元。

（4）5 月份交外单位大修理设备一台，原值 48 000 元。

（5）5 月份扩建完工厂房一栋，已交付使用。该厂房原值 600 000 元，扩建工程支出 150 000 元，变价收入 60 000 元。

（6）6 月份该车间设备折旧额为 69 700 元。

【要求】指出该企业存在的问题，提出处理意见（假设以上固定资产均不考虑残值）。

32 600 ＋ [65 000 × 5% ＋ 35 000 × 5% ＋（600 000 ＋ 150 000 － 60 000）× 5%] ÷ 12= 32 600 － 3 292=35 892（元）

6 月份多计折旧额 = 69 700 － 35 892=33 808（元），冲销当月多提折旧。

借：累计折旧　　33 808

　　贷：制造费用　　33 808

# 任务 5.3 生产与费用的审计循环

| 情景列表 | 情　景　实　例 |
| --- | --- |
| 直接人工成本测试 | 审计人员在审查北京市鼎盛股份有限公司 2020 年度材料发出业务时发现，12 月份该企业生产领用甲材料计划成本 8 000 000 元，车间领用 4 000 000 元，本月份材料差异率为 -2%。有关账务处理如下：<br>结转发出材料计划成本时：<br>借：生产成本　　8 000 000<br>　　制造费用　　4 000 000<br>　　贷：原材料　　1 2000 000<br>结转发出材料成本差异时：<br>借：生产成本　　240 000<br>　　贷：材料成本差异　　240 000<br>要求：指出上述记录存在问题，作出当期调账建议 |

（续表）

| 情景列表 | 情 景 实 例 |
| --- | --- |
| 存货计价测试 | 注册会计师在北京市鼎盛股份有限公司年终报表中的存货项目审计时，发现接近结账日时存在下列问题：<br>（1）年终存货实地盘点时将其他单位存放代销的物品误记其中。<br>（2）实际有2 000个单位，年终实地盘点时误记为200个单位。<br>（3）某物品销售时未做销售记录，因其实物尚存在仓库，已将其列入期末存货。<br>（4）某物品销售时未做销售记录，仅结转了销售成本。<br>要求：逐一分析这些错误对本期财务报表所产生的影响 |

## 子任务5.3.1 生产与费用循环概述

### 1. 不同行业类型的收入来源

生产与费用循环是由将原材料转化为产成品的有关生产活动所组成的，该循环所涉及的内容主要包括存货的管理及生产成本的计算等。

### 2. 生产与费用循环的主要业务活动

（1）计划和安排生产。产品生产计划和安排通常是由企业的生产管理部门来执行的，其主要职责是根据顾客订货单、销售合同、市场预测以及存货需求的分析来决定生产产品的品种和数量。如决定授权生产，则签发生产通知单，并下达到各生产部门。生产管理部门应将发出的所有生产通知单预先编号并加以记录控制。

（2）生产领用原材料。存储部门根据从生产部门收到的预先编号并经过批准的领料单发出原材料。领料单可以一料一单，也可以一单多料，但必须列示所需的材料数量、种类以及生产通知单号码和领料部门的名称。领料单通常一式三联，一联连同材料交还领料部门，一联留在存储部门登记材料明细账，另一联送会计部门进行材料收发核算和成本核算。

（3）加工生产产品。生产部门在收到生产通知单及领取原材料后，便将生产任务分解到每一个生产班组及工人，并将所领取的原材料交给生产工人，据以执行生产任务。在某个生产部门完工的产品应交检验员验收，并办理入库手续，或是将所完成的产品按照转移单的授权移交到下一个生产部门，以进一步加工。

（4）产成品入库。完工的产成品验收入库时，须由存储部门先行点验和检查，然后签收。签收后，将实际入库数量通知会计部门。据此，存储部门确立了本身应承担的保管责任。

（5）发出产成品。产成品的发出须由独立的装运部门进行。装运产成品时必须持有经有关部门核准的销售单，并据此编制出货单（装运凭证）。出货单至少一式四联，一联交存储部门；一联由装运部门留存；一联送交顾客；一联会同有关凭证送交开单部门，作为给顾客开发票的依据。

（6）核算产品成本。产品成本的核算主要由企业会计部门执行。为了正确地核算产品成本，对在产品存货进行有效控制，必须建立健全成本会计制度，将生产控制和成本核算有机结合在一起。一方面，需要将生产过程中的各种记录如生产通知单、领料单、产量和工时记录、入库单等文件资料汇集到会计部门，由会计部门对其进行审查和核对，了解和控制生产过程中存货的实物流转。另一方面，会计部门要设置相应的会计账户，对生产过程中的成本进行核算和控制。

### 3. 生产与费用循环的主要凭证和会计记录

生产与费用循环通常要经过领料、生产加工、完工入库等程序。涉及的主要凭证和会计记录包括以下几种：

（1）生产通知单。生产通知单是企业生产管理部门下达制造产品等生产任务的书面文件，主要用来通知生产车间组织产品制造、供应部门组织材料发放及会计部门组织成本计算等。

（2）领发料凭证。领发料凭证是企业为控制材料发出所采用的各种凭证，如领料单、限额领料单、领料登记簿、发料凭证汇总表、退料单等。

（3）产量和工时记录。产量和工时记录是登记工人或生产班组在出勤日内完成的产品数量、质量和生产这些产品所耗费工时数量的原始记录。产量和工时记录的内容与格式是多种多样的，常见的产量和工时记录主要有工序进程单、工作班产量报告、产量通知单、产量明细表、计工单、废品通知单等。

（4）工资汇总表及人工费用分配表。工资汇总表是为了反映企业全部工资的内容，据以进行工资总分类核算和汇总整个企业工资费用而编制的，它是企业进行工资费用分配的依据。而人工费用分配表则反映了各生产车间的生产工人工资及福利费在各种产品之间分配的情况。

（5）材料费用分配表。材料费用分配表是用来汇总反映各生产车间各种产品所耗费的材料费用的原始记录。

（6）制造费用分配汇总表。制造费用分配汇总表是用来汇总反映各生产车间各种产品所应负担制造费用的分配情况的原始记录。

（7）产品成本计算单。产品成本计算单是用来归集某一成本计算对象所应承担的生产费用，计算该成本计算对象的总成本和单位成本的记录。

（8）存货明细账及总账。存货明细账是用来反映原材料、在产品、产成品等各种存货增减变动的数量和成本、期末库存数量和相关成本等信息的会计记录。

### 4. 生产与费用循环的内部控制

生产与费用循环的内部控制主要包括生产过程中实物流转程序控制、对产品进行记录与控制的成本费用管理和成本会计控制。

（1）实物流转程序控制。

实物流转程序控制的主要控制点如下：

①生产环节中各种职务必要的分离控制。生产环节涉及的业务主要有生产计划的编制、原材料的采购和验收及保管、产品的生产、产成品的验收和保管、各项存货的盘点、成本费用的归集和分配、会计记录等业务。这些业务的处理应当进行明确的职责分工，便于控制，相互牵制。

②实物管理控制。对存货实物形态管理的效果好坏，不仅与其安全和完整直接相

关，影响到能否保证生产的所需，也关系到企业整体经营目标能否实现。其具体控制内容如下：

● 保管部门对入、出库存货的数量应及时记入收发存登记簿，库存的存货应标明存放地点、仓号和仓位。收入的存货应分类编目，以便同类存货集中存放和保管。

● 存货实物保管应由专职人员负责，应设置封闭且分离的仓库区域。只有经授权批准的人员才能进入，严格限制未经授权人员对实物的接触。

● 应定期或不定期对存货实物进行实地盘点，计点数量，并与账面记录相核对，保证账实一致。对于账实之间的差异，应由相关部门进行调查，针对原因采取控制措施。

（2）存货的价值流转程序控制。

①成本管理控制。成本管理控制是对成本费用支出业务进行计划、控制和考核的内部控制。具体内容如下：确定成本控制目标和成本计划；编制成本、费用预算；根据成本费用预算的内容，制定各项消耗定额和指标；对料、工、费的控制；监督生产费用的实际开支，建立严格的审核制度，其中包括限额领料、费用开支的审批等；定期进行成本费用考核和评价，分析成本超支的原因，并采取措施降低成本。

②成本会计控制。成本会计控制，从成本项目的构成上，具体包括直接材料成本控制、直接人工成本控制、制造费用控制等。尽管企业生产经营的内容和特点不同，成本控制的方法有所区别，但成本会计控制的内容基本相同，主要包括以下几方面：

● 明确成本开支范围、开支标准，规定报销手续。

● 建立各种支出的审批制度。

● 设置相应的账户，选择适当的成本计算方法，核算产品生产成本并对其结果进行复核。

● 选择适当的方法对各项费用进行归集与分配，并对其结果进行复核。

● 成本核算应以经过审核的生产通知单、领料单、人工费用分配表和制造费用分配表等原始凭证为依据。

● 定期进行成本分析，查找成本变动的趋势与原因，及时有针对性地采取对策，有效地控制成本。

（3）工薪和人事控制。

通常，企业工薪业务的控制离不开人事部门以及相关的人事政策，因此工薪的控制与人事的控制是密不可分的。工薪和人事的内部控制主要包括以下内容：

①对工薪人事业务实行职务分离控制。工薪人事业务主要包括工薪人事计划与决策、雇佣员工、编制考勤记录、编制工资单、记录和分配工资费用等工作。以上各个工作应由不同部门、不同人员来完成，以相互制约。一般来说，劳动人事部门负责计划与决策、人员雇佣；生产管理部门或专门的计时部门负责考勤，并编制考勤记录；工资部门负责编制工资单；会计部门负责记录和分配工资费用，进行工资费用的核算。

②人事管理制度控制。劳动人事部门应建立和健全人事管理制度，包括与新进员工签订劳动合同；对工资定级及变动进行授权；保管人事记录，防止未经授权接近这些记录；

对员工的能力和诚信进行调查考核。

③考勤记录控制。考勤记录是计算应发工资的基础。如果在考勤记录（或产量工时记录）上弄虚作假，则会产生虚造工资等舞弊行为。为对工时进行适当控制，应健全原始记录，严格考勤措施。

④工资单审核控制。劳动人事部门应当审核工资单的计算和汇总，应当指定专人审核工资单的交叉合计数是否正确，核对每一员工的考勤记录和工资率是否正确。如果采用计算机编制工资表，则应打印出工资表，将其同人事文件中授权的工资率加以比较。

⑤工资发放控制。工资单和工资汇总表经审核后才能发放。签发支票要经过授权批准。

⑥记录和分配工资费用控制。应按已审核无误的工资单、工资汇总表登记有关应付工资、应付福利费等账户，按照已审核无误的工资汇总分配表进行工资费用的分配。

## 子任务 5.3.2 识别和评估生产与存货循环的重大错报风险

### 1. 生产与存货循环存在的重大错报风险

以一般制造类企业为例，影响生产与存货循环交易和余额的风险因素可能包括：

（1）交易的数量和复杂性。制造类企业交易的数量庞大，业务复杂，这就增加了错误和舞弊的风险。

（2）成本核算的复杂性。制造类企业的成本核算比较复杂。虽然原材料和直接人工等直接成本的归集和分配比较简单，但间接费用的分配可能较为复杂，并且，同一行业中的不同企业也可能采用不同的认定和计量基础。

（3）产品的多元化。这可能要求聘请专家来验证其质量、状况或价值。另外，计算库存存货数量的方法也可能是不同的。例如，计量煤堆、筒仓里的谷物或糖、黄金或贵重宝石、化工品和药剂产品的存储量的方法都可能不一样。这并不是要求注册会计师每次清点存货都需要专家配合，如果存货容易辨认、存货数量容易清点，就无须专家帮助。

（4）某些存货项目的可变现净值难以确定。例如价格受全球经济供求关系影响的存货，由于其可变现净值难以确定，会影响存货采购价格和销售价格的确定，并将影响注册会计师对与存货计价和分摊认定有关的风险进行的评估。

（5）将存货存放在很多地点。大型企业可能将存货存放在很多地点，并且可以在不同的地点之间转移存货，这将增加商品途中毁损或遗失的风险，或者导致存货在两个地点被重复记录，也可能产生转移定价的错误或舞弊。

（6）寄存的存货。有时候存货虽然还存放在企业，但可能已经不归企业所有。反之，企业的存货也可能被寄存在其他企业。

由于存货与企业各项经营活动的紧密联系，存货的重大错报风险往往与财务报表其他项目的重大错报风险紧密相关。例如，收入确认的错报风险往往与存货的错报风险共存；采购交易的错报风险与存货的错报风险共存，存货成本核算的错报风险与营业成本的错报风险共存，等等。

综上所述，一般制造型企业的存货的重大错报风险通常包括：

①存货实物可能不存在（存在认定）；

②属于被审计单位的存货可能未在账面反映（完整性认定）；

③存货的所有权可能不属于被审计单位（权利和义务认定）；

④存货的单位成本可能存在计算错误（计价和分摊认定准确性认定）；

⑤存货的账面价值可能无法实现，即跌价损失准备的计提可能不充分（计价和分摊认定）。

### 2. 根据重大错报风险评估结果设计进一步审计程序

注册会计师基于生产与存货循环的重大错报风险评估结果，制订实施进一步审计程序的总体方案（包括综合性方案和实质性方案），继而实施控制测试和实质性程序，以应对识别出的认定层次的重大错报风险。注册会计师通过控制测试和实质性程序获取的审计证据综合起来应足以应对识别出的认定层次的重大错报风险，如表5-3所示。

注册会计师根据重大错报风险的评估结果初步确定实施进一步审计程序的具体审计计划，因为风险评估和审计计划都是贯穿审计全过程的动态的活动，而且控制测试的结果可能导致注册会计师改变对内部控制的信赖程度，因此，具体审计计划并非一成不变，可能需要在审计过程中进行调整。

表5-3 生产和存货循环的重大错报风险和进一步审计程序总体方案

| 重大错报风险描述 | 相关财务报表项目及认定 | 风险程度 | 是否信赖控制 | 进一步审计程序的总体方案 | 拟从控制测试中获取的保证程度 | 拟从实质性程序中获取的保证程度 |
|---|---|---|---|---|---|---|
| 存货实物可能不存在 | 存货：存在 | 特别 | 是 | 综合性 | 中 | 高 |
| 存货的单位成本可能存在计算错误 | 存货：计价和分摊<br>营业成本：准确性 | 一般 | 是 | 综合性 | 中 | 低 |
| 已销售产品的成本可能没有准确结转至营业成本 | 存货：计价和分摊<br>营业成本：准确性 | 一般 | 是 | 综合性 | 中 | 低 |
| 存货的账面价值可能无法实现 | 存货：计价和分摊 | 特别 | 否 | 实质性 | 无 | 高 |

然而，无论是采用综合性方案还是实质性方案，获取的审计证据都应当能够从认定层次应对所识别的重大错报风险，直至针对该风险所涉及的全部相关认定均已获取了足够的保证程度。

## 子任务5.3.3 生产与费用循环的控制测试

### 1. 直接材料成本测试

对采用实际成本核算的企业，审计人员应获取材料费用分配汇总表、材料发出汇总表（或领料单）、成本计算单、材料明细账、生产成本明细账等资料，进行如下检查：

（1）将某种产品的成本计算单与材料费用分配汇总表、发出材料汇总表、领料单进行核对，以验证直接材料的成本是否一致。

（2）根据材料发出汇总表或领料单、材料明细账验算直接材料的实际总成本，将计算的结果与材料费用分配汇总表中该种材料费用进行比较，检查分配的标准是否合理，材料费用的分配是否正确，材料单位成本计价方法是否适当。

（3）查看已发生的直接材料成本是否已登记入账，登记的金额是否相符，审阅领料单的签发是否经过授权批准，是否事先连续编号。

### 2. 直接人工成本测试

（1）采用计时工资制企业的直接人工成本测试。采用计时工资制的企业，审计人员应获取产品的实际工时统计记录、人事部门的职员结构分布资料、劳资部门的工资标准、考勤表、计时卡、授权工资变动表、工资结算单、工资汇总表、人工费用分配汇总表、成本计算单、生产成本明细账等资料，进行如下检查：

①从成本计算单中抽取样本，核对某种产品的成本计算单与人工费用分配汇总表、实际工时统计记录与人工费用分配汇总表、实际工时统计记录与生产部门工时台账。

②抽查验算工资结算单中的计算是否正确，有无多计或少计的情况，并与人事部门的职员名单、劳资部门的工资标准进行核对。

③核对工资结算单、工资费用汇总表、人工费用分配汇总表、成本计算单，以检查实际发生的工资费用是否已全部登记入账。

④当没有实际工时统计记录时，则可以根据职员分类表及职员工资手册中的工资率，计算复核人工费用分配汇总表中该样本的直接人工费用是否合理。

（2）采用计件工资制企业的直接人工成本测试。对采用计件工资制的企业，审计人员应获取产量统计报告、个人（小组）产量记录和经批准的单位工资标准或计件工资制度、成本计算单、生产成本明细账等资料，进行如下检查：

①根据产量统计报告中某种产品的实际产量和单位工资标准验算实际工资成本，将计算结果与该种产品成本计算单中直接人工成本进行核对，以验证是否相符。

②抽取若干直接工人（小组）的产量记录，检查是否被汇总记入产量统计报告，防止漏记。

【情景 5-2】审计人员在审查北京市鼎盛股份有限公司 2020 年度材料发出业务时发现，12 月份该企业生产领用甲材料计划成本 8 000 000 元，车间领用 4 000 000 元，本月份材料差异率为 – 2%。有关账务处理如下：

结转发出材料计划成本时：

| | | |
|---|---|---|
| 借：生产成本 | 8 000 000 | |
| 　　制造费用 | 4 000 000 | |
| 　　贷：原材料 | | 1 2000 000 |

结转发出材料成本差异时：

| | | |
|---|---|---|
| 借：生产成本 | 240 000 | |
| 　　贷：材料成本差异 | | 240 000 |

【要求】指出上述记录存在的问题，作出当期调账建议。

【解答】首先，材料成本差异应是节约差，该企业按超支差结转成本差异使成本提高 480 000 元；其次，材料成本差异未按材料领用去向结转。审计人员建议作如下调整：

借：生产成本 400 000
　　制造费用 80 000
　　贷：材料成本差异 480 000

### 3. 制造费用测试

对制造费用的测试应获取制造费用分配汇总表、制造费用明细账、与制造费用分配标准有关的统计报告及其相关原始凭证等样本资料，进行如下检查：

（1）核对制造费用分配汇总表中某种产品分配的制造费用与该种产品成本计算单中的制造费用是否相符。

（2）将制造费用分配汇总表中的合计数与制造费用明细账的合计数核对是否相符。

（3）制造费用分配汇总表选择的分配标准数（机器工时数、直接人工工资、直接人工工时数、产量等）与相关的统计报告或原始记录核对是否相符，并对费用分配标准的合理性作出评估。如果企业采用预计费用分配率分配制造费用，则应针对制造费用分配过多或过少的差额，检查其是否做了适当的账务处理。

### 4. 生产成本在当期完工产品与在产品之间分配的测试

（1）实物数量的检查。主要检查成本计算单中在产品数量与生产统计报告或在产品盘存表中的数量是否一致。

（2）分配标准的检查。主要检查在产品约当产量的计算或其他分配标准是否合理。

（3）成本计算的检查。计算复核产品的总成本与单位成本。

（4）成本结转的验证。将成本计算单（其中的完工产品各成本项目金额及总成本、单位成本、数量）、生产成本明细账（已结转的各成本项目的金额、合计）、库存商品明细账（数量、单位成本、总成本）进行核对，验证是否一致。

### 5. 工薪内部控制测试

（1）抽查工资汇总表。从工资汇总表中选择若干月份工资汇总表进行如下检查：计算复核每一月份工资汇总表，检查每一份工资汇总表是否已经授权批准；检查应付工资总额与人工费用分配汇总表中的合计数是否相符；检查其代扣款项的账务处理是否正确；检查实发工资总额与银行付款凭单及银行存款对账单是否相符，并正确记入相关账户。

（2）抽查工资单。从企业工资单中抽取若干样本进行如下检查：检查员工工资卡或人事档案，确认工资发放是否有依据；检查员工工资率及实发工资额的计算；检查实际工时统计记录或产量统计报告与员工个人钟点卡或产量记录是否相符；检查员工加班加点记录与主管人员签证的月度加班费用汇总表是否相符；检查员工扣款依据是否正确；实地抽查部分员工，证明其确在本公司工作。

## 子任务 5.3.4 生产与费用循环的实质性程序

### 1. 存货的审计目标

存货审计，尤其是对年末存货余额的测试，通常是审计中最复杂也最费时的部分。对存货存在和存货价值的评估常常十分困难。导致存货审计复杂的主要原因包括：

（1）存货通常是资产负债表中的一个主要项目，而且通常是构成营运资本的最大项目。

（2）存货存放于不同的地点，这使得对它的实物控制和盘点都很困难。企业必须将存货置放于便于产品生产和销售的地方，但是这种分散也带来了审计的困难。

（3）存货项目的多样性也给审计带来了困难。例如，化学制品、宝石、电子元件以及其他的高科技产品。

（4）存货本身的状况以及存货成本的分配也使得存货的估价存在困难。

（5）不同企业采用的存货计价方法存在多样性。

正是由于存货对于企业的重要性、存货问题的复杂性以及存货与其他项目密切的关联度，要求注册会计师对存货项目的审计应当予以特别的关注。相应地，要求实施存货项目审计的注册会计师应具备较高的专业素质和相关业务知识，分配较多的审计工时，运用多种有针对性的审计程序。

存货审计涉及数量和单价两个方面。针对存货数量的实质性程序主要是存货监盘。此外，还包括对第三方保管的存货实施函证等程序，对在途存货检查相关凭证和期后入库记录等。针对存货单价的实质性程序包括对购买和生产成本的审计程序和对存货可变现净值的审计程序。其中原材料成本的计量较为简单，通常通过对采购成本的审计进行测试；在产品和产成品的成本较为复杂，包括测试原材料成本、人工成本和制造费用的审计存货的归集和分摊。

审计存货的另一个考虑就是其与采购、销售收入及销售成本间的相互关系，因为就存货认定取得的证据也同时为其对应项目的认定提供了证据。例如，通过存货监盘和对已收存货的截止测试取得的，与外购商品或原材料存货的完整性和存在认定相关的证据，自动为同一期间原材料和商品采购的完整性和发生提供了保证。类似地，销售收入的截止测试也为期末之前的销售成本已经从期末存货中扣除并正确计入销售成本提供了证据。

存货的审计目标一般包括实施审计程序以证实：

（1）账面存货余额对应的实物是否真实存在（存在认定）。

（2）属于被审计单位的存货是否均已入账（完整性认定）。

（3）存货是否属于被审计单位（权利和义务）。

（4）存货单位成本的计量是否准确（计价和分摊认定）。

（5）存货的账面价值是否可以实现（计价和分摊认定）。

### 2. 存货的一般审计程序

获取年末存货余额明细表，并执行以下工作：

（1）复核单项存货金额的计算（单位成本 × 数量）和明细表的加总计算是否准确。

（2）将本年末存货余额与上年末存货余额进行比较，总体分析变动原因。

### 3. 存货监盘

期末存货的结存数量直接影响到资产负债表上的金额，同时也影响到利润表中的销售成本的数额，因此对期末存货数量的确定是存货审计的重要内容。

存货监盘是指审计人员现场监督被审计单位存货的盘点，并进行适当的抽查。定期盘点存货、合理确定存货的数量和状况是被审计单位管理层的责任。实施存货监盘，获取有关期末存货数量和状况的充分、适当的审计证据是审计人员的责任。

存货监盘的具体有以下程序：

（1）监盘的规划。要使存货盘点工作有效地进行，必须在事前做好周密的计划。为了满足审计的要求，审计人员应该与被审计单位共同制订盘点计划。审计人员参与存货盘点计划的制订，主要应关注以下几个问题。

①盘点时间的安排。盘点时间应尽量安排在接近年终结账日的厂休日。接近于年终结账日是为了使盘点结果尽可能地反映报表日存货的情况，在厂休日盘点是为了使盘点结果准确。

②参与盘点的人员。盘点人员应包括被审计单位的有关领导人员和供应、存储、生产、会计各职能部门的有关人员。

③盘点前的组织动员。在实施盘点程序前，应召开盘点组织动员会，将盘点计划的内容传达到每一位参与人员，使其了解自己在盘点工作过程中的分工和应负的责任。

④盘点的准备。在盘点前将盘点过程中使用的标签、盘点清单或盘点表等文件或表格准备好；盘点使用的各种量具、器具也要调节好，使其符合规定的标准，并准备齐全、充分。若存货存放分散，则应绘制存货摆放示意图，规划盘点路线。

⑤停止存货流动。为了保证存货数量的准确性，盘点时，如非特殊情况，各库房、车间的存货必须停止流动，并分类摆放。

⑥盘点范围的确定。在盘点前，审计人员应当观察盘点现场，确定应纳入盘点范围的存货是否已经适当整理和排列；对未纳入盘点范围的存货，审计人员应当查明未纳入盘点的原因。

（2）盘点问卷调查。在盘点开始前，审计人员应对被审计单位盘点的组织与准备工作进行调查，以确定其按盘点计划的要求将各项准备工作已做好。审计人员的调查工作采用调查问卷的形式，主要对象是应当参与盘点的人员及存货的存放、保管部门。根据调查了解到的情况，审计人员认为被审计单位的盘点准备工作没有达到计划要求的，可拒绝实地观察存货盘点，并要求被审计单位重新准备，另定盘点时间。

（3）实地观察存货盘点与抽点。

①观察被审计单位盘点现场以及盘点人员的操作程序和盘点过程。观察内容包括盘点现场的存货是否有序摆放并停止流动，盘点人员的盘点程序是否符合盘点计划的基本要求，计量器具是否准确，盘点标签和盘点记录是否按要求填写，所有应纳入盘点范围的存货是否均已盘点。

②复盘抽点。在被审计单位盘点人员盘点过后，审计人员应根据观察的情况，在盘点标签尚未摘下之前，一般按不少于存货总量10%的比例选取样本进行复盘抽点，并将抽点结果与盘点表上的记录进行核对。如发现差异，应督促其及时更正，并扩大抽点的范围，若差错过大，应要求重新进行盘点。抽点结果应记入存货抽查表。

（4）索取或编制盘点汇总表。盘点结束后，审计人员应会同盘点人员一起将全部盘点标签按顺序归总整理，据以编制盘点表。归总整理时，审计人员应注意盘点标签的编号是否连续，有无缺号、重号情况。所有的盘点标签、盘点表均应由参与盘点的人员以及监督观察的审计人员签名，一式两份，被审计单位与审计人员各一份。

（5）编制盘点工作底稿。盘点工作结束后，审计人员应根据被审计单位的实际盘点情况，将实际盘点程序、盘点中的重大问题及处理情况、抽点情况、盘点结果等予以记录，并与盘点计划、盘点问卷调查表、盘点表等资料一起整理形成审计工作底稿。

### 4. 存货计价测试和截止测试

（1）存货计价测试。监盘程序只能对存货的结存数量予以确认，但为了验证会计报表上存货项目余额的真实性，还必须对存货的计价进行测试。

①样本的选取。应从存货数量已经盘点、单价和总金额已经记入存货汇总表的结存存货中选择要测试的样本。选择时应侧重于结存数额大、价格变化频繁的存货种类，同时要考虑所选样本的代表性。

②计价方法的确认。存货计价方法主要有实际成本法和计划成本法两类。实际成本法又分为先进先出法、加权平均法、移动平均法、个别计价法等。审计人员在了解被审计单位所选用的方法之后，应对其使用方法的适当性、合理性进行分析，并对一贯性原则的遵守情况进行审核。

③计价测试。审计人员首先应对存货的入账价值进行审核，确定其内容的完整性，然后用被审计单位所采用的计价方法对所选择的存货样本进行计价审计。审计时，根据被审计单位有关该样本一定时期内增加量、减少数和期初账面数等资料，利用企业实际采用的方法进行独立计算，将计算的结果与被审计单位的账面余额进行对比，编制对比分析表，分析差异形成的原因。若差异过大，应扩大测试的范围继续测试，并根据测试结果作出审计调整。

（2）实施存货的截止测试。

①存货截止的概念。所谓存货截止测试，就是要检查截止到当年 12 月 31 日止，所购入的存货或已销售的存货是否与其对应的会计科目一并计入同一会计期间，它包括购货截止测试和销售截止测试。以购货业务为例，如果被审计单位于当年 12 月 31 日收到一批购入的货物，并已包括在年终的实物盘点范围内，但购货发票于次年 1 月 3 日才收到，则当年 12 月份的账上并无进货和负债的记录，这样就会造成少计应付账款，并使本年利润虚增；相反，如果当年 12 月 31 日收到一张购货发票，并记入当年 12 月份账内，但货物却在次年 1 月 3 日才收到，未包括在年终的实物盘点范围内，这样就会造成资产低估，并使本年利润虚减。

②存货截止测试的方法。抽查存货盘点日前后的购货发票与验收单是存货截止测试的基本方法。一般情况下，档案中的每张发票均附有验收单。12 月底入账的发票如果附有 12 月 31 日或之前日期的验收单，则货物肯定已经入库，并包括在年底的实地盘点存货范围内。如果验收单日期为次年 1 月份的日期，则货物不会列入年底实地盘点存货范围内；反之，如果仅有验收单而无购货发票，则应认真审核每一验收单上是否加盖了暂估入库印

章，并以暂估价记入当年存货账内，待次年年初以红字冲销。在确定截止测试样本时，一般以截止日为界限，分别向前倒推和向后顺推若干日，按顺序选取较大金额购货业务的发票或验收单作为测试样本。截止测试完成后，对于发现的截止错误，应提请被审计单位作必要的调整。同购货截止一样，如果销售截止处理不当，也会影响期末存货余额的完整性和正确性。

【情景 5-3】注册会计师在北京市鼎盛股份有限公司年终报表中的存货项目审计时，发现接近结账日时存在下列问题：

（1）年终存货实地盘点时将其他单位存放代销的物品误记其中。

（2）实际有 2 000 个单位，年终实地盘点时误记为 200 个单位。

（3）某物品销售时未做销售记录，因其实物尚存在仓库，已将其列入期末存货。

（4）某物品销售时未做销售记录，仅结转了销售成本。

【要求】逐一分析这些错误对本期财务报表所产生的影响。

【解答】

（1）由于其他单位寄存代销的物品误计入期末存货中，影响到存货项目高估，本期利润虚增。

（2）由于盘点时存货少计，影响到存货项目低估，使本期利润虚减。

（3）由于销售时未及时做销售成本处理，并将所有权已转移的货物计入期末存货，最终影响应收账款项目低估、存货项目高估，销售收入、销售成本和本期利润虚减。

（4）由于仅仅结转了销售成本而未记录销售收入，最终影响应收账款低估，销售收入和本期利润虚减。

### 5. 应付职工薪酬的审计目标

（1）确定应付职工薪酬计提和支出的记录是否完整。

（2）确定应付职工薪酬的计提依据是否合理。

（3）确定应付职工薪酬期末余额是否正确。

（4）确定应付职工薪酬的披露是否恰当。

### 6. 应付职工薪酬的审计程序

（1）获得或编制应付职工薪酬明细表，复核加计正确，并与报表数、总账数和明细账合计数核对相符。

（2）通过分析性复核，检查年度职工薪酬有无异常波动情况，并查明原因，作出记录。应付职工薪酬的实质性测试应结合企业生产计划的变动情况，分析本期职工薪酬总额的构成，并与以前期间相比较，审查不合理的变动。

（3）抽查应付职工薪酬的支付凭证，确定工资、奖金、津贴、福利等的计算是否符合有关规定，依据是否充分，有无授权批准和领款人签章，是否按规定代扣款项，相应的会计处理是否正确。

（4）将应付职工薪酬贷方发生额累计数与相关的成本、费用账户核对一致。

（5）检查本期应付职工薪酬计提标准是否符合有关规定，计提金额是否正确。

（6）审阅应付职工薪酬明细账，并抽查本期支付职工薪酬的原始凭证，检查其是否符合规定用途，报销手续是否正确。

（7）审查应付职工薪酬是否已在会计报表上恰当披露。

### 7. 物资采购的审计

（1）获取或编制物资采购明细表，进行复核验证，并与报表数、总账数、明细账的合计数核对相符。

（2）结合有关采购凭证、采购合同等，检查物资采购期末余额的正确性。对大额的物资采购，不仅要核对采购合同、购货发票等，还要结合期后的入库情况对采购成本的正确性进行复核验证。

（3）物资采购期末截止的测试。应查阅资产负债表日前后一段时间内的物资采购增减业务的账簿记录和验收入库报告等资料，并进行核对验证，查明有无跨期现象。若有，查明原因后作必要的调整。

（4）如果被审计单位采用计划成本计价的，应结合原材料、库存商品、生产成本等的审核，检查材料成本差异发生额的计算与结转的会计处理是否正确，差异率、差异额的计算及会计处理是否正确。

（5）审阅物资采购明细账，审核有无长期挂账的物资采购事项。若有，应查明原因后作必要的调整。

（6）审核物资采购的披露是否恰当。

### 8. 原材料的审计

（1）获取或编制原材料明细表，进行复核验证，并与报表数、总账数、明细账的合计数核对相符，且与保管部门的实物台账、卡片核对一致。

（2）将期末原材料的余额与上期进行比较分析，检查有无异常波动；请被审计单位有关人员解释其原因，并对大额异常项目进行调查。

（3）监督、观察被审计单位原材料的实地盘点，获取原材料的全部盘点资料，包括盘盈、盘亏报告表。重点审核盈、亏情况，关注账实不符的原因，了解审批手续是否完备，会计处理是否及时、正确。对存放在外的原材料应现场查看或函证核实其存在性。

（4）审查原材料的入账价值是否正确、方法是否前后期一致。

（5）审查原材料发出的计价。核对原材料明细账、原材料领用单（或发出材料汇总表）、生产成本明细账、制造费用明细账、管理费用明细账、其他业务支出明细账、在建工程明细账、应交增值税明细账等，检查原材料领用业务内容的相关记录是否一致。

（6）检查原材料的期末计价。根据被审计单位选择使用的原材料计价方法、期末原材料的结存数量进行复核验证。

（7）结合原材料的盘点和下期初的有关会计处理，检查期末有无料到单未到的情况。若有，应查明是否已暂估入账，其暂估价是否合理。

（8）查阅资产负债表日前后一段时期原材料增减业务的有关账簿记录和原始凭证，检查有无跨期现象。若有，作必要的调整。

（9）审阅原材料明细账，审核有无长期挂账的原材料事项。若有，应查明原因后作必要的调整。

（10）审核原材料的披露是否恰当。

### 9. 库存商品的审计

（1）获取或编制库存商品明细表，进行复核验证，并与报表数、总账数、明细账的合计数核对相符，且与保管部门的实物台账、卡片核对一致。

（2）监督、观察被审计单位库存商品的实地盘点，获取库存商品的全部盘点资料。重点审核盈、亏情况，关注账实不符的原因，了解审批手续是否完备，会计处理是否及时、正确。

（3）审查库存商品的计价是否适当、方法是否前后期一致。

（4）核对库存商品明细账、库存商品验收入库单、生产成本明细账，检查库存商品入库业务内容的相关记录是否一致。

（5）核对库存商品明细账、库存商品出库单、主营业务成本明细账，检查库存商品出库业务内容的相关记录是否一致。

（6）审阅库存商品明细账，审核有无长期挂账的库存商品事项。若有，应查明原因后作必要的调整。

（7）审核库存商品的披露是否恰当。

### 10. 存货跌价准备的审计

（1）获取或编制存货跌价准备明细表，复核加计是否正确，并与报表数、总账和明细账的余额核对相符。

（2）审查被审计单位是否于期末对存货作检查分析，存货跌价准备计提的依据、方法是否合理，前后各期是否一致，提取或补提的计算及会计处理是否正确。

（3）抽查计提存货跌价准备的项目，查明其期后售价是否低于原始成本。

（4）检查存货跌价准备的期末余额是否符合税法规定。如果超过规定，应作纳税调整。

（5）确定存货跌价准备在资产负债表上的披露是否恰当。

### 11. 管理费用的审计

（1）获取或编制管理费用明细表，检查其明细项目的设置是否符合规定的核算内容与范围，复核加计是否正确，并与报表数、总账和明细账的余额核对相符。

（2）将本期管理费用与上期管理费用进行比较，并将本期各个月份的管理费用进行比较，如有重大波动和异常情况应查明原因。

（3）选择重要或异常的管理费用项目，检查其原始凭证是否合法，会计处理是否正确。必要时，对管理费用实施截止测试，检查有无跨期入账的现象，对于重大跨期项目，应作必要的调整。

（4）确定管理费用是否按照规定全部转作当期损益，查明有无计入产品成本或转入下期的情况。

（5）确定管理费用是否已在利润表上恰当披露。

## 项目小结

了解被审计单位的重大业务循环的业务活动及其相关内部控制是注册会计师在审计计划阶段实施的一项必要工作，其目的一方面是为了识别和评估认定层次的重大错报风险，另一方面也使注册会计师对相关内部控制的有效性作出初步判断，以便设计和实施应对重大错报风险的进一步审计程序。本项目主要讲述了销售与收款循环审计、购货与付款循环审计和生产与费用循环审计。

## 项目训练

### 【资料】

注册会计师在审查某企业自营建造的一幢办公楼时，发现其实际投资额与现实状况不符，怀疑可能有将工程支出挤入生产成本和费用的情况。鉴于此，注册会计师审查了当年度的产品成本，发现其产品单位成本水平 1 ~ 6 月高于以往任何时期，而且同时期的管理费用也高于正常情况。根据这一线索，注册会计师详细审阅了该期间的生产领料单，发现领料单中所载原材 50 吨，总额 150 万元，是该工程急需用料，并非生产所用。另外，注册会计师通过调查，确定了在建工程管理人员名单，对照工资分配表中所列姓名，确认了在建工程人员的工资列入了当期管理费用，共计 5 万元。

### 【要求】

（1）说明审计方法。

（2）分析该企业存在的问题。

（3）提出处理意见。

# 项目 6 各类交易和账户余额的审计（下）

## 应知应会

- 了解筹资与投资循环主要业务活动。
- 了解筹资与投资循环主要凭证与记录。
- 理解筹资与投资循环重要内部控制及控制测试的程序。
- 理解货币资金内部控制及其测试方法。
- 掌握货币资金的现金的实质性测试程序。
- 掌握货币资金的银行存款的实质性测试程序。

## 关键词

- 投资决策（investment decision）;
- 借款审计（loan audit）;
- 货币资金（monetary capital）;
- 交易循环（trading cycle）;
- 库存现金审计（cash on hand audit）;
- 其他货币资金审计（audit of other monetary funds）。

## 本项目在本书中的地位

本项目是注册会计师在审计工作中识别和应对风险的重要内容。

## 业务综述

本项目主要讲述以下内容：

- 应付债券的实质性测试；
- 货币资金审计。

## 项目导图

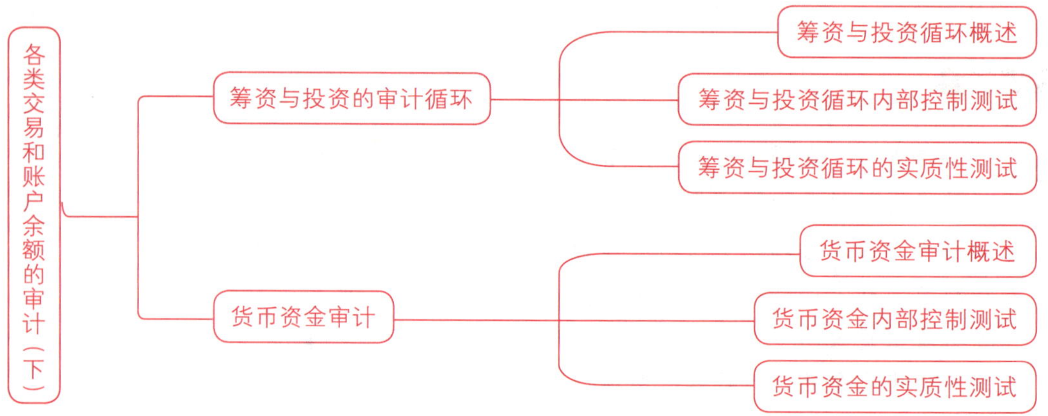

# 任务 6.1　筹资与投资的审计循环

| 情景列表 | 情　景　实　例 |
| --- | --- |
| 应付债券的实质性测试 | 假设审计人员王军在对华兴公司负债业务进行审查时，发现该公司于 2020 年 4 月 1 日向海淀工行取得流动资金借款 2 000 000 元，期限是 3 个月，借款月利率为 5.5%，以下为该公司的会计处理：<br>（1）取得借款时：<br>借：银行存款　2 000 000<br>　　贷：短期借款　2 000 000<br>（2）4 月、5 月、6 月底预提利息时：<br>借：营业外支出　11 000<br>　　贷：短期借款　11 000<br>（3）6 月底归还借款时：<br>借：短期借款　2 033 000<br>　　贷：银行存款　2 033 000<br>指出该公司会计处理的不当之处 |

## 子任务 6.1.1　筹资与投资循环概述

### 1. 不同行业类型的收入来源

筹资与投资循环是由筹资活动和投资活动的经济业务所构成的。筹资活动是指企业为满足生存和发展的需要而筹集资金的活动。筹资活动主要由借款业务和所有者权益（或股东权益）业务组成。投资活动是指企业为通过分配增加的财富，或为谋求其他利益而将资产让渡给其他单位所获得另一项资产的活动。投资活动主要由权益性投资业务和债权性投资业务组成。

### 2. 筹资与投资循环的主要业务活动

（1）筹资所涉及的主要业务活动。

①制订融资计划。在进行融资之前，企业应制订合理的融资计划，以保证融资活动有序地按计划进行。

②审批授权。企业通过借款筹集资金需要经过管理当局的审批，其中债券的发行由股东大会批准；企业发行股票必须依据国家有关法规和企业章程的规定，报企业最高权力机构（如股东大会）及国家有关管理部门批准。

③签订合同或协议。向银行或其他金融机构融资必须签订借款合同，发行债券必须签订债券契约和债券承销或包销合同。

④取得资金。企业实际取得银行或其他金融机构划入的款项或债券、股票的融入资金。

⑤计算利息或股利。企业应按有关合同或协议的规定及时计算利息或股利。

⑥偿还本息和发放股利。银行借款和发行债券应按有关合同或协议的规定偿还本息，融入股本应根据股东大会的决定发放股利。

（2）投资所涉及的主要业务活动。

①投资决策。投资决策是投资活动的首要活动，在进行投资活动之前，首先应对投资方式、投资时间等进行决策，然后制订投资计划。

②审批授权。投资业务应由企业的高层管理机构进行审批。

③取得证券或其他投资。企业可以通过购买股票和债券进行投资，也可以通过与其他单位联合形成投资。

④取得投资收益。企业可以取得股权投资的股利收入、债券投资的利息收入和其他投资收益。

⑤转让证券或收回其他投资。对于股票投资可以通过转让实现投资收回；对于债券投资既可以通过转让债券实现投资的收回，也可以到期收回投资；而其他投资一经投出，除联营合同期满或由于其他特殊原因导致联营企业解散外，一般不得抽回投资。

### 3. 涉及的主要凭证与会计记录

（1）筹资活动主要凭证和会计记录。

①债券。债券是公司依据法定程序发行、约定在一定期限内还本付息的有价证券。

②股票。股票是公司签发的证明股东所持股份的凭证。

③债券契约。债券契约是明确债券持有人与发行企业双方所拥有的权利与义务的法律性文件。

④股东名册。发行记名股票的公司应记载的内容一般包括股东的姓名或者名称及住所、各股东所持股份、各股东所持股票的编号、各股东取得其股份的日期等。发行无记名股票的公司应当记载其股票数量、编号及发行日期等。

⑤公司债券存根簿。发行记名公司债券的公司应记载的内容一般包括债券持有人的姓名或者名称及住所、债券持有人取得债券的日期及债券的编号、债券总额、债券的票面金额、债券的利率、债券还本付息的期限和方式、债券的发行日期等。发行无记名债券的，应当在公司的债权存根簿上记载债券总额、利率、偿还期限和方式、发行日期和债券编号等内容。

⑥承销或包销协议、合同。公司向社会公开发行股票和债券时，应当由依法设立的证券经营机构承销或包销，公司应与其签订承销或包销协议。

⑦借款合同或协议。公司向银行或其他金融机构借入款项时与银行或其他金融机构签订的合同或协议。

⑧相关的凭证、明细账和总账。

（2）投资活动主要凭证和会计记录。

筹资与投资是一个活动的两个方面，投资活动所涉及的凭证与记录与筹资活动的凭证与记录类似，主要有以下几种：

① 股票和债券；

②经纪人通知书；

③债券契约；

④企业的章程及有关协议；

⑤投资协议；

⑥相关的记账凭证；

⑦有关会计科目的明细账和总账。

### 4. 筹资与投资循环的业务活动相关内部控制

（1）筹资活动的主要内部控制。

筹资业务由所有者权益筹资和债务性筹资所组成。企业的债务性筹资涉及短期借款、长期借款、应付债券和长期应付款等报表项目。它们的内部控制政策和程序基本上是相同的。所有者权益筹资发生的业务较少且金额较大，审计人员往往对账户余额直接执行实质性测试，而不进行内部控制测试。下面以应付债券为例来说明筹资活动内部控制的主要内容，具体包括以下几方面：

①授权审批控制。授权审批控制主要包括应付债券发行必须经股东大会批准，并向国家有关管理部门报批；债券的购回要有正式的授权程序。

②合同或契约控制。合同或契约控制主要包括企业发行每种债券都必须签订债券契约，债券的承销或包销必须签订有关协议。

③职责分工控制。合理的职责分工主要包括应付债券业务的记录人员与债券发行人员应当分离，保管未发行债券的人员与记录人员应当分离。

④定期核对控制。如果企业保存债券持有人明细账，则应同总分类账核对相符；若企业债券持有人明细账由外部机构保存，则必须定期与外部机构核对相符。

⑤保管控制。企业发行债券的相关文件、各种凭证和账簿，以及未发行的债券等都必须指定专人保管，以防丢失、被盗或毁损，给企业造成不必要的损失。

（2）投资活动的主要内部控制。

投资活动是由权益性投资活动和债权性投资活动所组成。企业投资活动内部控制的内容主要包括以下几方面：

①授权审批控制。企业对外投资，首先要有投资计划。投资计划在执行前必须经过严格的授权审批。单位应当建立严格的对外投资业务授权审批制度，明确审批人的授权审批方式、权限、程序、责任及相关控制措施，规定经办人的职责范围和工作要求。

②职责分工控制。企业合理的对外投资业务，应该在业务的计划、预测、授权、业务的执行、会计记录、投资资产的保管等方面有合理严格的职责分工，相互牵制，共同负责，以便尽可能地避免和减少投资发生错弊的可能性。

③资产安全保护控制。企业对投出的资产（股票和债券资产）一般有两种保管方式：一种方式是由独立的专门机构保管。另一种方式是由企业自行保管，在这种情况下，必须建立严格的联合控制制度。

④会计核算控制。企业投资的资产无论是自行保管还是委托他人代为保管，都要进行完整的会计记录，并对其增减变动及收到投资收益的情况进行相关会计核算。

⑤记名登记制度。除无记名证券外，企业在购入股票和债券时应在购入的当日及时登记于企业名下，切忌登记于经办人员名下，防止冒名转移并借其他名义谋取私利的舞弊行为的发生。

⑥定期盘点制度。企业对所拥有的投资资产，应由内部审计人员和不参与投资业务的其他人员进行定期盘点，检查是否正确地为企业所拥有，并将盘点记录与账面记录相互核对，以查明账实是否相符。

## 子任务 6.1.2 筹资与投资循环内部控制测试

### 1. 筹资内部控制测试

由于企业债务性筹资所涉及的短期借款、长期借款、应付债券等的内部控制政策和程序基本类似，因此其控制测试的程序也类似。下面以应付债券为例，说明筹资业务的内部控制测试。

（1）了解应付债券内部控制。审计人员一般可以通过编制流程图、文字说明、调查表等方式来了解被审计单位应付债券的内部控制。

（2）测试应付债券内部控制。审计人员在了解企业应付债券的内部控制后，则应当实施一定程序进一步测试其合理性、有效性，以下为其测试程序：

①取得债券发行、偿还和购回的有关文件，检查债券发行是否经董事会授权，是否履行了适当的审批手续，是否符合法律的规定；检查债券的偿还和购回是否按董事会的授权进行。

②索取债券契约，查明企业是否根据契约的规定支付了债券利息。

③检查债券入账、债券折价或溢价的会计处理是否正确，核对应付债券的明细账和总账是否相符，核对应付债券明细账和有关凭证是否相符。

④通过实地观察或询问有关人员或检查有关凭证，了解债券筹资业务的处理情况，确定是否进行了恰当的职责分工。

⑤检查未发行债券的保管情况，查明存取手续是否健全。

### 2. 投资内部控制测试

（1）了解投资内部控制。审计人员可以采用问卷调查形式了解企业投资活动内部控制情况，并作出适当的记录，以便下一步进行正常测试。

（2）测试投资内部控制

①进行简易抽查。审计人员可以从各类投资业务的明细账中抽取部分会计记录，按原始凭证到记账凭证再到明细账、总账的顺序核对有关数据和情况，判断其会计处理过程是否合规、完整，并据以核实上述了解到的有关内部控制是否得到了有效的执行。

②检查盘点报告。审计人员可以通过审阅被审计单位提交的对外投资资产的定期盘点报告，来判断投资资产的盘点方法是否恰当，账实是否相符，出现差异的处理是否合规，据以评价企业投资活动内部控制执行的有效性。

③观察职责分工情况。审计人员实地观察投资业务的处理情况，确定不相容职务是否

进行了恰当的分离。

④检查有价证券的保管制度。审计人员可以通过审阅被审计单位自行保管有价证券时产生的有关记录，查明有价证券是否由专人保管，存取手续是否完善。

⑤分析企业投资业务管理报告。审计人员应对照有关投资方面的文件和凭证，认真分析企业的投资业务管理报告，从而判断企业长期投资业务的管理情况。

## 子任务 6.1.3 筹资与投资循环的实质性测试

### 1. 借款审计

借款是企业承担的，需以未来资产偿付的经济义务，是企业的重要负债项目。为了正确反映财务状况和经营成果，企业必须将其负债完整地列示在资产负债表中，并正确地予以计价。在一般情况下，被审计单位不会高估负债，因为这样做对自身不利，且难以与债权人的会计记录相互印证，故除少数情况外，负债的金额都是属实的。审计人员对于负债项目的审计，主要是防止企业低估或漏列债务。由于低估或漏列债务经常伴随着低估成本费用，从而达到高估利润的目的，也可能是为高估偿债能力而为。所以，审计人员在执行借款业务审计时，应将被审计单位是否低估借款作为一个关注的要点。

（1）审计目标。

借款的审计目标主要包括以下几方面：

①确定所记录的借款在特定期间是否确实存在，是否为被审计单位所承担。

②确定在特定期间内发生的借款业务是否记录完整。

③确定所有借款的借入、偿还及计息和付息的会计处理是否正确。

④确定各项借款的发生是否符合有关法律法规的规定，被审计单位是否履行了有关债务契约的规定。

⑤确定借款余额在会计报表上的列示与披露是否恰当。

（2）短期借款的实质性测试。

短期借款是指企业借入的期限在一年以内的各种借款。审计人员应根据被审计单位年末短期借款余额的大小、占负债总额的比重、以前年度审计发现问题的多少以及相关内部控制的强弱等确定短期借款的实质性测试程序和方法。短期借款的实质性测试程序一般应包括以下内容：

①获取或编制短期借款明细表。审计人员应首先获取或编制短期借款明细表，复核其加计数是否正确，并与明细账和总账的余额核对相符。

②函证短期借款。为核实短期借款的实有数，审计人员应在期末短期借款余额较大或认为必要时，向银行或其他债权人函证短期借款。

③审查短期借款的增减。对年度内增加的短期借款，应检查借款合同和授权批准情况，了解借款数额、借款条件、借款日期、还款期限、借款利率，并与相关原始凭证和会计记录进行核对。对年度内减少的短期借款，应检查相关会计记录和原始凭证，核实还款数额。

④检查有无到期未偿还的短期借款。审计人员通过审查相关会计记录和原始凭证，以查明被审计单位有无到期未偿还的短期借款。如果有，则应查明是否已向银行提出申请并经同意后办理延期手续。

⑤复算短期借款利息。审计人员应根据短期借款的利率和期限，复算被审计单位短期借款的利息，检查会计处理是否正确，有无多计或少计利息的情况。如有，应作出记录，必要时提请被审计单位进行调整。

⑥确定短期借款在资产负债表上的披露是否恰当。企业的短期借款应在资产负债表中流动负债类下单独列示，对于因抵押而取得的短期借款，应在附注中揭示。审计人员应根据审计结果，确定短期借款在资产负债表上的列示是否充分。

（3）长期借款的实质性测试。

长期借款是指企业由于扩大生产经营规模的需要而借入的偿还期限在一年以上的各种借款。长期借款的实质性测试一般需要执行以下程序：

①获取或编制长期借款明细表。审计人员应首先获取或编制长期借款明细表，复核其加计数是否正确，并与明细账和总账的余额核对相符。

②实施分析性复核。审计人员应对比长期借款的本期余额与上期余额及预算数，计算本期资产负债率、利息费用占负债的比例等比率，并同上期及预算数或行业数据相比较，分析变动趋势是否正常。

③函证长期借款。审计人员应向银行或其他债权人函证各项长期借款的余额，以证实长期借款的实有数。

④审查长期借款的增减。对年度内增加的长期借款，应检查借款合同和授权批准文件，了解借款数额、借款条件、借款日期、还款期限、借款利率，并与相关原始凭证和会计记录相核对。对年度内减少的长期借款，应检查相关会计记录和原始凭证，核实还款数额。

⑤审查长期借款的使用情况。审查长期借款的使用是否符合借款合同的规定，有无挪用行为，重点审查长期借款使用的合理性。

⑥检查有无到期未偿还的长期借款。检查年末有无到期未偿还的借款，查明逾期借款是否办理了延期手续，分析计算逾期贷款的金额、比率和期限，判断被审计单位的资信程度和偿债能力；检查一年内到期的长期借款是否已转列为流动负债。

⑦复算长期借款利息。计算长期借款在各个月份的平均余额，根据适当的利率验算长期借款的利息，检查财务费用或利息资本化的会计记录是否正确，判断有无多计或少计利息的情况。如有，应作出记录，必要时提请被审计单位进行调整。

⑧确定长期借款在资产负债表上是否充分披露。长期借款在资产负债表上列示于长期负债类下，该项目应根据长期借款账户的期末余额扣除一年内到期的长期借款后的数额填列，该项扣除额应当填列在流动负债类下的“一年内到期的长期负债”项目单独反映。审计人员应根据审计结果，确定长期借款在资产负债表上的列示是否充分，并注意长期借款的抵押和担保是否已在资产负债表附注中做了充分的说明。

（4）应付债券的实质性测试。应付债券是指企业为了扩大生产经营规模的需要，举借长期债务，而发行的一种书面债务凭证。发行公司债券是一种筹措长期资金的重要手段，应付债券的实质性测试程序包括以下内容：

①取得或编制应付债券明细表。审计人员应首先取得或编制应付债券明细表，并同有关明细账和总账的余额核对相符。

②审查债券交易的有关原始凭证。

- 审查被审计单位发行债券的授权批准文件和债券契约的副本，确定其发行程序是否合法，是否履行债券契约的限定条件，各项内容是否同相关的会计记录相一致。
- 审查发行债券所收入现金的收据、汇款通知单、送款登记簿及相关的银行对账单。
- 如果被审计单位发行债券时已作抵押或担保，还应审查相关契约的履行情况。

③审查应计利息、债券折（溢）价摊销及其会计处理是否正确。债券的利息费用必须认真验算，并与有关账户记录相核对。此项工作一般可通过审查应计利息、债券溢价、债券折价等明细账户分析表来进行。该表可让企业代为编制，审计人员加以审查，也可由审计人员自己编制。审计人员应审查摊销方法是否适当，摊销金额是否正确。

④函证应付债券。为了确定应付债券期末余额的真实性，审计人员如果认为必要，可以直接向债权人或独立的代理机构如债券的承销人或包销人进行函证。函证内容应包括应付债券的名称、发行日、到期日、利率、已付利息期间、年内偿还的债券、资产负债表日尚未偿还的债券及审计人员认为应包括的其他重要事项。

⑤审查到期债券的偿还。对到期债券的偿还，审计人员应审查用以偿还债券的支票存根，确定已偿还债券数额同应付债券借方发生额是否相符。对可转换公司债券持有人行使转换权利，将其持有的债券转换为股票，则应检查其转股的会计处理是否正确。

⑥检查应付债券是否已在资产负债表上充分披露。应付债券在资产负债表中列示于长期负债类下，该项目应根据应付债券账户的期末余额扣除将于一年内到期的应付债券后的数额填列，该扣除数应当填列在流动负债类下的"一年内到期的长期负债"项目单独反映。审计人员应根据审计结果，确定被审计单位应付债券在资产负债表上的反映是否充分，应注意有关应付债券的类别是否已在资产负债表附注中做了说明。

【情景 6-1】假设审计人员王军在对华兴公司负债业务进行审查时，发现该公司于2020 年 4 月 1 日向海淀工行取得流动资金借款 2 000 000 元，期限是 3 个月，借款月利率为 5.5%，以下为该公司的会计处理：

（1）取得借款时。

借：银行存款　　2 000 000

　　贷：短期借款　　2 000 000

（2）4 月、5 月、6 月底预提利息时。

借：营业外支出　　11 000

　　贷：短期借款　　11 000

（3）6 月底归还借款时。

借：短期借款　　2 033 000

　　贷：银行存款　　2 033 000

【要求】

（1）指出该公司会计处理的不当之处。

（2）分析该公司对这项业务的不当处理是否会影响年度的损益状况，并进行相应的账项调整。

【解答】

（1）该公司对预提借款利息每月 11 000 元的会计处理不当。按企业会计制度的规定，每月预提 11 000 元的借款利息的入账会计分录为：

借：财务费用　　11 000

　　贷：应付利息　　11 000

因此，该公司三个月共少记财务费用和预提费用各 33 000 元，同时又错误地多记营业外支出和短期借款各 33 000 元。

（2）因为无论把利息费用计入“营业外支出”，还是“财务费用”科目，其数额都在该年度损益中抵减。因此，尽管该公司的会计分录中使用的科目不对，但不会影响该企业该年度的损益。账项调整：

借：财务费用　　33 000

　　贷：营业外支出　　33 000

## 2. 所有者权益审计

所有者权益是指企业投资者对企业净资产的所有权，包括企业所有者投入资本以及企业存续过程中形成的资本公积、盈余公积和未分配利润。

（1）审计目标。

所有者权益的审计目标主要包括以下几方面：

①确定被审计单位有关所有者权益内部控制是否健全、有效且一贯遵守。包括对投资的有关协议、合同和企业章程条款、利润分配的决议和方案、会计处理程序等方面的审查，并针对内部控制的薄弱环节提出改进建议。

②确定投入资本和资本公积的形成、增减变动的真实性、合法性及其会计记录的完整性。

③ 确定盈余公积和未分配利润的形成、增减变动的真实性、合法性及其会计记录的正确性。

④确定所有者权益在会计报表上的披露是否恰当。

（2）投入资本的实质性测试。股本是股份有限公司按照公司章程、合同和投资协议的规定向股东募集的资本，代表股东对公司净资产的所有权。股份有限公司的股本，是在核定的资本总额及核定的股份总额的范围内，通过向股东发行股票的方式筹集的。

**提示**

股本一般不发生变化，除非股份有限公司增资扩股或减资。

股份有限公司的投入资本在“股本”科目中核算外，其他组织形式的企业，其投入资本集中在“实收资本”科目中核算，实收资本的实质性测试与股本的实质性测试程序基本相同。

对于股本的实质性测试，审计人员应通过“股本”账户进行，其程序一般包括以下几方面：

①审阅公司章程、实施细则和股东大会、董事会会议记录。审计人员应向被审计单位索取公司章程、实施细则和股东大会、董事会会议记录，检查股票发行、股票赎回、股票分割、股利宣告与发放等是否按有关法规的规定及股东大会和董事会的决议办理。

②检查出资方式和出资比例。审计人员审计时，应检查股东是否按照公司章程、合同、协议规定的出资方式出资，各种出资方式的比例是否符合规定。

③索取或编制股本明细表。获取或编制股本明细表，复核加计是否正确，并与报表数、总账和明细账的余额核对相符。

④审查股票发行、收回。审查与股票发行、收回有关的原始凭证和会计记录，是验证股票发行、收回是否确实存在的重要步骤。一般应审查已发行股票的登记簿、向外界收回的股票、募股清单、银行对账单、银行存款日记账与总账、股本明细账与总账等。

⑤函证发行在外的股票。审计人员审计时，可采用向证券交易所或金融机构函证和查询的方法来验证发行股份的数量，并与股本账面数进行核对，确定是否相符。

⑥审查股票发行费用的会计处理。审计人员应审查相关会计记录和原始凭证，确定被审查单位对股票发行费用的会计处理是否正确。

⑦确定股本的披露是否恰当。审计人员应核对被审计单位资产负债表中股本项目的数字是否与审定数相符，并检查是否在会计报表附注中披露与股本有关的重要事项，如股本的种类、各类股本金额及股票发行的数额、每股股票的面值、本会计期间发行的股票等。

（3）资本公积的实质性测试。资本公积是指企业由于投入资本业务等非经营因素形成的应由全体所有者共同所有的资本的增值，主要包括资本（或股本）溢价、直接计入所有者权益的利得与损失、权益结算的股份支付等。

①编制或取得资本公积明细表。获取或编制资本公积明细表，复核加计是否正确，并与报表数、总账和明细账的余额核对相符。

②审查资本公积增加的合规性。根据资本公积明细账，对股本溢价、其他资本公积各明细账的发生额逐项审查，检查资本公积形成的合理性。主要检查资本公积形成的内容及依据，并查阅相关的会计记录和原始凭证。

③审查资本公积使用的合规性。审计人员应当审查资本公积明细账的借方发生额及有关凭证、账户的对应关系，查明资本公积转增资本（或股本）是否经董事会并报经工商管理机关批准，并依法办理增资手续，获得批准后资本公积的账务处理是否及时准确。

④确定资本公积披露的恰当性。审计人员应当核对被审计单位资产负债表中资本公积项目的数额是否与审定数额相符，并检查是否在会计报表附注中予以了充分说明。

（4）盈余公积的实质性测试。盈余公积是企业按照国家有关规定，从税后利润中提取的积累资金。盈余公积属于指定用途的资金，主要用于弥补亏损和转增资本，也可以按规定用于分配股利。

①取得或自行编制盈余公积明细表。获取或编制盈余公积明细表，复核加计是否正确，并与报表数、总账和明细账的余额核对相符。

②审查盈余公积的提取。主要审查盈余公积的提取是否符合有关规定并经过批准，提取的手续是否完备，提取的依据（即税后利润）是否真实，提取的比例是否合规，提取的金额是否正确，盈余公积提取的账务处理是否及时、正确。此外，还应审查企业盈余公积的提取顺序是否符合国家的有关规定。

③审查盈余公积的使用。主要审查盈余公积金的使用应符合国家及企业章程、股东会议决议的规定，有无挪作他用的情况。

④确定盈余公积披露的充分性、恰当性。盈余公积应在“盈余公积”账户反映，并根据其期末余额在资产负债表中列示，同时还应在会计报表附注中说明各项盈余公积的期末余额以及期初至期末间的重要变化。审计人员通过对此进行审查，确认盈余公积在会计报表中是否予以充分的揭示。

（5）未分配利润的实质性测试程序。未分配利润是未分配给投资者，也未指定用途的利润。它是企业历年积存的利润分配后的余额。企业的未分配利润通过“利润分配——未分配利润”明细科目进行核算。未分配利润实质性测试程序主要包括以下几方面：

①审查未分配利润的合规性。审查未分配利润的核算是否正确，是否符合会计制度的规定，有无任意调账而使未分配利润不实的现象。

②审查未分配利润的合法性。未分配利润的合法性主要决定于利润分配的合法性。审计人员主要应查实未分配利润的来源，包括当年结存和历年结转的未分配利润，要逐一核实。此外，由于未分配利润涉及以前年度，因此还应对上年度利润调整和上年度所得税的调整情况进行审查。

③确定未分配利润披露的恰当性。审查“未分配利润”项目在资产负债表、利润表及有关附表中披露的恰当性，以及口径是否一致。

### 3. 投资业务主要账户的审计

与投资相关的项目包括交易性金融资产、债权投资、其他债权投资、其他权益工具投资、长期股权投资、投资性房地产、应收利息、投资收益、应收股利等。

（1）投资业务的审计目标。

① 确定资产负债表中记录的投资性资产是否存在。

②确定所有应当记录的投资性资产是否均已记录。

③ 确定记录的投资性资产是否由被审计单位拥有或控制。

④确定投资性资产是否以恰当的金额包括在财务报表中，与之相关的计价调整是否已恰当记录。

⑤确定投资性资产是否已按照企业会计准则的规定在财务报表中作出恰当列报。

（2）交易性金融资产的实质性测试。

①核实交易性金融资产实有数。对期末结存的相关交易性金融资产，向被审计单位核实其持有目的，检查本科目核算范围是否恰当。

②获取交易性金融资产明细表。获取股票、债券及基金等交易流水单及被审计单位证

券投资部门的交易记录，与明细账核对，检查会计记录是否完整、会计处理是否正确。

③监盘库存交易性金融资产。监盘库存交易性金融资产，并与相关账户余额进行核对，如有差异，应查明原因，并作出记录或进行适当调整。

④函证交易性金融资产。向相关金融机构发函询证交易性金融资产期末数量以及是否存在变现限制（与存出投资款一并函证），并记录函证过程。取得回函时应检查相关签章是否符合要求。

⑤复核交易性金融资产。复核与交易性金融资产相关的损益计算是否准确，并与公允价值变动损益及投资收益等有关数据核对；复核股票、债券及基金等交易性金融资产的期末公允价值是否合理，相关会计处理是否正确。

（3）其他债权投资、其他权益工具投资的实质性测试。

①获取其他债权投资、其他权益工具投资明细表。获取其他债权投资、其他权益工具投资明细表，复核加计是否正确，并与总账数和明细账合计数核对相符；获取其他债权投资、其他权益工具投资对账单，与明细账核对，并检查其会计处理是否正确。

②核实可供出售融资产实有数。检查库存其他债权投资、其他权益工具投资，并与相关账户余额进行核对，如有差异，应查明原因，并作出记录或进行适当调整；对期末结存的其他债权投资、其他权益工具投资，向被审计单位核实其持有目的，检查本科目核算范围是否恰当。

③函证其他债权投资、其他权益工具投资。向相关金融机构发函询证其他债权投资、其他权益工具投资期末数量，并记录函证过程。取得回函时应检查相关签章是否符合要求。

（4）复核其他债权投资、其他权益工具投资。复核其他债权投资、其他权益工具投资的期末公允价值是否合理，检查会计处理是否正确；复核其他债权投资、其他权益工具投资划转为债权投资的依据是否充分，会计处理是否正确。

如果其他债权投资、其他权益工具投资的公允价值发生较大幅度下降，并且预期这种下降趋势属于非暂时性的，应当检查被审计单位是否计提资产减值准备，计提金额和相关会计处理是否正确。

（5）债权投资的实质性测试。

债权投资的实质性程序通常包括以下几方面：

①获取债权投资明细表。获取债权投资明细表，复核加计是否正确，并与总账数和明细账合计数核对相符；获取债权投资对账单，与明细账核对，并检查其会计处理是否正确。

②核实库存债权投资。检查库存债权投资，并与账面余额进行核对，如有差异，应查明原因，并作出记录或进行适当调整。

③函证债权投资。向相关金融机构发函询证债权投资期末数量，并记录函证过程。取得回函时应检查相关签章是否符合要求。

④复核债权投资。对期末结存的债权投资资产，核实被审计单位持有的目的和能力，检查本科目核算范围是否恰当。根据相关资料，确定债券投资的计息类型，结合投资收益科目，复核计算利息采用的利率是否恰当，相关会计处理是否正确，检查债权投资持有期

间收到利息的会计处理是否正确。检查债权投资票面利率和实际利率有较大差异时，被审计单位采用的利率及其计算方法是否正确。

检查当持有目的改变时，债权投资划转为其他债权投资、其他权益工具投资的会计处理是否正确。

（6）长期股权投资的实质性测试。

长期股权投资的实质性程序通常包括以下几方面：

①获取或编制长期股权投资明细表。获取或编制长期股权投资明细表，复核加计是否正确，并与总账数和明细账合计数核对相符；结合长期股权投资减值准备科目与报表数核对相符。

②核实长期股权投资。根据有关合同和文件，确认股权投资的股权比例和持有时间，检查股权投资核算方法是否正确。

③函证复核。对于重大投资，向被投资单位函证被审计单位的投资额、持股比例及被投资单位发放的股利等情况。

④复核长期股权投资。

- 对于应采用权益法核算的长期股权投资，获取投资单位已经被注册会计师审计的年度财务报表。如果未经注册会计师审计，则应考虑对被投资单位的财务报表实施适当的审计或审阅程序。
- 对于采用成本法核算的长期股权投资，检查股利分配的原始凭证及分配决议等。
- 对于成本法和权益法相互转换的，检查其投资成本的确定是否正确。
- 确定长期股权投资的增减变动的记录是否完整。
- 期末对长期股权投资进行逐项检查，以确定长期股权投资是否已经发生减值。

⑤确定长期股权投资披露的恰当性。确定长期股权投资在资产负债表上已恰当列报。

### 4. 筹资与投资循环其他相关账户的审计

（1）投资收益审计。

①投资收益的审计目标。

- 确定利润表中列示的投资收益是否已真实列示，且与被审计单位有关。
- 确定所有应当列示的投资收益是否均已列示。
- 确定与投资收益有关的金额及其他数据是否已恰当记录。
- 确定投资收益是否已反映于正确的会计期间。
- 确定投资收益是否已记录于恰当的账户。
- 确定投资收益是否已按照企业会计准则的规定在财务报表中作出恰当的列报。

②投资收益的实质性程序。投资收益的实质性程序通常包括以下几方面：

- 获取或编制投资收益分类明细表。复核加计正确，并与总账数和明细账合计数核对相符，与报表数核对相符。
- 与以前年度投资收益比较，结合投资本期的变动情况，分析本期投资收益是否存在异常现象。如有，应查明原因，并作出适当的调整。

● 与长期股权投资、交易性金融资产、交易性金融负债、债权投资、其他债权投资、其他权益工具投资等相关项目的审计结合，验证确定投资收益的记录是否正确，确定投资收益被计入正确的会计期间。

● 确定投资收益已恰当列报。检查投资协议等，确定国外的投资收益汇回是否存在重大限制，应说明原因，并作出恰当披露。

（2）其他应收款的审计。

①其他应收款的审计目标。

● 确定资产负债表中记录的其他应收款是否存在。

● 确定所有应当记录的其他应收款是否均已记录。

● 确定记录的其他应收款是否由被审计单位拥有或控制。

● 确定其他应收款是否以恰当的金额包括在财务报表中，与之相关的计价调整是否已恰当记录。

②其他应收款的实质性程序。

● 获取或编制其他应收款明细表，复核加计是否正确，并与报表数、总账数和明细账合计数核对是否相符。

● 判断选择一定金额以上、账龄较长或异常的账户余额发函询证。

● 对发出询证函未能收到回函的样本，采用替代审计程序。

● 检查资产负债表日后的收款事项，确定有无未及时入账的债权。

● 分析明细账户，对于长期未能收到的项目，应查明原因，确定是否可能发生坏账损失。

● 对非记账本位币结算的其他应收款，检查其采用的折算汇率是否正确。

● 检查转作坏账损失的项目，是否符合规定并办妥审批手续。

● 检查其他应收款的列报是否恰当。

（3）其他应付款的审计。

①其他应付款的审计目标。

● 确定资产负债表中记录的其他应付款是否存在。

● 确定所有应当记录的其他应付款是否均已记录。

● 确定记录的其他应付款是否为被审计单位应当履行的现时义务。

● 确定其他应付款是否以恰当的金额包括在财务报表中，与之相关的计价调整是否已恰当记录。

● 确定其他应付款是否已按照企业会计准则的规定在财务报表中作出恰当列报。

②其他应付款的实质性程序。

● 获取或编制其他应付款明细表，复核加计是否正确，并与报表数、总账数和明细账合计数核对是否相符。

● 请被审计单位协助，在其他应付款明细账上标出截止审计日已支付的其他应付款项，抽查付款凭证、银行对账单等，并注意这些凭证发生日期的合理性。

- 判断选择一定金额以上和异常的明细余额，检查其原始凭证，并向债权人发函询证。
- 对非记账本位币结算的其他应付款，检查其采用的折算汇率是否正确。
- 审核资产负债表日后的付款事项，确定有无未及时入账的其他应付款。
- 检查长期未结的其他应付款，并作妥善处理。
- 检查其他应付款中关联方的余额是否正常，如数额较大或有其他异常情况，应查明原因，追查至原始凭证并作适当披露。
- 检查其他应付款的列报是否恰当。

（4）所得税费用的审计。

①所得税费用的审计目标。

- 确定利润表中记录的所得税费用是否已发生，且与被审计单位有关。
- 确定所有应当记录的所得税费用是否均已记录。
- 确定与所得税费用有关的金额及其他数据是否已恰当记录。
- 确定所得税费用是否已记录于正确的会计期间。
- 确定被审计单位记录的所得税费用是否已记录于恰当的账户。
- 确定所得税费用是否已按照企业会计准则的规定在财务报表中作出恰当列报。

②所得税费用的实质性程序。

- 获取或编制所得税费用明细表，递延所得税资产明细表，核对与明细账合计数、总账及报表数是否相符。
- 根据审计结果和税法规定，核实当期的纳税调整事项，确定应纳税所得额，计算当期所得税费用。
- 根据期末资产及负债的账面价值与其计税基础之间的差异，以及未作资产和负债确认的项目的账面价值与按照税法的规定确定的计税基础的差异，计算所得税资产、递延所得税负债期末应有余额，并根据递延所得税资产、递延所得税负债期初余额，倒轧出递延所得税费用（收益）。
- 将当期所得税费用与递延所得税费用之和与利润表上的“所得税”项目金额相核对。
- 确定所得税费用是否已在财务报表中恰当列报。

# 任务 6.2 货币资金审计

| 情景列表 | 情　景　实　例 |
| --- | --- |
| 货币资金审计 | 北京市鼎盛股份有限公司的银行存款日记账和总账期末余额为 1 570 万元，经检查银行存款日记账和直接从银行取得的银行对账单，发现以下未达账项：①银行代扣代缴的水电费 5 万元，公司尚未入账；②银行收到的销售款 10 万元，公司尚未入账；③银行存款利息 1 000 元，公司尚未入账。不考虑其他条件，审计认为该公司年末资产负债表中银行存款余额应为多少 |

## 子任务 6.2.1 货币资金审计概述

### 1. 不同行业类型的收入来源

货币资金是企业资产的重要组成部分，是企业资产中流动性最强的一种资产。任何企业进行生产经营活动都必须拥有一定数额的货币资金，持有货币资金是企业生产经营活动的基本条件，可能关乎企业的命脉。货币资金主要来源于资本的投入和营业收入，多用于资产的取得和费用的结付。总的来说，只有保持健康的、正常的现金流，企业才能够继续生存；如果出现现金流逆转迹象，产生不健康的、负的现金流，长此以往，企业将会陷入财务困境，并导致对企业的持续经营能力产生疑虑。

根据货币资金存放地点及用途的不同，货币资金分为库存现金、银行存款及其他货币资金。

### 2. 货币资金与交易循环

货币资金与各交易循环均直接相关，如图 6-1 所示。需要说明的是，图 6-1 仅选取各业务循环中具有代表性的会计科目或财务报表项目予以列示，并未包含各业务循环中与货币资金有关的全部会计科目或财务报表项目。

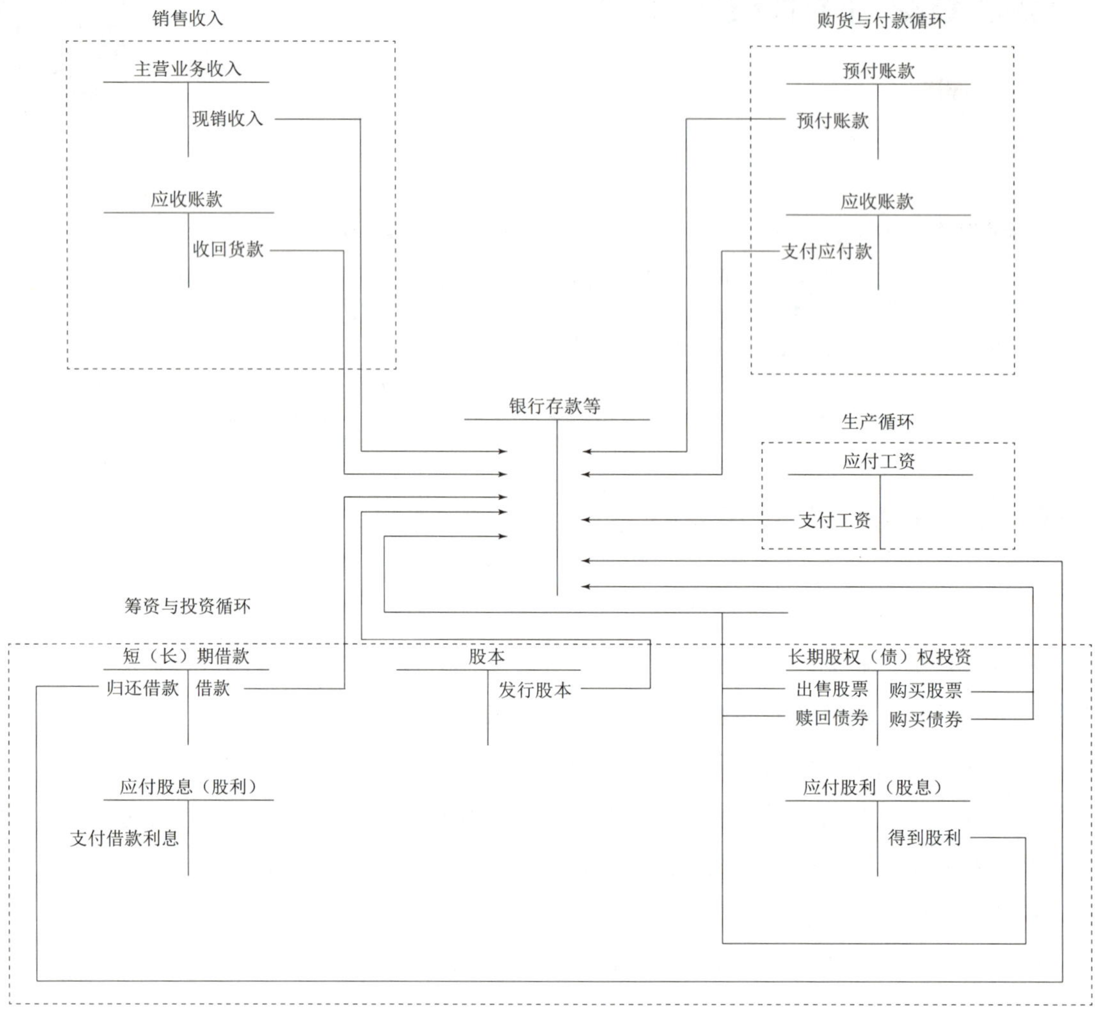


图 6-1　货币资金与各交易循环的关系

### 3. 涉及货币资金的主要凭证和会计记录

货币资金审计涉及的凭证和会计记录主要有以下几种：

（1）现金盘点表。

（2）银行对账单。

（3）银行存款余额调节表。

（4）有关科目的记账凭证。

（5）有关会计账簿。

### 4. 货币资金的内部控制

由于货币资金是企业流动性最强的资产，企业必须加强对货币资金的管理，建立良好的货币资金内部控制，以确保全部应收取的货币资金均能收取，并及时正确地予以记录；全部货币资金支出是按照经批准的用途进行的，并及时正确地予以记录；库存现金、银行存款报告正确，并得以恰当保管；正确预测企业正常经营所需的货币资金收支额，确保企业有充足又不过剩的货币资金余额。

尽管由于每个企业的性质、所处行业、规模以及内部控制健全程度等不同，而使得其与货币资金相关的内部控制内容有所不同，但以下要求是通常应当共同遵循的。

（1）岗位分工及授权批准。

①钱、账、物的分工负责制度。单位应当建立货币资金业务的岗位责任制，明确相关部门和岗位的职责权限，确保办理货币资金业务的不相容岗位相互分离、制约和监督。出纳人员不得兼任稽核、会计档案保管和收入、支出、费用、债权债务账目的登记工作。单位不得由一人办理货币资金业务的全过程。

②货币资金的审批。单位应当对货币资金业务建立严格的授权批准制度，明确审批人对货币资金业务的授权批准方式、权限、程序、责任和相关控制措施，规定经办人办理货币资金业务的职责范围和工作要求。审批人应当根据货币资金授权批准制度的规定，在授权范围内进行审批，不得超越审批权限。经办人应当在职责范围内，按照审批人的批准意见办理货币资金业务。对于审批人超越授权范围审批的货币资金业务，经办人员有权拒绝办理，并及时向审批人的上级授权部门报告。

③货币资金的收付程序。单位应当按照规定的程序办理货币资金支付业务：第一，支付申请。单位有关部门或个人用款时，应当提前向审批人提交货币资金支付申请，注明款项的用途、金额、预算、支付方式等内容，并附有效经济合同或相关证明；第二，支付审批。审批人根据其职责、权限和相应程序对支付申请进行审批。对不符合规定的货币资金支付申请，审批人应当拒绝批准；第三，支付复核。复核人应当对批准后的货币资金支付申请进行复核，复核货币资金支付申请的批准范围、权限、程序是否正确，手续及相关单证是否齐备，金额计算是否准确，支付方式、支付单位是否妥当等。复核无误后，交由出纳人员办理支付手续；第四，办理支付。出纳人员应当根据复核无误的支付申请，按规定办理货币资金支付手续，及时登记现金和银行存款日记账。

④内部监督制度。单位对于重要货币资金支付业务，应当实行集体决策和审批，并建立责任追究制度，防范贪污、侵占、挪用货币资金等行为。严禁未经授权的机构或人员办理货币资金业务或直接接触货币资金。

（2）现金和银行存款的管理。

①《现金管理暂行条例》的规定。《现金管理暂行条例》对库存现金管理做了相应的规定：第一，加强现金库存限额的管理，超过库存限额的现金应及时存入银行；第二，不属于现金开支范围的业务应当通过银行办理转账结算；第三不得坐支现金；第四，不得私设“小金库”；第五，定期和不定期地进行现金盘点，确保现金账面余额与实际库存相符等。

②《支付结算办法》的规定。《支付结算办法》对银行存款管理做了相应的规定：第一，严格遵守银行结算纪律，不准签发没有资金保证的票据或远期支票，套取银行信用；第二，不准签发、取得和转让没有真实交易和债权债务的票据，套取银行和他人资金；第三，不准无理拒绝付款，任意占用他人资金；第四，不准违反规定开立和使用银行账户。

③指定专人定期核对银行账户，每月至少核对一次，编制银行存款余额调节表，使银

行存款账面余额与银行对账单调节相符等。

（3）票据及有关印章的管理。

①加强与货币资金相关的票据的管理。单位应当加强与货币资金相关的票据的管理，明确各种票据的购买、保管、领用、背书转让、注销等环节的职责权限和程序，并专设登记簿进行记录，防止空白票据的遗失和被盗用。

②加强银行预留印鉴的管理。单位应当加强银行预留印鉴的管理。财务专用章应由专人保管，个人名章必须由本人或其授权人员保管。严禁一人保管支付款项所需的全部印章。

（4）监督检查。

①建立监督检查制度。单位应当建立对货币资金业务的监督检查制度，明确监督检查机构或人员的职责权限，定期和不定期地进行检查。

②货币资金监督检查的主要内容

- 货币资金业务相关岗位及人员的设置情况。重点检查是否存在货币资金业务不相容职务混岗的现象。
- 货币资金授权批准制度的执行情况。重点检查货币资金支出的授权批准手续是否健全，是否存在越权审批行为。
- 支付款项印章的保管情况。重点检查是否存在办理付款业务所需的全部印章交由一人保管的现象。
- 票据的保管情况。重点检查票据的购买、领用、保管手续是否健全，票据保管是否存在漏洞。

## 子任务 6.2.2 货币资金内部控制测试

### 1. 了解货币资金业务的内部控制

审计人员可以根据实际情况采用不同的方法对货币资金内部控制进行了解，通常采用编制内部控制流程图的方法。审计人员在编制流程图之前应通过询问、观察等方式收集必要的资料，然后根据所了解的情况编制流程图。对中小企业，也可采用编写货币资金内部控制说明的方法。审计人员了解货币资金内部控制时，应当注意检查货币资金内部控制是否建立并严格执行，有无违反国家规定的情况。

### 2. 抽取并审查收款凭证和付款凭证

为测试货币资金收付款的内部控制，审计人员应抽取一定数量的货币资金收款凭证和付款凭证作如下检查：

（1）核对收款凭证与存入银行账户的日期和金额是否相符。

（2）检查付款的授权批准手续是否符合规定。

（3）核对现金、银行存款日记账的收入和支出金额是否正确。

（4）核对收款凭证、付款凭证与银行对账单是否相符。

（5）核对收款凭证与应收账款明细账的有关记录是否相符。

（6）核对付款凭证与应付账款明细账的有关记录是否相符。

（7）核对实收金额与销售发票等相关凭据是否一致。

（8）核对实付金额与购货发票等相关凭据是否一致。

### 3. 抽取一定期间的现金、银行存款日记账与总账核对

审计人员应抽取一定期间的现金、银行存款日记账，检查有无计算错误，加总是否正确无误。然后，根据日记账提供的线索，核对总账中的现金、银行存款、应收账款、应付账款等有关账户的记录。

### 4. 抽取银行存款余额调节表

为证实银行存款记录的正确性，审计人员必须抽取一定期间的银行存款余额调节表，将其同银行对账单、银行存款日记账及总账进行核对，查验被审计单位是否按月正确编制并复核银行存款余额调节表。

### 5. 评价货币资金的内部控制制度

审计人员在完成了上述测试程序后，即可对货币资金的内部控制进行评价，并根据评价结果确定在货币资金的实质性测试中，哪些环节可以适当减少审计程序，哪些环节应增加审计程序，作重点审查，以减少审计风险。

## 子任务 6.2.3 货币资金的实质性测试

### 1. 库存现金审计

（1）审计目标。库存现金包括企业的人民币和外币。现金是企业资产中流动性最强的一种资产。尽管其在企业资产总额中比重不大，但企业发生舞弊事件大都与现金有关，因此，注册会计师应该重视库存现金的审计。

库存现金的审计目标一般应包括以下几方面：

①确定被审计单位资产负债表的货币资金项目中的库存现金在资产负债表日是否确实存在。

②确定被审计单位在特定期间内发生的现金收支业务是否均记录完毕，有无遗漏。

③确定记录的库存现金是否为被审计单位所拥有或控制。

④确定库存现金包括在财务报表的货币资金项目中，与之相关的计价调整已恰当记录。

⑤确定库存现金是否已按照企业会计准则的规定在财务报表中作出恰当列报。

（2）库存现金的实质性测试。

库存现金的实质性程序一般包括以下几方面：

①核对库存现金日记账与总账的余额是否相符。注册会计师测试现金余额的起点，是核对库存现金日记账与总账的余额是否相符。如果不相符，应查明原因，并作出适当调整。

②监盘库存现金。监盘库存现金是证实资产负债表中所列现金是否存在的一项重要程序。

企业盘点库存现金，通常包括对已收到但未存入银行的现金、零用金、找换金等的盘点。盘点库存现金的时间和人员应视被审计单位的具体情况而定，但必须有现金出纳员和

被审计单位会计主管人员参加，并由注册会计师进行监盘。盘点和监盘库存现金的步骤和方法：

● 制订监盘计划，确定监盘时间。对库存现金的监盘最好实施突击性的检查，时间最好选择在上午上班前或下午下班时进行，盘点的范围一般包括被审计单位各部门经管的现金。在进行现金盘点前，应由出纳员将现金集中起来存入保险柜。必要时可加以封存，然后由出纳员把已办妥现金收付手续的收付款凭证登入库存现金日记账。如被审计单位库存现金存放部门有两处或两处以上的，应同时进行盘点。

● 审阅库存现金日记账并同时与现金收付凭证相核对。一方面检查库存现金日记账的记录与凭证的内容和金额是否相符，另一方面了解凭证日期与库存现金日记账日期是否相符或接近。

● 由出纳员根据库存现金日记账加计累计数额，结出现金结余。

● 盘点保险柜的现金实存数，同时由注册会计师编制“库存现金盘点表”，分币种、面值列示盘点金额。

● 资产负债表日后进行盘点时，应调整至资产负债表日的金额。

● 将盘点金额与库存现金日记账余额进行核对，如有差异，应查明原因，并作出记录或适当调整。

● 若有冲抵库存现金的借条、未提现支票、未作报销的原始凭证，应在“库存现金盘点表”中注明或作出必要的调整。

③抽查大额库存现金收支。分析被审计单位日常库存现金余额是否合理，关注是否存在大额未缴存的现金；检查大额现金收支的原始凭证是否齐全、原始凭证内容是否完整、有无授权批准、记账凭证与原始凭证是否相符、账务处理是否正确、是否记录于恰当的会计期间等项内容。

④检查现金收支的正确截止。抽查资产负债表日后若干天的、一定金额以上的现金收支凭证实施截止测试。被审计单位资产负债表的货币资金项目中的库存现金数额，应以结账日实有数额为准。因此，注册会计师必须验证现金收支的截止日期，以确定是否存在跨期事项，是否应考虑提出调整建议。

⑤检查库存现金是否在资产负债表上恰当列报。根据有关规定，库存现金在资产负债表的“货币资金”项目中反映，注册会计师应在实施上述审计程序后，确定“库存现金”账户的期末余额是否恰当，进而确定库存现金是否在资产负债表上恰当披露。

### 2. 银行存款审计

（1）审计目标。银行存款是指企业存放在银行或其他金融机构的各种款项。按照国家有关规定，凡是独立核算的企业都必须在当地银行开设账户。企业在银行开设账户以后，除按核定的限额保留库存现金外，超过限额的现金必须存入银行；除了在规定的范围内可以用现金直接支付的款项外，在经营过程中所发生的一切货币收支业务，都必须通过银行存款账户进行结算。银行存款的审计目标一般应包括以下几方面：

①确定被审计单位资产负债表的货币资金项目中的银行存款在资产负债表日是否确实

存在。

②确定被审计单位在特定期间内发生的银行存款收支业务是否均记录完毕，有无遗漏。

③确定记录的银行存款是否为被审计单位所拥有或控制。

④确定银行存款已恰当地包括在财务报表的货币资金项目中，与之相关的计价调整已恰当记录。

⑤确定银行存款是否已按照企业会计准则的规定在财务报表中作出恰当列报。

（2）银行存款的实质性程序。

银行存款的实质性程序一般包括以下几方面：

①核对银行存款日记账与总账的余额是否相符。注册会计师测试银行存款余额的起点，是核对银行存款日记账与总账的余额是否相符。如果不相符，应查明原因，并考虑是否应建议作适当调整。

②实施实质性分析程序。计算银行存款累计余额应收利息收入，分析比较被审计单位银行存款应收利息收入与实际利息收入的差异是否恰当，评估利息收入的合理性，检查是否存在高息资金拆借，确认银行存款余额是否存在，利息收入是否已经完整记录。

③检查银行存单。编制银行存单检查表，检查是否与账面记录金额一致，是否被质押或限制使用，存单是否为被审计单位所拥有。

- 对已质押的定期存款，应检查定期存单，并与相应的质约合同核对，同时关注定期存单对应的质押借款有无入账。
- 对已质押的定期存款，应检查开户证实书原件。
- 对审计外勤工作结束日前提取的定期存款，应核对相应的对付凭证、银行对账单和定期存款复印件。

④取得并检查银行存款余额对账单和银行余额调节表。取得并检查银行存款余额对账单和银行存款余额调节表是证实资产负债表中所列银行存款是否存在的重要程序。银行存款余额调节表通常应由被审计单位根据不同的银行账户及货币种类分别编制。具体测试程序通常包括以下几方面：

- 将被审计单位资产负债表日的银行存款余额对账单，与银行询证函回函核对，确认是否一致，抽样核对账面记录的已付票据金额及存款金额是否与对账单记录一致。
- 获取资产负债表日的银行存款余额调节表，检查调节表中加计数是否正确，调节后银行存款日记账余额与银行对账单余额是否一致。
- 检查调节事项的性质和范围是否合理。

第一，检查是否存在跨期收支和跨行转账的调节事项。编制跨行转账业务明细表，检查跨行转账业务是否同时对应转入和转出，未在同一期间完成的转账业务是否反映在银行存款余额调节表的调整事项中。

第二，检查大额在途存款的日期。查明发生在途存款的具体原因，追查期后银行对账单存款记录日期，确定被审计单位与银行记账时间差异是否合理，确定在资产负债表日是否需审计调整；检查被审计单位的未付票据明细清单，查明被审计单位未及时入账的原因，确定账簿记录时间晚于银行对账单的日期是否合理；检查被审计单位未付票据明细清单中有记录，但截止资产负债表日银行对账单无记录且金额较大的未付票据，获取票据领取人的书面说明；确认资产负债表日是否需要进行调整；检查资产负债表日后银行对账单是否完整地记录了调节事项中银行未付票据金额。

● 检查是否存在未入账的利息收入和利息支出。

● 检查是否存在其他跨期收支事项。

● 如果被审计单位未经授权或授权不清支付货币资金的现象比较突出，检查银行存款余额调节表中支付给异常的领款（包括没有载明收款人）、签字不全、收款地址不清、金额较大票据的调整事项，确认是否存在舞弊。

⑤函证银行存款余额。函证银行存款余额，编制银行函证结果汇总表，检查银行回函。应注意：

● 向被审计单位在本期存过款的银行发函，包括零账户和账户已结清的银行。

● 确定被审计单位账面余额与银行函证结果的差异，对不符事项作出适当处理。

银行存款函证是指注册会计师在执行审计业务过程中，需要以被审计单位名义向有关单位发函询证，以验证被审计单位的银行存款是否真实、合法、完整。

函证银行存款余额是证实资产负债表所列银行存款是否存在的重要程序。通过向往来银行函证，注册会计师不仅可了解企业资产的存在，还可了解企业账面反映所欠银行债务的情况，并有助于发现企业未入账的银行借款和未披露的或有负债。

注册会计师应向被审计单位在本年存过款（含外埠存款、银行汇票存款、银行本票存款、信用卡存款、信用证保证金存款）的所有银行发函，其中包括企业存款账户已结清的银行，因为有可能存款账户已结清，但仍有银行借款或其他负债存在。并且，虽然注册会计师已直接从某一银行取得了银行对账单和所有已付支票，但仍应向这一银行进行函证。

⑥检查银行存款账户存款人是否为被审计单位。检查银行存款账户存款人是否为被审计单位，若存款人非被审计单位，应获取该账户户主和被审计单位的书面声明，确认资产负债表日是否需要调整。

⑦关注质押、冻结的存款。关注是否存在质押、冻结等对变现有限制或存在境外的款项，是否已做必要的调整和披露。

⑧抽查大额银行存款收支。抽查大额银行存款收支的原始凭证，检查原始凭证是否齐全、记账凭证与原始凭证是否相符、账务处理是否正确、是否记录于恰当的会计期间等项内容。检查是否存在非营业目的的大额货币资金转移，并核对相关账户的进账情况；如有与被审计单位生产经营无关的收支事项，应查明原因并做相应的记录。

⑨检查银行存款收支的正确截止。选取资产负债表日前后若干天的银行存款收支凭证实施截止测试，关注业务内容及对应项目，如有跨期收支事项，应考虑是否提出调整建议。

⑩检查银行存款的列报是否恰当。根据有关规定，企业的银行存款在资产负债表的“货币资金”项目中反映，因此，注册会计师应在实施上述审计程序后，确定银行存款账户的期末余额是否恰当，进而确定银行存款是否在资产负债表上恰当披露。

### 3. 其他货币资金审计

其他货币资金包括企业到外地进行临时或零星采购而汇往采购地银行开立采购专户的款项所形成的外埠存款、企业为取得银行汇票按照规定存入银行的款项所形成的银行汇票存款、企业取得银行本票按照规定存入银行的款项而形成的银行本票存款、信用卡存款和信用证保证金存款等。

（1）其他货币资金的审计目标。

①确定被审计单位资产负债表中的其他货币资金在会计报表日是否确实存在，是否为被审计单位所拥有。

②确定被审计单位在特定期间内发生的其他货币资金收支业务是否均已记录完毕，有无遗漏。

③确定其他货币资金的余额是否正确。

④确定其他货币资金在会计报表上的披露是否恰当。

（2）其他货币资金的实质性程序。

①核对明细账期末合计数与总账数是否相符。

②函证外埠存款户、银行汇票存款户、银行本票存款户期末余额。

③对于外币其他货币资金，检查其折算汇率是否正确。

④抽查一定数量的原始凭证作为样本进行测试，检查其经济内容是否完整，有无适当的审批授权，并核对相关账户的进账情况。

⑤抽取资产负债表日后的大额收支凭证进行截止测试，如果有跨期收支事项，应作适当调整。

⑥确定其他货币资金的披露是否恰当。

## 项目小结

通过本项目的学习，了解筹资与投资循环涉及的主要经济业务活动、相关的会计凭证及记录；理解筹资与投资循环的内部控制及其控制测试；掌握借款审计、所有者权益审计、投资业务等账户的实质性审计程序；了解货币资金的内部控制及控制测试的主要内容；了解其他货币资金的审计目标和实质性程序；掌握库存现金和银行存款的审计目标；掌握库存现金和银行存款审计的实质性程序。

## 项目训练

### 【资料】

在对G公司2020年度会计报表进行审计时，M注册会计师负责审计货币资金项目。G公司在总部和营业部均设有出纳部门。为顺利监盘库存现金，M注册会计师在监盘前一天通知G公司会计主管人员做好监盘准备。考虑到出纳日常工作安排，对总部和营业部库存现金的监盘时间分别定在上午十点和下午三点。监盘时，出纳把现金放入保险柜，并将已办妥现金收付手续的交易登入现金日记账，结出现金日记账余额。然后，M注册会计师当场盘点现金，在与现金日记账核对后填写“库存现金监盘表”，并在签字后形成审计工作底稿。

【要求】

请指出上述库存现金监盘工作中有哪些不当之处，并提出改进建议。

# 项目 7 对特殊事项的考虑

## 应知应会

- 了解舞弊的种类。
- 了解舞弊方面责任的界定。
- 掌握评估舞弊风险的程序。
- 了解由于编制虚假财务报告导致的错报的应对措施。
- 掌握会计分录测试的步骤。
- 了解怀疑存在违反法律法规时应实施的审计程序。

## 关键词

- 财务报表审计（audit of financial statements）;
- 舞弊监督程序（fraud supervision procedure）;
- 应对措施（countermeasures）;
- 应对程序（response procedure）;
- 会计分录测试（accounting entry test）;
- 内部审计（internal auditing）。

## 本项目在本书中的地位

本项目是全书重点之一，“舞弊”是绝对的重点，需要全面学习与掌握。

## 业务综述

本项目主要讲述以下内容：

- 舞弊的概念；
- 会计分录测试；
- 沟通；
- 利用内部审计工作。

## 项目导图

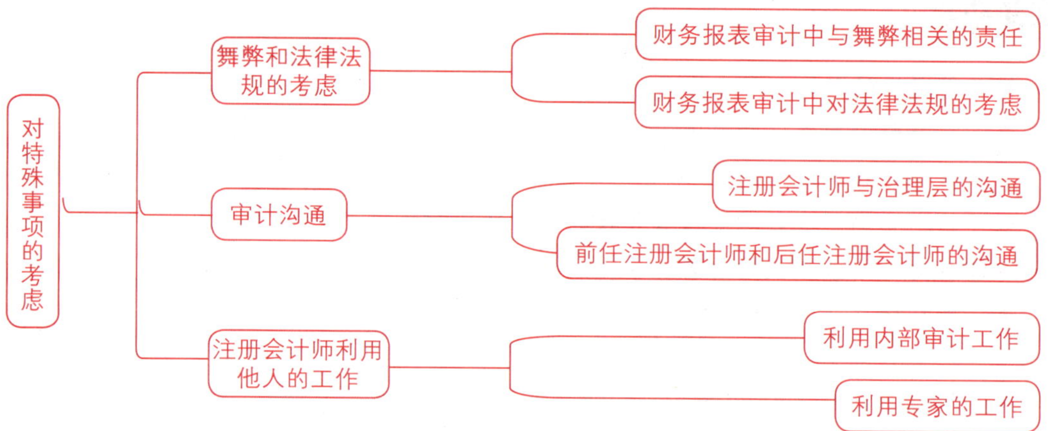

# 任务 7.1 舞弊和法律法规的考虑

| 情景列表 | 情 景 实 例 |
| --- | --- |
| 舞弊 | 安然（Enron）财务报告造假曝光后，股票价格狂跌，投资者损失约 900 亿美元 |

## 子任务 7.1.1 财务报表审计中与舞弊相关的责任

### 1. 舞弊的概念和种类

（1）舞弊的概念。舞弊是指被审计单位的管理层、治理层、员工或第三方使用欺骗手段获取不当或非法利益的故意行为。舞弊是现代经济社会中的一个“毒瘤”，其发生比较普遍。据美国注册舞弊调查师联合会（Association of Certified Fraud Examiners）2002 年的一份研究报告估计，美国每年因舞弊导致的损失达 6000 亿美元，占企业营业收入的 6%，尚不包括因公司财务报告舞弊导致的投资者损失。

（2）舞弊的种类。舞弊是一个宽泛的法律概念，但在财务报表审计中，注册会计师关注的是导致财务报表发生重大错报的舞弊。与财务报表审计相关的故意错报，包括编制虚假财务报告导致的错报和侵占资产导致的错报。

①编制虚假财务报告导致的错报。编制虚假财务报告涉及为欺骗财务报表使用者而作出的故意错报（包括对财务报表金额或披露的遗漏）。这可能是由于管理层通过操纵利润来影响财务报表使用者对被审计单位业绩和盈利能力的看法而造成的。此类利润操纵可能从一些小的行为，或对假设的不恰当调整和对管理层判断的不恰当改变开始。压力和动机可能使这些行为上升到编制虚假财务报告的程度。美国的安然、世通（Worldcom）以及我国的琼民源、银广夏、红光实业等舞弊案件都属于这一种类。在某些被审计单位，管理层可能有动机大幅降低利润以降低税负，或虚增利润以向银行融资。

管理层可能通过以下方式编制虚假财务报告：

- 对编制财务报表所依据的会计记录或支持性文件进行操纵、弄虚作假（包括伪造）或篡改；
- 在财务报表中错误表达或故意漏记事项、交易或其他重要信息；
- 故意地错误使用与金额、分类、列报或披露相关的会计原则。

②侵占资产导致的错报。侵占资产包括盗窃被审计单位资产，通常的做法是员工盗窃金额相对较小且不重要的资产。侵占资产也可能涉及管理层，他们通常更能够通过难以发现的手段掩饰或隐瞒侵占资产的行为。侵占资产可以通过以下方式实现：

- 贪污收到的款项。
- 盗窃实物资产或无形资产。例如，盗窃存货以自用或出售、盗窃废料以再销售、通过向被审计单位竞争者泄露技术资料与其串通以获取回报。

- 使被审计单位对未收到的商品或未接受的劳务付款。例如，向虚构的供应商支付款项、供应商向采购人员提供回扣以作为其提高采购价格的回报、向虚构的员工支付工资。
- 将被审计单位资产挪为私用。例如，将被审计单位资产作为个人或关联方贷款的抵押。

侵占资产通常伴随着虚假或误导性的记录或文件，其目的是隐瞒资产丢失或未经适当授权而被抵押的事实。

### 2. 治理层、管理层的责任与注册会计师的责任

（1）治理层、管理层的责任。被审计单位治理层和管理层对防止或发现舞弊负有主要责任。管理层在治理层的监督下，高度重视对舞弊的防范和遏制是非常重要的。对舞弊进行防范可以减少舞弊发生的机会；对舞弊进行遏制，即发现和惩罚舞弊行为，能够警示被审计单位人员不要实施舞弊。对舞弊的防范和遏制需要管理层营造诚实守信和合乎道德的文化，并且这一文化能够在治理层的有效监督下得到强化。

美国注册会计师协会和其他几个职业会计团体起出版了《管理层反舞弊方案和控制：防范和发现舞弊指南》。该指南认为，以下三方面的行动有助于防范舞弊的发生：

①营造和保持讲诚信、讲道德的文化；

②评估舞弊风险并实施方案以控制、化解风险；

③建立适当的舞弊监督程序，如由审计委员会监督内部控制和财务报告。

治理层的监督包括考虑管理层凌驾于控制之上或对财务报告过程施加其他不当影响的可能性，例如，管理层为了影响分析师对被审计单位业绩和盈利能力的看法而操纵利润。

（2）注册会计师的责任。对于注册会计师发现舞弊的责任，注册会计师职业界与社会公众之间存在期望差。在重大的财务报告舞弊案件发生后社会公众总是会问“注册会计师干什么去了”，注册会计师职业界往往会辩解财务报表审计不是专门的舞弊调查，在发现舞弊方面有很大的局限性。期望差的存在会影响社会公众对注册会计师行业的信心，也是准则制定机构不断修订这方面准则的主要动力。

注册会计师对发现舞弊方面的责任可以从正反两个方面界定：

一方面，在按照审计准则的规定执行审计工作时，注册会计师有责任对财务报表整体是否不存在由于舞弊或错误导致的重大错报获取合理保证。

编制虚假财务报告直接导致财务报表产生错报，侵占资产通常伴随着虚假或误导性的文件记录。因此，对能够导致财务报表产生重大错报的舞弊，无论是编制虚假财务报告，还是侵占资产，注册会计师均应当合理保证能够予以发现，这是实现财务报表审计目标的内在要求，也是财务报表审计的价值所在。审计准则还规定，在获取合理保证时，注册会计师有责任在整个审计过程中保持职业怀疑，考虑管理层凌驾于控制之上的可能性，并认识到对发现错误有效的审计程序未必对发现舞弊有效。

另一方面，由于审计的固有限制，即使注册会计师按照审计准则的规定恰当计划和

执行了审计工作，也不可避免地存在财务报表中的某些重大错报未被发现的风险。注册会计师不能对财务报表整体不存在重大错报获取绝对保证。

在舞弊导致错报的情况下，固有限制的潜在影响尤其重大。舞弊导致的重大错报未被发现的风险，大于错误导致的重大错报未被发现的风险。其原因是舞弊可能涉及精心策划和蓄意实施以进行隐瞒（如伪造证明或故意漏记交易），或者故意向注册会计师提供虚假陈述。如果涉及串通舞弊，注册会计师可能更加难以发现蓄意隐瞒的企图。串通舞弊可能导致原本虚假的审计证据被注册会计师误认为具有说服力。

因此，如果在完成审计工作后发现舞弊导致的财务报表重大错报，特别是串通舞弊或伪造文件记录导致的重大错报，并不必然表明注册会计师没有遵守审计准则。注册会计师是否按照审计准则的规定实施了审计工作，取决于其是否根据具体情况实施了审计程序，是否获取了充分、适当的审计证据，以及是否根据证据评价结果出具了恰当的审计报告。

### 3. 风险评估程序和相关活动

注册会计师在财务报表审计中考虑舞弊时，同样需要采用风险导向审计的总体思路，即首先识别和评估舞弊风险，然后采取恰当的措施有针对性地予以应对。注册会计师通常采用下列程序评估舞弊风险。

（1）询问。

①询问对象。询问程序对于注册会计师获取信息、评估舞弊风险十分有用。注册会计师应当询问治理层、管理层、内部审计人员，以确定其是否知悉任何舞弊事实、舞弊嫌疑或舞弊指控。注册会计师通过询问管理层可以获取有关员工舞弊导致的财务报表重大错报风险的有用信息。然而，这种询问难以获取有关管理层舞弊导致的财务报表重大错报风险的有用信息。因此，注册会计师还应当询问被审计单位内部的其他相关人员，为这些人员提供机会，使他们能够向注册会计师传递一些信息，而这些信息是他们本没有机会与其他人沟通的。注册会计师应当考虑向被审计单位内部的下列人员询问：

- 不直接参与财务报告过程的业务人员；
- 拥有不同级别权限的人员；
- 参与生成、处理或记录复杂或异常交易的人员及对其进行监督的人员；
- 内部法律顾问；
- 负责道德事务的主管人员或承担类似职责的人员；
- 负责处理舞弊指控的人员。

②询问内容。注册会计师应当根据不同的询问对象，运用职业判断，确定询问内容。

在了解被审计单位及其环境时，注册会计师应当向管理层询问下列事项：

- 管理层对财务报表可能存在由于舞弊导致的重大错报风险的评估，包括评估的性质、范围和频率等；
- 管理层对舞弊风险的识别和应对过程，包括管理层识别出的或注意到的特定舞弊风险，或可能存在舞弊风险的各类交易、账户余额或披露；

- 管理层就其对舞弊风险的识别和应对过程向治理层的通报；
- 管理层就其经营理念和道德观念向员工的通报。

除非治理层全部成员参与管理被审计单位，注册会计师应当了解治理层如何监督管理层对舞弊风险的识别和应对过程，以及为降低舞弊风险而建立的内部控制；应当询问治理层，以确定其是否知悉任何影响被审计单位的舞弊事实、舞弊嫌疑或舞弊指控。治理层对这些询问的答复，还可在一定程度上作为管理层答复的佐证信息。注册会计师可通过参加相关会议、阅读会议纪要或询问治理层等审计程序了解有关情况。

如果被审计单位设有内部审计，注册会计师应当询问内部审计人员，以确定其是否知悉任何影响被审计单位的舞弊事实、舞弊嫌疑或舞弊指控，并获取这些人员对舞弊风险的看法。

（2）评价舞弊风险因素。注册会计师应当评价通过其他风险评估程序和相关活动获取的信息，是否表明存在舞弊风险因素。存在舞弊风险因素并不必然表明发生了舞弊，但在舞弊发生时通常存在舞弊风险因素，因此，舞弊风险因素可能表明存在由于舞弊导致的重大错报风险。

根据舞弊存在时通常伴随着的三种情况，这些风险因素可以分为以下三类：

①实施舞弊的动机或压力。舞弊者具有舞弊的动机是舞弊发生的首要条件。例如，高级管理人员的报酬与财务业绩或公司股票的市场表现挂钩、公司正在申请融资等情况都可能促使管理层产生舞弊的动机。

②实施舞弊的机会。舞弊者需要具有舞弊的机会，舞弊才可能成功。舞弊的机会一般源于内部控制在设计和运行上的缺陷，如公司对资产管理松懈，公司管理层能够凌驾于内部控制之上而可以随意操纵会计记录等。

③为舞弊行为寻找借口的能力。借口是指存在某种态度、性格或价值观念，使得管理层或雇员能够作出不诚实的行为，或者管理层或雇员所处的环境促使其能够将舞弊行为予以合理化。借口是舞弊发生的重要条件之一。只有舞弊者能够对舞弊行为予以合理化，舞弊者才可能作出舞弊行为，作出舞弊行为后才能心安理得。例如，侵占资产的员工可能认为单位对自身的待遇不公，编制虚假财务报告者可能认为造假不是出于个人私利而是出于公司集体利益。

资料
与编制虚假财务报告导致的错报相关的舞弊风险因素

（3）实施分析程序。注册会计师实施分析程序有助于识别异常的交易或事项，以及对财务报表和审计产生影响的金额、比率和趋势。在实施分析程序以了解被审计单位及其环境时，注册会计师应当评价在实施分析程序时识别出的异常或偏离预期的关系（包括与收入账户有关的关系），是否表明存在由于舞弊导致的重大错报风险。

（4）考虑其他信息。注册会计师应当考虑获取的其他信息是否表明存在由于舞弊导致的重大错报风险。其他信息可能来源于项目组内部的讨论、客户承接或续约过程以及向被审计单位提供其他服务所获得的经验。

（5）组织项目组讨论。项目组就由于舞弊导致财务报表发生重大错报的可能性进行的讨论可以达到以下目的：

①具有较多经验的项目组成员有机会与其他成员分享关于财务报表易于发生由于舞弊导致的重大错报的方式和领域的见解。

②针对财务报表易于发生由于舞弊导致的重大错报的方式和领域考虑适当的应对措施，并确定分派哪些项目组成员实施特定的审计程序。

③确定如何在项目组成员中共享实施审计程序的结果，以及如何处理可能引起注册会计师注意的舞弊指控。

项目组内部讨论的内容可能包括：

①项目组成员认为财务报表易于发生由于舞弊导致的重大错报的方式和领域、管理层可能编制和隐瞒虚假财务报告的方式以及侵占资产的方式等。

②可能表明管理层操纵利润的迹象，以及管理层可能采取的导致虚假财务报告的利润操纵手段。

③管理层企图通过晦涩难懂的披露使披露事项无法得到正确理解的风险（例如，包含太多不重要的信息或使用不明晰或模糊的语言）。

④已知悉的对被审计单位产生影响的外部和内部因素，这些因素可能产生动机或压力使管理层或其他人员实施舞弊，可能提供实施舞弊的机会，可能表明存在为舞弊行为寻找借口的文化或环境。

⑤对接触现金或其他易被侵占资产的员工，管理层对其实施监督的情况。

⑥注意到的管理层或员工在行为或生活方式上出现的异常或无法解释的变化。

⑦强调在整个审计过程中对由于舞弊导致重大错报的可能性保持适当关注的重要性。

⑧遇到的哪些情形可能表明存在舞弊。

⑨如何在拟实施审计程序的性质、时间安排和范围中增加不可预见性。

⑩为应对由于舞弊导致财务报表发生重大错报的可能性而选择实施的审计程序，以及特定类型的审计程序是否比其他审计程序更为有效。

⑪注册会计师注意到的舞弊指控。

⑫管理层凌驾于控制之上的风险。

### 4. 识别和评估舞弊导致的重大错报风险

舞弊导致的重大错报风险属于需要注册会计师特别考虑的重大错报风险，即特别风险。注册会计师实施舞弊风险评估程序的目的在于识别因舞弊导致的重大错报风险。因此，在识别和评估财务报表层次以及各类交易、账户余额、披露的认定层次的重大错报风险时，注册会计师应当识别和评估舞弊导致的重大错报风险。

在评估舞弊导致的重大错报风险时，注册会计师应当特别关注被审计单位收入确认方面的舞弊风险。

对财务信息作出虚假报告导致的重大错报通常源于多计或少计收入。因此，审计准则规定，在识别和评估由于舞弊导致的重大错报风险时，注册会计师应当基于收入确认存在舞弊风险的假定，评价哪些类型的收入、收入交易或认定导致舞弊风险。如果认为收入确认存在舞弊风险的假定不适用于业务的具体情况，从而未将收入确认作为由于舞弊导致的重大错报风险领域，注册会计师应当在审计工作底稿中记录得出该结论的理由。

### 5. 应对舞弊导致的重大错报风险

在识别和评估舞弊导致的重大错报风险后，注册会计师需要采取适当的应对措施，以将审计风险降至可接受的低水平。舞弊导致的重大错报风险属于特别风险，注册会计师应当按照审计准则的规定予以应对。注册会计师通常从三个方面应对此类风险：①总体应对措施；②针对舞弊导致的认定层次的重大错报风险实施的审计程序；③针对管理层凌驾于控制之上的风险实施的程序。

（1）总体应对措施。在针对评估的由于舞弊导致的财务报表层次重大错报风险确定总体应对措施时，注册会计师应当：

①在分派和督导项目组成员时，考虑承担重要业务职责的项目组成员所具备的知识、技能和能力，并考虑由于舞弊导致的重大错报风险的评估结果；

②评价被审计单位对会计政策（特别是涉及主观计量和复杂交易的会计政策）的选择和运用，是否可能表明管理层通过操纵利润对财务信息作出虚假报告；

③在选择审计程序的性质、时间安排和范围时，增加审计程序的不可预见性。

（2）针对舞弊导致的认定层次重大错报风险实施的审计程序。按照《中国注册会计师审计准则第 1231 号——针对评估的重大错报风险采取的应对措施》的规定，注册会计师应当设计和实施进一步审计程序，审计程序的性质、时间安排和范围应当能够应对评估的由于舞弊导致的认定层次重大错报风险。

注册会计师应当考虑通过下列方式，应对舞弊导致的认定层次重大错报风险：

①改变拟实施审计程序的性质，以获取更为可靠、相关的审计证据，或获取其他佐证性信息，包括更加重视实地观察或检查，在实施函证程序时改变常规函证内容，询问被审计单位的非财务人员等；

②改变实质性程序的时间，包括在期末或接近期末实施实质性程序，或针对本期较早时间发生的交易事项或贯穿于本会计期间的交易事项实施测试；

③改变审计程序的范围，包括扩大样本规模、采用更详细的数据实施分析程序等。

注册会计师针对舞弊导致的认定层次重大错报风险所采取的具体应对措施，取决于已发现的舞弊风险因素类型以及各类具体的交易、账户余额相关认定。

（3）针对管理层凌驾于控制之上的风险实施的程序。由于管理层在被审计单位的地位，管理层凌驾于控制之上的风险在所有被审计单位中都会存在。对财务信息作出虚假报告通常与管理层凌驾于控制之上有关。

管理层通过凌驾于控制之上实施舞弊的手段主要包括：第一，编制虚假的会计分录，特别是在临近会计期末时；第二，滥用或随意变更会计政策；第三，不恰当地调整会计估计所依据的假设及改变原先作出的判断；第四，故意漏记、提前确认或推迟确认报告期内发生的交易或事项；第五，隐瞒可能影响财务报表金额的事实；第六，构造复杂或虚假的交易以歪曲财务状况或经营成果；第七，篡改与重大或异常交易相关的会计记录和交易条款。

管理层凌驾于控制之上的风险属于特别风险。无论对管理层凌驾于控制之上的风险的评估结果如何，注册会计师都应当设计和实施审计程序，用以：

①测试日常会计核算过程中作出的会计分录以及编制财务报表过程中作出的其他调整是否适当。在设计和实施审计程序，以测试日常会计核算过程中作出的会计分录以及编制财务报表过程中作出的其他调整是否适当时，注册会计师应当：

- 向参与财务报告过程的人员询问与处理会计分录和其他调整相关的不恰当或异常的活动；
- 选择在报告期末作出的会计分录和其他调整；
- 考虑是否有必要测试整个会计期间的会计分录和其他调整。

②复核会计估计是否存在偏向，并评价产生这种偏向的环境是否表明存在由于舞弊导致的重大错报风险。在复核会计估计是否存在偏向时，注册会计师应当：

- 评价管理层在作出会计估计时所作的判断和决策是否反映出管理层的某种偏向（即使判断和决策单独看起来是合理的），从而可能表明存在由于舞弊导致的重大错报风险。如果存在偏向，注册会计师应当从整体上重新评价会计估计。
- 追溯复核与以前年度财务报表反映的重大会计估计相关的管理层判断和假设。

③对于超出被审计单位正常经营过程的重大交易，或基于对被审计单位及其环境的了解以及在审计过程中获取的其他信息而显得异常的重大交易，评价其商业理由（或缺乏商业理由）是否表明被审计单位从事交易的目的是为了对财务信息作出虚假报告或掩盖侵占资产的行为。

以下迹象可能表明被审计单位从事超出其正常经营过程的重大交易，或虽然未超出其正常经营过程但显得异常的重大交易：

- 交易的形式显得过于复杂（例如，交易涉及集团内部多个实体，或涉及多个非关联的第三方）；
- 管理层未与治理层就此类交易的性质和会计处理进行过讨论，且缺乏充分的记录；
- 管理层更强调采用某种特定的会计处理的需要，而不是交易的经济实质；
- 对于涉及不纳入合并范围的关联方（包括特殊目的实体）的交易，治理层未进行适当的审核与批准；
- 交易涉及以往未识别出的关联方，或涉及在没有被审计单位帮助的情况下不具备物质基础或财务能力完成交易的第三方。

### 6. 会计分录测试

如上所述，在所有财务报表审计业务中，注册会计师都需要专门针对管理层凌驾于控制之上的风险设计和实施会计分录测试。这是因为，虽然管理层凌驾于控制之上的风险水平因被审计单位而异，但被审计单位都存在这种风险。了解管理层利用虚假会计分录和其他调整实施舞弊的常用手段，有助于注册会计师更加有针对性地实施审计程序。

（1）会计分录和其他调整的类型。会计分录测试的对象是与被审计财务报表相关的所有会计分录和其他调整，包括编制合并报表时作出的调整分录和抵消分录。会计分录和其他调整的类型不同，其固有风险和受被审计单位内部控制影响的程度不同，因而具有不同程度的重大错报风险。对会计分录和其他调整进行恰当的分类，有助于注册会计师选取重大错报风险较高的会计分录和其他调整进行测试，从而能够提高会计分录测试的效率。

基于会计分录测试的目的，注册会计师可将被审计单位的会计分录和其他调整分为下列三种类型：

①标准会计分录。此类会计分录用于记录被审计单位的日常经营活动或经常性的会计估计，通常是由会计人员作出或会计系统自动生成的，受信息系统一般控制和其他系统性控制的影响。

②非标准会计分录。此类会计分录用于记录被审计单位日常经营活动之外的事项或异常交易，可能包括特殊资产减值准备的计提、期末调整分录等。非标准会计分录可能具有较高的重大错报风险，因为此类分录通常容易被管理层用来操纵利润，并且可能涉及任何报表项目。

③其他调整。其他调整包括为编制合并财务报表而作出的调整分录和抵消分录、通常不作为正式的会计分录反映的重分类调整等，其他调整可能不受被审计单位内部控制的影响。

（2）会计分录测试的步骤。会计分录测试通常可包括下列步骤：

①了解被审计单位的财务报告流程，以及针对会计分录和其他调整已实施的控制，必要时，测试相关控制的运行有效性；

②确定待测试会计分录和其他调整的总体，并测试总体的完整性；

③从总体中选取待测试的会计分录及其他调整；

④测试选取的会计分录及其他调整，并记录测试结果。

需要指出的是，在实施会计分录测试时，注册会计师可能需要分析大量的会计分录，采用计算机辅助审计技术或电子表格（如 Excel），可以显著提高会计分录测试的效率和效果。注册会计师通常可以考虑要求被审计单位提供所需要的电子数据，如果能够以标准的格式导出、验证并传输所需要的会计分录数据，则可以进一步提高会计分录测试的效率和效果。

（3）被审计单位内部控制系统中针对会计分录和其他调整的控制。在被审计单位的内部控制系统中，针对会计分录和其他调整，通常包括下列类型的控制措施：

①针对会计分录和其他调整的授权、过账、审核、核对等方面设置职责分离；

②在会计系统中设置系统访问权限，用以控制会计分录的记录权和审批权；

③用以防止并发现虚假会计分录或未经授权的更改的控制措施；

④由管理层、治理层或其他适当人员对会计分录记录和过入总账以及在编制财务报表过程中作出其他调整的过程进行监督；

⑤由被审计单位的内部审计人员（如有）定期测试控制运行的有效性。

注册会计师了解被审计单位针对会计分录和其他调整已实施的控制，有助于其确定会计分录测试的性质、时间安排和范围。

（4）确定待测试会计分录和其他调整的总体并测试总体的完整性。注册会计师在测试会计分录和其他调整时，首先需要确定待测试会计分录和其他调整的总体，然后针对该总体实施完整性测试。

注册会计师在确定待测试会计分录和其他调整的总体时，需要根据风险评估结果，并运用职业判断。虚假会计分录和其他调整通常在报告期末作出，因此，审计准则要求注册会计师选择在报告期末作出的会计分录和其他调整进行测试。然而，由于舞弊导致的财务报表重大错报可能发生于整个会计期间，并且舞弊者可能运用各种方式隐瞒舞弊行为，因此，审计准则要求注册会计师考虑是否有必要测试整个会计期间的会计分录和其他调整。

注册会计师考虑下列情况，可能有助于其确定待测试会计分录和其他调整的总体：

①某些会计分录和其他调整可能并不过入被审计单位的总账，因此，注册会计师需要全面了解各总账账户，以及各明细账户与被审计财务报表项目之间的对应关系。

②注册会计师可以结合对被审计单位财务报告流程以及被审计单位针对会计分录和其他调整实施的控制的了解，来确定待测试会计分录和其他调整的总体。在这一过程中，注册会计师可以了解会计分录和其他调整的来源和特征，例如，会计分录是由会计信息系统自动生成的，还是以手工方式生成的。

③以手工方式生成的会计分录或其他调整通常于月末、季末或年末作出，主要用于记录会计调整或会计估计，或者用于编制合并财务报表。

④对于以手工方式生成的会计分录或其他调整，特别是在期末用于记录会计调整或会计估计，或者用于编制合并财务报表的调整分录，注册会计师可以了解这些分录的编制者、所需要的审批，以及这些分录以何种方式得以记录（例如，这些分录是以电子形式记录的，没有实物证据，还是以纸质形式记录的）。

确定待测试会计分录和其他调整的总体后，注册会计师需要针对该总体实施审计程序，以确定总体的完整性。注册会计师在设计和实施完整性测试时，需要考虑由于舞弊导致的财务报表重大错报风险，以及对被审计单位财务报告流程的了解。

以下是一套完整性测试的例子（假设注册会计师选择测试整个会计期间的会计分录和其他调整）：

①从被审计单位会计信息系统中导出所有待测试会计分录和其他调整；

②加计从会计信息系统中导出的所有会计分录和其他调整中的本期发生额，与科目余额表（包括期初余额、本期借方累计发生额、本期贷方累计发生额、期末余额）中的各科目本期发生额核对相符；

③将系统生成的重要账户余额与明细账和总账及科目余额表中的余额核对，测试计算准确性；

④检查所有结账后作出的与本期财务报表有关的会计分录和其他调整，测试其完整性；

⑤将总账与财务报表核对，以检查是否存在其他调整。

（5）选取并测试会计分录和其他调整时考虑的因素。注册会计师在选取待测试会计分录和其他调整，并针对已选取的项目确定适当的测试方法时，可以考虑下列因素：

①对由于舞弊导致的重大错报风险的评估。注册会计师识别出的舞弊风险因素和在评估由于舞弊导致的重大错报风险过程中获取的其他信息，可能有助于注册会计师识别需要测试的特定类别的会计分录和其他调整。

②对会计分录和其他调整已实施的控制。在注册会计师已经测试了这些控制运行的有效性的前提下，针对会计分录和其他调整的编制和过账所实施的有效控制，可以缩小所需实施的实质性程序的范围。但应注意的是，注册会计师需要充分考虑管理层凌驾于控制之上的风险。

③被审计单位的财务报告过程以及所能获取的证据的性质。在很多被审计单位中，交易的日常处理同时涉及人工和自动化的步骤和程序。类似地，会计分录和其他调整的处理过程也可能同时涉及人工和自动化的程序和控制。当信息技术应用于财务报告过程时，会计分录和其他调整可能仅以电子形式存在。

④虚假会计分录或其他调整的特征。不恰当的会计分录或其他调整通常具有一定的识别特征。这类特征可能包括：

- 分录涉及不相关、异常或很少使用的账户；
- 分录由平时不负责作出会计分录的人员作出；
- 分录在期末或结账过程中作出，且没有或只有很少的解释或描述；
- 分录在编制财务报表之前或编制过程中作出且没有科目代码；
- 分录金额为约整数或尾数一致。

⑤账户的性质和复杂程度。不恰当的会计分录或其他调整可能体现在以下账户中：

- 包含复杂或性质异常的交易的账户；
- 包含重大估计及期末调整的账户；
- 过去易于发生错报的账户；
- 未及时调节的账户，或含有尚未调节差异的账户；
- 包含集团内部不同公司间交易的账户；
- 其他虽不具备上述特征但与已识别的由于舞弊导致的重大错报风险相关的账户。

在审计拥有多个组成部分的被审计单位时，注册会计师需考虑从不同的组成部分选取会计分录进行测试。

⑥在日常经营活动之外处理的会计分录或其他调整。针对非标准会计分录实施的控制的水平与针对为记录日常交易（如每月的销售、采购及现金支出）所作出的分录实施的控制的水平可能不同。

### 7. 评价审计证据

在就财务报表与所了解的被审计单位的情况是否一致形成总体结论时，注册会计师应当评价在临近审计结束时实施的分析程序，是否表明存在此前尚未识别的由于舞弊导致的重大错报风险。确定哪些特定趋势和关系可能表明存在由于舞弊导致的重大错报风险，需要运用职业判断。涉及期末收入和利润的异常关系尤其值得关注。这些趋势和关系可能包括：在报告期的最后几周内记录了不寻常的大额收入或异常交易，或收入与经营活动产生的现金流量趋势不一致。

如果识别出某项错报，注册会计师应当评价该项错报是否表明存在舞弊。如果存在舞弊的迹象，由于舞弊涉及实施舞弊的动机或压力、机会或借口，因此一个舞弊事项不太可能是孤立发生的事项（例如，在某个经营地点发生了大量的错报，即使这些错报的累积影响并不重大，但仍可能表明存在由于舞弊导致的重大错报风险），注册会计师应当评价该项错报对审计工作其他方面的影响，特别是对管理层声明可靠性的影响。

如果识别出某项错报，并有理由认为该项错报是或可能是由于舞弊导致的，且涉及管理层，特别是涉及较高层级的管理层，无论该项错报是否重大，注册会计师都应当重新评价对由于舞弊导致的重大错报风险的评估结果，以及该结果对旨在应对评估的风险的审计程序的性质、时间安排和范围的影响。

在重新考虑此前获取的审计证据的可靠性时，注册会计师还应当考虑相关的情形是否表明可能存在涉及员工、管理层或第三方的串通舞弊。

如果确认财务报表存在由于舞弊导致的重大错报，或无法确定财务报表是否存在由于舞弊导致的重大错报，注册会计师应当评价这两种情况对审计的影响。

### 8. 无法继续执行审计业务

（1）对继续执行审计业务的能力产生怀疑。如果由于舞弊或舞弊嫌疑导致出现错报，致使注册会计师遇到对其继续执行审计业务的能力产生怀疑的异常情形，注册会计师应当：

①确定适用于具体情况的职业责任和法律责任，包括是否需要向审计业务委托人或监管机构报告；

②在相关法律法规允许的情况下，考虑是否需要解除业务约定。

注册会计师可能遇到的对其继续执行审计业务的能力产生怀疑的异常情形如下：

①被审计单位没有针对舞弊采取适当的、注册会计师根据具体情况认为必要的措施，即使该舞弊对财务报表并不重大；

②注册会计师对由于舞弊导致的重大错报风险的考虑以及实施审计测试的结果，表明存在重大且广泛的舞弊风险；

③注册会计师对管理层或治理层的胜任能力或诚信产生重大疑虑。

（2）解除业务约定。由于可能出现的情形各不相同，因而难以确切地说明在何时解除业务约定是适当的。影响注册会计师得出结论的因素包括管理层或治理层成员参与舞弊可能产生的影响（可能会影响到管理层声明的可靠性），以及与被审计单位之间保持客户关系对注册会计师的影响。

如果决定解除业务约定，注册会计师应当采取下列措施：

①与适当层级的管理层和治理层讨论解除业务约定的决定和理由；

②考虑是否存在职业责任或法律责任，需要向审计业务委托人或监管机构报告解除业务约定的决定和理由。

## 9. 书面声明

不论被审计单位的规模大小，除认可已经履行了编制财务报表的责任外，管理层和治理层（如适用）还认可其设计、执行和维护内部控制以防止和发现舞弊的责任也是非常重要的。

由于舞弊的性质以及注册会计师在发现舞弊导致的财务报表重大错报时遇到的困难，注册会计师向管理层和治理层（如适用）获取书面声明，确认其已向注册会计师披露了下列信息是非常重要的：

（1）管理层对财务报表可能存在由于舞弊导致的重大错报风险的评估结果；

（2）对影响被审计单位的舞弊事实、舞弊嫌疑或舞弊指控的了解程度。

基于上述原因，注册会计师应当就下列事项向管理层和治理层（如适用）获取书面声明：

（1）管理层和治理层认可其设计、执行和维护内部控制以防止和发现舞弊的责任；

（2）管理层和治理层已向注册会计师披露了管理层对由于舞弊导致的财务报表重大错报风险的评估结果；

（3）管理层和治理层已向注册会计师披露了已知的涉及管理层、在内部控制中承担重要职责的员工以及其他人员（在舞弊行为导致财务报表出现重大错报的情况下）的舞弊或舞弊嫌疑；

（4）管理层和治理层已向注册会计师披露了从现任和前任员工、分析师、监管机构等方面获知的、影响财务报表的舞弊指控或舞弊嫌疑。

## 10. 与管理层、治理层和监管机构的沟通

（1）与管理层的沟通。当注册会计师已获取的证据表明存在或可能存在舞弊时，尽快提请适当层级的管理层关注这一事项是很重要的。即使该事项（如被审计单位组织结构中处于较低职位的员工挪用小额公款）可能被认为不重要，注册会计师也应当这样做。确定拟沟通的适当层级的管理层，需要运用职业判断，并且这一决定受串通舞弊的可能性、舞弊嫌疑的性质和重要程度等事项的影响。通常情况下，适当层级的管理层至少要比涉嫌舞弊的人员高出一个级别。

（2）与治理层的沟通。如果确定或怀疑舞弊涉及管理层、在内部控制中承担重要职责的员工以及其舞弊行为可能导致财务报表重大错报的其他人员，注册会计师应当尽早就此类事项与治理层沟通。

如果怀疑舞弊涉及管理层，注册会计师应当将此怀疑向治理层通报，并与其讨论为完成审计工作所必需的审计程序的性质、时间安排和范围。

如果根据判断认为还存在与治理层职责相关的、涉及舞弊的其他事项，注册会计师应当就此与治理层沟通。这些事项可能包括：

①对管理层评估的性质、范围和频率的疑虑，这些评估是针对旨在防止和发现舞弊的控制及财务报表可能存在的重大错报风险而实施的；

②管理层未能恰当应对识别出的值得关注的内部控制缺陷或舞弊；

③注册会计师对被审计单位控制环境的评价，包括对管理层胜任能力和诚信的疑虑；

④可能表明存在编制虚假财务报告的管理层行为，例如，对会计政策的选择和运用可能表明管理层操纵利润，以影响财务报表使用者对被审计单位业绩和盈利能力的看法，从而欺骗财务报表使用者；

⑤对超出正常经营过程交易的授权的适当性和完整性的疑虑。

（3）与监管机构的沟通。如果识别出舞弊或怀疑存在舞弊，注册会计师应当确定是否有责任向被审计单位以外的机构报告。

尽管注册会计师对客户信息负有的保密义务可能妨碍这种报告，但如果法律法规要求注册会计师履行报告责任，注册会计师应当遵守法律法规的规定。

## 子任务 7.1.2 财务报表审计中对法律法规的考虑

违反法律法规，是指被审计单位、治理层、管理层或者为被审计单位工作或受其指导的其他人，有意或无意违背除适用的财务报告编制基础以外的现行法律法规的行为，违反法律法规不包括与被审计单位经营活动无关的个人不当行为。

不同的法律法规对财务报表的影响差异很大。被审计单位需要遵守的所有法律法规，构成注册会计师在财务报表审计中需要考虑的法律法规框架。某些法律法规的规定对财务报表有直接影响，决定财务报表中报告的金额和披露。而有些法律法规需要管理层遵守，或规定了允许被审计单位开展经营活动的条件，但不会对财务报表产生直接影响。因此，概括起来，被审计单位需要遵守以下两类不同的法律法规：

（1）通常对决定财务报表中的重大金额和披露有直接影响的法律法规（如税收和企业年金方面的法律法规）。

（2）对决定财务报表中的金额和披露没有直接影响的其他法律法规，但遵守这些法律法规（如遵守经营许可条件、监管机构对偿债能力的规定或环境保护要求）对被审计单位的经营活动、持续经营能力或避免大额罚款至关重要；违反这些法律法规，可能对财务报表产生重大影响。

违反法律法规可能导致被审计单位面临罚款、诉讼或其他对财务报表产生重大影响的后果。

被审计单位的违反法律法规行为可能与财务报表相关，有些违反法律法规行为还可能产生重大财务后果，进而影响财务报表的合法性和公允性。如果不实施必要的审计程序，则可能导致注册会计师出具不恰当的审计报告。因此，在设计和实施审计程序以及评价和报告审计结果时，注册会计师应当充分关注被审计单位违反法律法规行为可能对财务报表产生的重大影响。

在考虑被审计单位的一项行为是否违反法律法规时，注册会计师可以考虑征询法律意见。因为确定某行为是否违反法律法规，需要法院或其他适当的监管机构作出裁决，这通常超出了注册会计师的专业胜任能力。虽然注册会计师通过培训获得的知识、个人执业经验和对被审计单位及其所在行业或部门的了解，可能为确定引起其注意的某些行为是否违反法律法规提供了基础，但注册会计师通常根据有资格从事法律业务的专家的意见，确定某项行为是否违反法律法规或可能违反法律法规。值得注意的是，某项行为是否违反法律法规最终只能由法院或其他适当的监管机构作出裁决。

### 1. 管理层遵守法律法规的责任

管理层有责任在治理层的监督下确保被审计单位的经营活动符合法律法规的规定。法律法规可能以不同的方式影响被审计单位的财务报表。最直接的方式是可能规定了适用的财务报告编制基础或者影响被审计单位需要在财务报表中作出的具体披露。法律法规也可能确立了被审计单位的某些法定权利和义务，其中部分权利和义务将在财务报表中予以确认。此外，法律法规还可能规定了对违反法律法规行为的惩罚。

### 2. 注册会计师的责任

注册会计师有责任对财务报表整体不存在由于舞弊或错误导致的重大错报获取合理的保证。

在执行财务报表审计时，注册会计师需要考虑适用于被审计单位的法律法规框架。由于审计的固有限制，即使注册会计师按照审计准则的规定恰当地计划和执行审计工作，也不可避免地存在财务报表中的某些重大错报未被发现的风险。就法律法规而言，由于下列原因，审计的固有限制对注册会计师发现重大错报的能力的潜在影响会加大：

（1）许多法律法规主要与被审计单位经营活动相关，通常不影响财务报表，且不能被与财务报告相关的信息系统所获取；

（2）违反法律法规可能涉及故意隐瞒的行为，如共谋、伪造、故意漏记交易、管理层凌驾于控制之上或故意向注册会计师提供虚假陈述；

（3）某行为是否构成违反法律法规，最终只能由法院或其他适当的监管机构认定。

因此，注册会计师没有责任防止被审计单位违反法律法规行为，也不能期望其发现所有的违反法律法规行为。

针对前述被审计单位需要遵守的两类不同的法律法规，注册会计师应当承担不同的责任：

（1）针对被审计单位需要遵守的第一类法律法规，注册会计师的责任是，就被审计单位遵守这些法律法规的规定获取充分、适当的审计证据；

（2）针对被审计单位需要遵守的第二类法律法规，注册会计师的责任仅限于实施特定的审计程序，以有助于识别可能对财务报表产生重大影响的违反这些法律法规的行为。

在审计过程中，为了对财务报表形成审计意见而实施的其他审计程序，可能使注册会计师识别出或怀疑被审计单位存在违反法律法规行为，注册会计师对此应保持警觉。事实上，考虑到法律法规对被审计单位产生影响的范围，注册会计师在整个审计过程中均应保持职业怀疑。

### 3. 对被审计单位遵守法律法规的考虑

（1）对法律法规框架的了解。在了解被审计单位及其环境时，注册会计师应当总体了解下列事项：适用于被审计单位及其所处行业或领域的法律法规框架；被审计单位如何遵守这些法律法规框架。

为了总体了解法律法规框架以及被审计单位如何遵守该框架，注册会计师可以采取下列措施：

①利用对被审计单位行业状况、监管环境以及其他外部因素的了解；

②更新对直接决定财务报表中的报告金额和列报的法律法规的了解；

③向管理层询问对被审计单位经营活动预期可能产生至关重要影响的其他法律法规；

④向管理层询问被审计单位制定的有关遵守法律法规的政策和程序；

⑤向管理层询问在识别、评价诉讼索赔并对其进行会计处理时采用的政策和程序。

（2）对决定财务报表中的重大金额和批复有直接影响的法律法规。某些法律法规已经较为完善，为被审计单位及其所在行业或部门所知悉，并与被审计单位财务报表相关。这些法律法规可能与下列事项相关：

①财务报表的格式和内容；

②特定行业的财务报告问题；

③根据政府合同对交易进行的会计处理；

④所得税费用或退休金成本的计提或确认。

这些法律法规的某些规定可能与财务报表中的特定认定直接相关（如所得税费用的完整性），而其他规定可能与财务报表整体直接相关（如规定的构成整套财务报表的报表）。针对通常对决定财务报表中的重大金额和披露有直接影响的法律法规的规定，注册会计师应当获取被审计单位遵守这些规定的充分、适当的审计证据。

（3）识别违反其他法律法规的行为的程序。其他法律法规可能因其对被审计单位的经营活动具有至关重要的影响，需要注册会计师予以特别关注。违反此类法律法规可能导致被审计单位终止业务活动或对其持续经营能力产生疑虑。例如，违反许可证规定或经营的权限（如对银行来说违反资本或投资规定），可能产生这种后果。同时，存在许多与被审计单位经营活动相关的法律法规，它们并不对财务报表产生影响，也不会被与财务报告相关的信息系统所反映。

因此，注册会计师应当实施下列审计程序，以有助于识别可能对财务报表产生重大影响的违反其他法律法规的行为：

①向管理层和治理层（如适用）询问被审计单位是否遵守了这些法律法规；

②检查被审计单位与许可证颁发机构或监管机构的往来函件。

（4）实施其他审计程序使注册会计师注意到违反法律法规行为。为形成审计意见所实施的审计程序，可能使注册会计师注意到识别出的或怀疑存在的违反法律法规行为。这些审计程序可能包括：

①阅读会议纪要；

②向被审计单位管理层、内部或外部法律顾问询问诉讼、索赔及评估情况；

③对某类交易、账户余额和披露实施细节测试。

（5）书面声明。由于法律法规对财务报表的影响差异很大，对于管理层识别出的或怀疑存在的、可能对财务报表产生重大影响的违反法律法规行为，书面声明可以提供必要的审计证据。然而，书面声明本身并不提供充分、适当的审计证据，因此，不影响注册会计师拟获取的其他审计证据的性质和范围。

## 4. 识别出或怀疑存在违反法律法规行为时实施的审计程序

（1）注意到与识别出的或怀疑存在的违反法律法规行为相关的信息时的审计程序。如果注册会计师发现下列事项或相关信息，可能表明被审计单位存在违反法律法规行为：

①受到监管机构、政府部门的调查，或者支付罚金或受到处罚；

②向未指明的服务付款，或向顾问、关联方、员工或政府雇员提供贷款；

③与被审计单位或所处行业正常支付水平或实际收到的服务相比，支付过多的销售佣金或代理费用；

④采购价格显著高于或低于市场价格；

⑤异常的现金支付，以银行本票向持票人付款的方式采购；

⑥与在“避税天堂”注册的公司存在异常交易；

⑦向货物或服务原产地以外的国家或地区付款；

⑧在没有适当的交易控制记录的情况下付款；

⑨现有的信息系统不能（因系统设计存在问题或因突发性故障）提供适当的审计轨迹或充分的证据；

⑩交易未经授权或记录不当；

⑪负面的媒体评论。

如果注意到与识别出的或怀疑存在的违反法律法规行为相关的上述信息，注册会计师应当：

①了解违反法律法规行为的性质及其发生的环境。

②获取进一步的信息，以评价对财务报表可能产生的影响。包括：

- 识别出的或怀疑存在的违反法律法规行为对财务报表产生的潜在财务后果，如受到罚款、处分、赔偿、封存财产、强制停业和诉讼等；
- 潜在财务后果是否需要披露；
- 潜在财务后果是否非常严重，以致对财务报表的公允反映产生怀疑或导致财务报表产生误导。

（2）怀疑被审计单位存在违反法律法规行为时的审计程序。如果怀疑被审计单位存在违反法律法规行为，注册会计师应当就此与适当层级的管理层和治理层（如适用）进行讨论，因其可能能够提供额外的审计证据，除非法律法规禁止。例如，对与可能导致怀疑违反法律法规的交易或事项相关的事实和情况，注册会计师可以证实管理层和治理层（如适用）是否对此具有相同的理解。

如果管理层或治理层（如适用）不能向注册会计师提供充分的信息，证明被审计单位遵守了法律法规，注册会计师可以考虑向被审计单位内部或外部的法律顾问咨询有关法律法规在具体情况下的运用，包括舞弊的可能性以及对财务报表的可能影响。如果认为向被审计单位法律顾问咨询是不适当的或不满意其提供的意见，注册会计师可能认为，在保密基础上向所在会计师事务所的其他人员、网络事务所、职业团体或注册会计师的法律顾问咨询被审计单位是否涉及违反法律法规行为（包括舞弊的可能性、可能导致的法律后果，以及注册会计师可能采取的进一步行动）是适当的。

（3）评价识别出的或怀疑存在的违反法律法规行为的影响。注册会计师应当评价识别出的或怀疑存在的违反法律法规行为对审计的其他方面可能产生的影响，包括对注册会计师风险评估和被审计单位书面声明可靠性的影响。注册会计师识别出的或怀疑存在的特定违反法律法规行为的影响，取决于该行为的实施和隐瞒与具体控制活动之间的关系，以及牵涉的管理人员或个人（为被审计单位工作或受其指导）的级别，尤其是被审计单位最高权力机构牵涉其中所产生的影响。

在某些情形下，当管理层或治理层没有采取注册会计师认为适合具体情况的补救措施，或者识别出的或怀疑存在的违反法律法规行为导致对管理层或治理层的诚信产生质疑（即使违反法律法规行为对财务报表不重要），注册会计师可能考虑在法律法规允许的情况下解除业务约定。在决定是否有必要解除业务约定时，注册会计师可能认为征询法律意见是适当的。在特殊情况下，管理层或治理层没有采取注册会计师认为在具体情形下适当的补救行动，并且不可能解除业务约定，在其他事项段中描述识别出的或怀疑存在的违反法律法规行为。

## 5. 对识别出的或怀疑存在的违反法律法规行为的沟通和报告

（1）与治理层沟通。

①与治理层沟通的总体要求。除非治理层全部成员参与管理被审计单位，因而知悉注册会计师已沟通的、涉及识别出的或怀疑存在的违反法律法规行为的事项，注册会计师应当与治理层沟通审计过程中注意到的有关违反法律法规的事项（除非法律法规禁止），但不必沟通明显不重要的事项。这有利于注册会计师尽到职业责任，为治理层履行对管理层的监督责任提供有用信息。

沟通通常采用书面形式，注册会计师将文件副本作为审计工作底稿。如果采用口头沟通方式，应形成沟通记录并作为审计工作底稿保存。

②违反法规行为情节严重时的沟通要求。

- 对故意和重大的违反法律法规行为的沟通要求。

如果根据判断认为需要沟通的违反法律法规行为是故意和重大的，注册会计师应当就此尽快与治理层沟通。

- 怀疑违反法律法规行为涉及管理层或治理层时的沟通要求。

如果怀疑违反法律法规行为涉及管理层或治理层，注册会计师应当向被审计单位审计委员会或监事会等更高层级的机构通报。如果不存在更高层级的机构，或者注册会计师认为被审计单位可能不会对通报作出反应，或者注册会计师不能确定向谁报告，注册会计师应当考虑是否需要向外部监管机构（如有）报告或征询法律意见。

之所以要求注册会计师向被审计单位内部的审计委员会或监事会等更高层次的机构报告，是因为审计委员会或监事会等机构的一项重要职责就是监督和评价管理层等是否存在违反法律法规或者公司章程的行为，并对违反法律法规行为予以纠正。

（2）出具审计报告。

①考虑违反法律法规行为的影响。如果认为识别出的或怀疑存在的违反法律法规行为对财务报表具有重大影响，注册会计师应当要求被审计单位在财务报表中予以恰当反映。

如果认为识别出的或怀疑存在的违反法律法规行为对财务报表具有重大影响，且未能在财务报表中得到恰当反映，注册会计师应当出具保留意见或否定意见的审计报告。

②考虑审计范围受到限制的影响。

第一，来自被审计单位的限制。如果因管理层或治理层阻挠而无法获取充分、适当的审计证据，以评价是否存在或可能存在对财务报表产生重大影响的违反法律法规行为，注册会计师应当根据审计范围受到限制的程度，发表保留意见或无法表示意见。

第二，其他方面的限制。如果由于审计范围受到管理层或治理层以外的其他方面的限制而无法确定被审计单位是否存在违反法律法规行为，注册会计师应当评价这一情况对审计意见的影响。实务中，审计范围受到其他方面限制的情况较多，例如，客观因素致使注册会计师不能实施审计程序。

（3）向被审计单位之外的适当机构报告识别出的或怀疑存在的违反法律法规行为。如果识别出或怀疑存在违反法律法规行为，注册会计师应当考虑是否有责任向被审计单位以外的适当机构报告。

值得注意的是，注册会计师考虑是否报告的是经注册会计师发现和确定的严重违反法律法规的行为。所谓“严重”主要是指有重大法律后果或涉及社会公众利益。注册会计师应当了解相关法律法规是否要求报告违反法律法规行为，例如，商业银行监管法规可能要求注册会计师报告商业银行参与“洗钱”行为。同时，注册会计师应考虑采取何种方式、何时以及向谁进行报告。

如果无法确定是否有相关法律法规要求向被审计单位之外的适当机构报告发现的被审计单位的违反法律法规行为，或者无法确定某项违反法律法规行为是否应该向被审计单位之外的适当机构报告，注册会计师通常可以考虑征询相关的法律意见，以了解注册会计师的可能选择，以及采取任何特定行动的职业及法律后果。

# 任务 7.2 审计沟通

| 情景列表 | 情　景　实　例 |
| --- | --- |
| 沟通 | 在一家小企业中，仅有的一名业主管理该企业，并且没有其他人负有治理责任 |

## 子任务 7.2.1 注册会计师与治理层的沟通

现代企业普遍存在由于所有权和经营权的分离而引发的代理问题，部分公司还可能存在处于控制地位的大股东与中小股东之间的代理问题，因此，为了合理保证企业（公司）目标，包括中小股东在内的所有者（股东）价值最大化的实现，需要引入一系列的结构和机制，即公司治理。一般认为，公司治理主要解决的是股东、董事会和经理之间的关系（有时也包括控股股东与中小股东之间的关系）。

在公司治理所涉及的机构中，经理的主要职责是经营管理，因而属于管理层而非治理层（需要强调的是，《中华人民共和国公司法》中所称的“经理”，指的是企业层次上的经营管理负责人，即通常所说的总经理。除了经理以外，管理层还包括副经理，以及相当于副经理职位的财务总监、总会计师等其他高级管理人员）。董事会的主要职责是制定战略、进行重大决策、聘任经理并对经营管理活动进行监督；监事会的主要职责是对公司财务以及公司董事、经理的行为进行监督。因此，一般认为，董事会和监事会属于治理层。但是，往往不同程度地存在着董事兼任高级管理人员的情形，即治理层参与管理的情形。股东大会（股东会）一般具有选举董事和监事、进行重大决策以及审议批准公司财务预算、决算方案和利润分配（亏损弥补）方案等法定职责，因而显然属于重要的治理机构。但是，由于它属于以会议形式存在的公司权力机关，并非常设机构，所以一般不把它列为注册会计师应予沟通的治理层。但是，在有必要与治理层整体进行沟通的情况下，尤其是在公司章程中规定对注册会计师的聘任、解聘由股东大会（股东会）决定时，注册会计师可能也需要与股东大会（股东会）进行沟通。

编制财务报告一般是企业管理层的责任，其具体工作由管理层领导下的财务会计部门承担。但是，对于财务报告的编制和披露过程，治理层负有监督职责。这种监督职责主要有：审核或监督企业的重大会计政策；审核或监督企业财务报告和披露程序；审核或监督与财务报告相关的企业内部控制；组织和领导企业内部审计；审核和批准企业的财务报告和相关信息披露；聘任和解聘负责企业外部审计的注册会计师并与其进行沟通等。

在不同组织形式的主体中，治理层可能意味着不同的人员或组织。对于有限责任公司而言，其治理层一般是指董事会（不设董事会时为执行董事）、监事会（不设监事会时为监事），在前文所述的特殊情形下，可能还涉及股东会；对于一人有限责任公司而言，其治理层一般为自然人股东本人，或法人股东的代表；对于国有独资公司而言，其治理层一般为董事会、监事会；对于股份有限公司而言，其治理层一般为董事会、监事会。上市公司董事会一般设有若干专门委员会，其中审计委员会的职责中通常包括与注册会计师的沟通。

被审计单位的治理层与注册会计师在财务报告编制过程中监督和财务报表审计职责方面存在着共同的关注点，在履行职责方面存在着很强的互补性，这也正是注册会计师需要与治理层保持有效的双向沟通的根本原因。具体讲，有效的双向沟通有助于：注册会计师和治理层了解与审计相关的背景事项，并建立建设性的工作关系，在建立这种关系时，注册会计师需要保持独立性和客观性；注册会计师向治理层获取与审计相关的信息，例如，治理层可以帮助注册会计师了解被审计单位及其环境，确定审计证据的适当来源，以及提供有关具体交易或事项的信息；治理层履行其对财务报告过程的监督责任，从而降低财务报表重大错报风险。

注册会计师应当就与财务报表审计相关且根据职业判断认为与治理层责任相关的重大事项，以适当的方式及时与治理层进行明晰的沟通。这是注册会计师与治理层沟通的总体要求。"明晰的沟通"指沟通内容、沟通目标、沟通方式、沟通结果均要清晰明了。注册会计师与治理层沟通的主要目的是：就审计范围和时间以及注册会计师、治理层、管理层各方在财务报表审计和沟通中的责任，取得相互了解；及时向治理层告知审计中发现的与治理层责任相关的事项；共享有助于注册会计师获取审计证据和治理层履行责任的其他信息。明确与治理层沟通的目的，有助于注册会计师全面理解与治理层进行沟通的必要性，意识到自己向治理层告知审计中发现的与治理层责任相关的事项的义务，以期与治理层就履行各自职责达成共识并共享信息。

### 1. 沟通的对象

（1）总体要求。确定沟通对象的一般要求。包括：

①确定适当的沟通人员。注册会计师应当确定与被审计单位治理结构中的哪些适当人员沟通，适当人员可能因沟通事项的不同而不同。

不同的被审计单位，适当的沟通对象可能不同。即使是同一家被审计单位，由于组织形式的变化、章程的修改或其他方面的变动，也可能使适当的沟通对象发生变动。

另外，由于沟通事项的不同，适当的沟通对象也会有所不同。尽管一般情况下适当的沟通对象可能是相对固定的，但是，针对一些特殊事项，注册会计师应当运用职业判断考虑是否应当与被审计单位治理结构中的其他适当对象进行沟通。例如，在上市公司审计中，有关注册会计师独立性问题的沟通，其沟通对象最好是被审计单位治理结构中有权决定聘任、解聘注册会计师的组织或人员。再如，有关管理层的胜任能力和诚信问题方面的事项，就不宜与兼任高级管理职务的治理层成员沟通。

②确定适当的沟通人员时应当利用的信息。在确定与哪些适当人员沟通特定事项时，注册会计师应当利用在了解被审计单位及其环境时获取的有关治理结构和治理过程的信息。通常，了解被审计单位的法律结构、组织形式，查阅被审计单位的章程、组织结构

图，询问被审计单位的相关人员等，都有助于获取有关被审计单位治理结构和治理过程的信息，能够帮助注册会计师清楚地识别出适当的沟通对象。

③需要商定沟通对象的特殊情形。一般而言，注册会计师通过上述了解，并运用职业判断，可以确定适当的沟通对象。通常，被审计单位也会指定其治理结构中相对固定的人员或组织（如审计委员会）负责与注册会计师进行沟通。如果由于被审计单位的治理结构没有被清楚地界定，导致注册会计师无法清楚地识别适当的沟通对象，被审计单位也没有指定适当的沟通对象，注册会计师就应当尽早与审计委托人商定沟通对象，并就商定的结果形成备忘录或其他形式的书面记录。

（2）与治理层的下设组织或个人沟通。决定与治理层的下设组织或个人沟通时应当考虑的主要因素。通常，注册会计师没有必要（实际上也不可能）就全部沟通事项与治理层整体进行沟通。适当的沟通对象往往是治理层的下设组织和人员，如董事会下设的审计委员会、独立董事、监事会或者被审计单位特别指定的组织和人员等。

注册会计师在决定与治理层某下设组织或个人沟通时，需要考虑下列事项：

①治理层的下设组织与治理层各自的责任。这种责任划分是确定适当沟通对象的直接依据。

②拟沟通事项的性质。不同性质的沟通事项，其适当的沟通对象可能并不相同。这就意味着，尽管合适的沟通对象可能是治理层下设的某个组织、某些人员，但是，如果出现涉及内容和对象、重要程度等方面比较特殊的事项，可能需要适当改变沟通对象。

③相关法律法规的要求。法律法规可能会就治理结构、治理层下设组织和人员的职责作出规定，如有这方面的规定，注册会计师在确定适当的沟通对象时，应当从其规定。

④下设组织是否有权就沟通的信息采取行动，以及是否能够提供注册会计师可能需要的进一步信息和解释。对于需要通过与治理层沟通以寻求配合或解决问题的事项，注册会计师应当在合理考虑治理层的职责分工的基础上，选择有利于得到配合、有利于解决问题的适当的沟通对象。

在决定是否需要与治理机构沟通信息时，注册会计师可能受到其对下设组织与治理机构沟通相关信息的有效性和适当性的评估的影响。注册会计师可以在就审计业务约定条款达成一致意见时明确指出，除非法律法规禁止，注册会计师保留与治理机构直接沟通的权利。

被审计单位设有审计委员会的情形。在许多国家或地区，被审计单位设有审计委员会（或名称不同的类似下设组织）。尽管审计委员会的具体权力和职责可能不同，但与其沟通已成为注册会计师与治理层沟通的一个关键要素。

良好的治理原则建议：

- 邀请注册会计师定期参加审计委员会会议；
- 审计委员会主席和其他相关成员定期与注册会计师联系；
- 审计委员会每年至少一次在管理层不在场的情况下会见注册会计师。需要与治理层整体沟通的特殊情形。在某些情况下，治理层全部成员参与管理被审计单位。此时，如果就审计准则要求沟通的事项已与负有管理责任的人员沟通，且这些人员同时负有治理责任，注册会计师无须就这些事项再次与负有治理责任的相同人员沟通。然而，注册会计师应当确信与负有管理责任人员的沟通能够向所有负有治理责任的人员充分传递应予沟通的内容。这是因为，有时与负有管理责任的人员的沟通，可能不能向所有负有治理责任的人员充分传递应予沟通的内容。例如，在一家所有董事都参与管理的公司中，某一董事（如负责市场营销的董事）可能并不知道注册会计师与另一董事（如负责财务报表编制的董事）讨论的重大事项。在这种情况下，注册会计师需要对如何运用沟通的要求进行调整。

## 2. 沟通的事项

（1）注册会计师与财务报表审计相关的责任。注册会计师应当与治理层沟通注册会计师与财务报表审计相关的责任，包括：

①注册会计师负责对在治理层监督下管理层编制的财务报表形成和发表意见；

②财务报表审计并不减轻管理层或治理层的责任。

注册会计师与财务报表审计相关的责任应当包含在审计业务约定书或记录审计业务约定条款的其他适当形式的书面协议中。向治理层提供审计业务约定书或其他适当形式的书面协议的副本，可能是与其就下列相关事项进行沟通的适当方式：

①注册会计师按照审计准则执行审计工作的责任，主要集中在对财务报表发表意见上。审计准则要求沟通的事项包括财务报表审计中发现的、与治理层对财务报告过程的监督有关的重大事项。

②审计准则并不要求注册会计师设计程序来识别与治理层沟通的补充事项。

③注册会计师依据法律法规的规定、与被审计单位的协议或适用于该业务的其他规定，承担所需要沟通特定事项的责任（如适用）。

（2）计划的审计范围和时间安排。注册会计师应当与治理层沟通计划的审计范围和时间安排的总体情况，包括识别的特别风险。就计划的审计范围和时间安排进行沟通可以：

①帮助治理层更好地了解注册会计师工作的结果，与注册会计师讨论风险问题和重要性的概念，以及识别可能需要注册会计师追加审计程序的领域；

②帮助注册会计师更好地了解被审计单位及其环境。

在与治理层就计划的审计范围和时间安排进行沟通时，尤其是在治理层部分或全部成员参与管理被审计单位的情况下，注册会计师需要保持职业谨慎，避免损害审计的有效性。例如，沟通具体审计程序的性质和时间安排，可能因这些程序易于被预见而降低其有效性。

沟通的事项可能包括：

①注册会计师拟如何应对由于舞弊或错误导致的特别风险以及重大错报风险评估水平较高的领域；

②注册会计师对与审计相关的内部控制采取的方案；

③在审计中对重要性概念的运用

④实施计划的审计程序或评价审计结果需要的专门技术或知识的性质和程度，包括利用专家的工作；

⑤当《中国注册会计师审计准则第 1504 号——在审计报告中沟通关键审计事项》适用时，注册会计师对哪些事项可能需要重点关注因而可能构成关键审计事项所作的初步判断；

⑥针对适用的财务报告编制基础或者被审计单位所处的环境、财务状况或活动发生的重大变化对单一报表及披露产生的影响，注册会计师拟采取的应对措施。

可能适合与治理层讨论的计划方面的其他事项包括：

①如果被审计单位设有内部审计，注册会计师拟利用内部审计工作的程度，以及注册会计师和内部审计人员如何以建设性和互补的方式更好地协调和配合工作。

②治理层对下列问题的看法：

- 与被审计单位治理结构中的哪些适当人员沟通；
- 治理层和管理层之间的责任分配；
- 被审计单位的目标和战略，以及可能导致重大错报的相关经营风险；
- 治理层认为审计过程中需要特别关注的事项，以及治理层要求注册会计师追加审计程序的领域；
- 与监管机构的重要沟通；
- 治理层认为可能会影响财务报表审计的其他事项。

③治理层对下列问题的态度、认识和措施：被审计单位的内部控制及其在被审计单位中的重要性，包括治理层如何监督内部控制的有效性；舞弊发生的可能性或如何发现舞弊。

④治理层应对会计准则、公司治理实务、交易所上市规则和相关事项变化及这些变化对财务报表的总体列报、结构和内容等方面的影响所采取的措施，包括：财务报表中信息的相关性、可靠性、可比性和可理解性；考虑财务报表是否因包含不相关或有碍正确理解所披露事项的信息而受到不利影响。

⑤治理层对以前与注册会计师沟通作出的反应。

尽管与治理层的沟通可以帮助注册会计师计划审计的范围和时间安排，但并不改变注册会计师独自承担制定总体审计策略和具体审计计划（包括获取充分、适当的审计证据所需程序的性质、时间安排和范围）的责任。

（3）审计中发现的重大问题。注册会计师应当与治理层沟通审计中发现的下列重大问题：

①注册会计师对被审计单位会计实务（包括会计政策、会计估计和财务报表披露）

重大方面的质量的看法。在适当的情况下，注册会计师应当向治理层解释为何某项在适用的财务报告编制基础下可以接受的重大会计实务，并不一定最适合被审计单位的具体情况。

财务报告编制基础通常允许被审计单位作出会计估计以及有关会计政策和财务报表

披露的判断，例如，当存在重大计量不确定性的情况下作出会计估计时，对运用的关键假设作出的判断。此外，法律法规或财务报告编制基础可能要求披露重要会计政策概要、提及“重要的会计估计”或“重要的会计政策和实务”，以向财务报表使用者指明管理层在编制财务报表时作出的最困难、最主观或最复杂的判断，并提供相关的进一步信息。

注册会计师对于财务报表主观方面的看法可能与治理层履行对财务报告过程的监督职责尤其相关。例如，注册会计师对与导致特别风险的会计估计相关的估计不确定性是否得到充分披露进行了评价，治理层可能对这一评价感兴趣。

就被审计单位会计实务重大方面的质量进行开放的、建设性的沟通，可能包括评价重大会计实务和披露的质量的可接受性。

②审计工作中遇到的重大困难。审计工作中遇到的重大困难可能包括下列事项：

- 管理层在提供审计所需信息时出现严重拖延；
- 不合理地要求缩短完成审计工作的时间；
- 为获取充分、适当的审计证据需要付出的努力远远超过预期；
- 无法获取预期的信息；
- 管理层对注册会计师施加的限制；
- 管理层不愿意按照要求对被审计单位持续经营能力进行评估，或不愿意延长评估期间。

在某些情况下，这些困难可能构成对审计范围的限制，导致注册会计师发表非无保留意见。

③已与管理层讨论或需要书面沟通的审计中出现的重大事项，以及注册会计师要求提供的书面声明，除非治理层全部成员参与管理被审计单位。

已与管理层讨论或需要书面沟通的重大事项可能包括：

- 影响被审计单位的业务环境，以及可能影响重大错报风险的经营计划和战略；
- 对管理层就会计或审计问题向其他专业人士进行咨询的关注；
- 管理层在首次委托或连续委托注册会计师时，就会计实务、审计准则应用、审计或其他服务费用与注册会计师进行的讨论或书面沟通。

④影响审计报告形式和内容的情形。按照相关审计准则的规定，注册会计师应当或可能认为有必要在审计报告中包含更多信息并应当就此与治理层沟通的情形包括：

根据《中国注册会计师审计准则第 1502 号——在审计报告中发表非无保留意见》的规定，注册会计师预期在审计报告中发表非无保留意见；

根据《中国注册会计师审计准则第 1324 号——持续经营》的规定，报告与持续经营相关的重大不确定性；

根据《中国注册会计师审计准则第 1504 号——在审计报告中沟通关键审计事项》的规定，沟通关键审计事项；

根据《中国注册会计师审计准则第 1503 号——在审计报告中增加强调事项段和其他事项段》或其他审计准则的规定，注册会计师认为有必要（或应当）增加强调事项段或其他事项段。

在这些情形下，注册会计师可能认为有必要向治理层提供审计报告的草稿，以便于讨论如何在审计报告中处理这些事项。

⑤审计中出现的、根据职业判断认为对监督财务报告过程重大的其他事项。

审计中出现的、与治理层履行对财务报告过程的监督职责直接相关的其他重大事项，可能包括已更正的其他信息存在的对事实的重大错报或重大不一致。

沟通审计中发现的重大问题可能包括要求治理层提供进一步信息以完善获取的审计证据。例如，注册会计师可以证实治理层对与特定的交易或事项有关的事实和情况有着与其相同的理解。

（4）值得关注的内部控制缺陷。在识别和评估重大错报风险时，审计准则要求注册会计师了解与审计相关的内部控制。在进行风险评估时，注册会计师了解内部控制的目的是设计适合具体情况的审计程序，而不是对内部控制的有效性发表意见。

无论在风险评估过程中，还是在审计工作的其他阶段，注册会计师都有可能识别出内部控制缺陷。

①内部控制缺陷和值得关注的内部控制缺陷。

内部控制缺陷，是指在下列任一情况下内部控制存在的缺陷：

- 某项控制的设计、执行或运行不能及时防止或发现并纠正财务报表错报；
- 缺少用以及时防止

或发现并纠正财务报表错报的必要控制。

值得关注的内部控制缺陷，是指注册会计师根据职业判断，认为足够重要从而值得治理层关注的内部控制的一个缺陷或多个缺陷的组合。

注册会计师应当根据已执行的审计工作，确定是否识别出内部控制缺陷。如果识别出内部控制缺陷，注册会计师应当根据已执行的审计工作，确定该缺陷单独或连同其他缺陷是否构成值得关注的内部控制缺陷。

②向治理层和管理层通报内部控制缺陷。注册会计师应当以书面形式及时向治理层通报审计过程中识别出的值得关注的内部控制缺陷。

注册会计师还应当及时向相应层级的管理层通报下列内部控制缺陷：

- 已向或拟向治理层通报的值得关注的内部控制缺陷，除非在具体情况下不适合直接向管理层通报；
- 在审计过程中识别出的、其他方尚未向管理层通报而注册会计师根据职业判断认为足够重要从而值得管理层关注的内部控制其他缺陷。

值得关注的内部控制缺陷的书面沟通文件应当包括以下内容：

- 对缺陷的描述以及对其潜在影响的解释；
- 使治理层和管理层能够了解沟通背景的充分信息。

在向治理层和管理层提供信息时，注册会计师应当特别说明下列事项：

- 注册会计师执行审计工作的目的是对财务报表发表审计意见；

● 审计工作包括考虑与财务报表编制相关的内部控制，其目的是设计适合具体情况的审计程序，并非对内部控制的有效性发表意见（如果结合财务报表审计对内部控制的有效性发表意见，应当删除“并非对内部控制的有效性发表意见”的措辞）；

● 报告的事项仅限于注册会计师在审计过程中识别出的、认为足够重要从而值得向治理层报告的缺陷。

（5）注册会计师的独立性。注册会计师需要遵守与财务报表审计相关的职业道德要求，包括对独立性的要求。

如果被审计单位是上市实体，注册会计师还应当与治理层沟通下列内容：

①就审计项目组成员、会计师事务所其他相关人员，以及会计师事务所和网络事务所按照相关职业道德要求保持了独立性作出声明。

②根据职业判断，注册会计师认为会计师事务所、网络事务所与被审计单位之间存在的可能影响独立性的所有关系和其他事项，包括会计师事务所和网络事务所在财务报表涵盖期间为被审计单位和受被审计单位控制的组成部分提供审计、非审计服务的收费总额。这些收费应当分配到适当的业务类型中，以帮助治理层评估这些服务对注册会计师独立性的影响。

③为消除对独立性的不利影响或将其降至可接受的水平，已经采取的相关防范措施。拟沟通的关系和其他事项以及防范措施因业务具体情况的不同而不同，但是通常包括：

● 对独立性的不利影响，包括因自身利益、自我评价、过度推介、密切关系和外在压力产生的不利影响。

● 法律法规和职业规范规定的防范措施、被审计单位采取的防范措施，以及会计师事务所内部自身的防范措施。

适用于上市实体的有关注册会计师独立性的沟通要求，可能对其他被审计单位也是适当的，包括涉及重大公众利益的被审计单位，例如，由于实体拥有数量众多且分布广泛的利益相关者，以及由于其业务的性质和范围。这些实体举例而言包括金融机构（如银行、保险公司和养老基金）以及慈善机构等。

（6）补充事项。注册会计师可能注意到一些补充事项，虽然这些事项不一定与监督财务报告流程有关，但对治理层监督被审计单位的战略方向或与被审计单位受托责任相关的义务很可能是重要的。这些事项可能包括与治理结构或过程有关的重大问题、缺乏适当授权的高级管理层作出的重大决策或行动。

在确定是否与治理层沟通补充事项时，注册会计师可能就其注意到的某类事项与适当层级的管理层进行讨论，除非在具体情形下不适合这么做。

如果需要沟通补充事项，注册会计师使治理层注意下列事项可能是适当的：

①识别和沟通这类事项对审计目的（旨在对财务报表形成意见）而言，只是附带的；

②除对财务报表形成审计意见所需实施的审计程序外，没有专门针对这些事项实施其他程序；

③没有实施程序来确定是否还存在其他的同类事项。

### 3. 沟通的过程

（1）确立沟通过程。

①基本要求。清楚地沟通注册会计师的责任、计划的审计范围和时间安排以及期望沟通的大致内容，有助于为有效的双向沟通确立基础。通常，讨论下列事项可能有助于实现有效的双向沟通：

● 沟通的目的。如果目的明确，注册会计师和治理层就可以更好地就相关问题和在沟通过程中期望采取的行动取得相互了解。

● 沟通拟采取的形式。与治理层就沟通形式进行讨论，有利于合理确定拟采取的沟通形式，或及时对沟通形式进行必要的调整，同时也有利于得到治理层的理解和配合。

● 由审计项目组和治理层中的哪些人员就特定事项进行沟通。这方面的讨论有利于双方合理确定参与沟通的人员，以及找到适当的沟通对象。

● 注册会计师对沟通的期望，包括将进行双向沟通以及治理层就其认为与审计工作相关的事项与注册会计师沟通。与审计工作相关的事项包括：可能对审计程序的性质、时间安排和范围产生重大影响的战略决策，对舞弊的怀疑或检查，对高级管理人员的诚信或胜任能力的疑虑。

● 对注册会计师沟通的事项采取措施和进行反馈的过程。讨论该事项有利于让治理层知悉注册会计师如何对沟通事项作出反应。

● 对治理层沟通的事项采取措施和进行反馈的过程。讨论该事项有利于让注册会计师知悉治理层如何对沟通事项作出反应。

沟通过程随着具体情况的不同而不同，这些具体情况包括被审计单位的规模和治理结构、治理层如何开展工作，以及注册会计师对拟沟通事项的重要性的看法。难以建立有效的双向沟通可能意味着注册会计师与治理层之间的沟通不足以实现审计目的。

②与管理层的沟通。许多事项可以在正常的审计过程中与管理层讨论，包括审计准则要求与治理层沟通的事项。这种讨论有助于确认管理层对被审计单位经营活动的执行以及（特别是）对财务报表的编制承担的责任。

在与治理层沟通某些事项前，注册会计师可能就这些事项与管理层讨论，除非这种做法并不适当。例如，就管理层的胜任能力或诚信与其讨论可能是不适当的。除确认管理层的执行责任外，这些初步的讨论还可以澄清事实和问题，并使管理层有机会提供进一步的信息和解释。如果被审计单位设有内部审计，注册会计师可以在与治理层沟通前与内部审计人员讨论相关事项。

③与第三方的沟通。治理层可能希望向第三方（如银行或特定监管机构）提供注册会计师书面沟通文件的副本。在某些情况下，向第三方披露书面沟通文件可能是违法或不适当的。在向第三方提供为治理层编制的书面沟通文件时，在书面沟通文件中声明以下内容，告知第三方这些书面沟通文件不是为他们编制，可能是非常重要的：

● 书面沟通文件仅为治理层的使用而编制，在适当的情况下也可供集团管理层和集团注册会计师使用，但不应被第三方依赖；

- 注册会计师对第三方不承担责任；
- 书面沟通文件向第三方披露或分发的任何限制。

另外，法律法规也可能要求注册会计师：向监管机构或执法机构报告与治理层沟通的特定事项。例如，如果管理层和治理层没有采取纠正措施，注册会计师有义务向监管机构或执法机构报告错报。将为治理层编制的特定报告的副本提交给相关监管机构、出资机构或其他机构，例如对某些公共部门实体，需要提交给某些主管部门。向公众公开为治理层编制的报告。应当注意的是，除非法律法规要求向第三方提供注册会计师与治理层的书面沟通文件的副本，否则注册会计师在向第三方提供前可能需要事先征得治理层同意。

（2）沟通的形式。有效的沟通可能包括结构化的陈述、书面报告以及不太正式的沟通（包括讨论）。对于审计中发现的重大问题，如果根据职业判断认为采用口头形式沟通不适当，注册会计师应当以书面形式与治理层沟通，当然，书面沟通不必包括审计过程中的所有事项；对于审计准则要求的注册会计师的独立性，注册会计师也应当以书面形式与治理层沟通。注册会计师还应当以书面形式向治理层通报值得关注的内部控制缺陷。除上述事项外，对于其他事项，注册会计师可以采取口头或书面的方式沟通。书面沟通可能包括向治理层提供审计业务约定书。

除特定事项的重要程度外，沟通的形式（口头沟通或书面沟通，沟通内容的详略程度，以正式或非正式的方式沟通）可能还受下列因素的影响：

①对该事项的讨论是否将包含在审计报告中。例如，在审计报告中沟通关键审计事项时，注册会计师可能认为有必要就确定为关键审计事项的事项进行书面沟通。

②特定事项是否已经得到满意的解决。

③管理层是否已事先就该事项进行沟通。通常，在注册会计师确信管理层已经就拟沟通事项与治理层有效沟通的情况下，如果该事项属于审计准则规定应当直接与治理层沟通的事项，注册会计师在与治理层进行沟通时可以相对简略；如果沟通事项属于审计准则规定的补充事项，注册会计师可能就没有必要就该事项再与治理层进行沟通。

④被审计单位的规模、经营结构、控制环境和法律结构。通常，被审计单位的规模越大、经营和法律结构越复杂，注册会计师就越倾向于采取书面的、更为详细的和更加正式的沟通形式。相对于上市实体或大型被审计单位，在对小型被审计单位的审计中，注册会计师可以以不太正式的方式来与治理层沟通。

⑤在特殊目的财务报表审计中，注册会计师是否还审计被审计单位的通用目的财务报表。在同时审计的情况下，对于已经在通用目的财务报表审计中充分沟通的事项，就可以仅做简要沟通。

⑥法律法规要求。如果法律法规规定对某些特定事项的沟通必须采用书面、正式形式，应当从其规定。

⑦治理层的期望，包括与注册会计师定期会谈或沟通的安排。在不违背法律法规和审计准则要求、有利于实现沟通目的的前提下，注册会计师在确定沟通形式时一般会尽可能地尊重治理层的预期和愿望。

⑧注册会计师与治理层持续接触和对话的次数。如果双方保持频繁的有效联系和对话，对于一些治理层已经了解的事项，沟通的形式就可以比较简略。

⑨治理机构的成员是否发生了重大变化。通常，如果治理层成员发生了重大变化，注册会计师对相关事项的沟通就应当更加详细，以便让新接任的治理层成员全面了解相关的情况。

需要强调的是，要想有效地实现沟通目的，注册会计师需要根据实际情况灵活选择适当的沟通形式。对于沟通形式的选择不必拘泥于固定的模式，也没有必要对所有的沟通事项都采取正式、详细和书面的形式，这样做有时反而会影响沟通的实际效果。

在审计实务中，对于审计准则规定的应当以书面形式沟通的事项，注册会计师一般采用致治理层的沟通函件的方式进行书面沟通。参考图 7-1 所示的沟通函件的形式。

---

××公司董事会（审计委员会）：

根据《中国注册会计师审计准则第 1151 号——与治理层的沟通》的规定，注册会计师应当就与财务报表审计相关且根据职业判断认为与治理层责任相关的重大事项，以适当的方式及时与治理层沟通。保持有效的双向沟通关系，有利于注册会计师与治理层履行各自的职责。

必须特别强调的是，除法律法规和审计准则另有规定的情形之外，这份书面沟通文件仅供贵公司治理层使用，我们对第三方不承担任何责任，未经我们事先书面同意，沟通文件不得被引用、提及或向其他人披露。

以下内容是与我们对贵公司 20×1 年度财务报表进行的审计相关的、按规定应予沟通的重大事项：

（一）对贵公司所采用的会计政策、会计估计和财务报表披露的看法

（二）审计工作中遇到的重大困难

（三）尚未更正的重大错报

……

我们发现，贵公司将 20×1 年 × 月 × 日向 ×× 银行支付的银行借款利息 ×× 元计入了 ×× 在建工程成本。我们认为，根据适用的会计准则和相关会计制度的规定，该笔利息支出不符合借款费用资本化的条件，应当确认为本年度的财务费用。我们已于 20×2 年 × 月 × 日与贵公司管理层沟通并提请更正，但至今尚未得到更正。如不更正，将会导致少计费用从而虚增年度利润的后果，根据该笔业务的性质和重要程度，我们对贵公司 20×1 年度的财务报表将不能出具无保留意见的审计报告。现再次提请贵公司予以更正。

……

（四）其他事项

……

××会计师事务所（盖章）

中国注册会计师：（签名并盖章）

二O×二年×月×日

---

图 7-1 沟通函件格式示例

（3）沟通的时间安排。注册会计师应当及时与治理层沟通。怎样才算及时并非一成不变的，适当的沟通时间安排因业务环境的不同而不同。相关的环境包括事项的重要程度和性质，以及期望治理层采取的行动。例如：

①对于计划事项的沟通，通常在审计业务的早期阶段进行，如系首次接受委托，沟

通可以随同就审计业务条款达成一致意见一并进行。

②对于审计中遇到的重大困难，如果治理层能够协助注册会计师克服这些困难，或者这些困难可能导致发表非无保留意见，可能需要尽快沟通。如果识别出值得关注的内部控制缺陷，注册会计师可能在进行书面沟通前尽快向治理层口头沟通。无论何时（如承接一项非审计服务和在总结性讨论中）就对独立性的不利影响和相关防范措施作出了重要判断，就独立性进行沟通都可能是适当的。总结性讨论可能还是沟通审计中发现的问题（包括注册会计师对被审计单位会计实务质量的看法）的适当的时间。

③当《中国注册会计师审计准则第 1504 号——在审计报告中沟通关键审计事项》适用时，注册会计师可以在讨论审计工作的计划范围及时间安排时沟通对关键审计事项的初步看法，注册会计师在沟通重大审计发现时也可以与治理层进行更加频繁的沟通，以进一步讨论此类事项。

④无论何时（如承接一项非审计服务和在总结性讨论中）就对独立性的不利影响和相关防范措施作出了重要判断，就独立性进行沟通都可能是适当的。

⑤沟通审计中发现的问题，包括注册会计师对被审计单位会计实务质量的看法，也可能作为总结性讨论的一部分。

⑥当同时审计通用目的和特殊目的财务报表时，注册会计师协调沟通的时间安排可能是适当的。

除了沟通事项的重要程度以外，可能与沟通的时间安排相关的其他因素包括：

①被审计单位的规模、经营结构、控制环境和法律结构；

②在规定的时限内沟通特定事项的法定义务；

③治理层的期望，包括与注册会计师定期会谈或沟通的安排；

④注册会计师识别出特定事项的时间。例如，注册会计师可能未能在可以采取预防措施的时间内识别出某一特定事项（如违反某项法律法规），但是沟通该事项可能有助于采取补救措施。

（4）沟通过程的充分性。注册会计师应当评价其与治理层之间的双向沟通对实现审计目的是否充分。如果认为双向沟通不充分，注册会计师应当评价其对重大错报风险评估以及获取充分、适当的审计证据的能力的影响，并采取适当的措施。

①有助于评价沟通过程充分性的审计证据。注册会计师不需要设计专门程序以支持其对与治理层之间的双向沟通的评价，这种评价可以建立在为其他目的而实施的审计程序所获取的见解的基础上。这些见解可能涉及：

- 针对注册会计师提出的沟通事项，治理层采取的措施的适当性和及时性。如果前期沟通中提出的重大事项没有得到有效解决，注册会计师可能需要询问没有采取适当措施的原因，并考虑再次提出该事项。这样能避免治理层形成错误印象，误认为注册会计师因觉得该事项已经充分解决或不再重要而感到满意。
- 治理层在与注册会计师沟通的过程中表现出来的坦率程度。
- 治理层在没有管理层在场的情况下与注册会计师会谈的意愿和能力。

● 治理层表现出来的对注册会计师所提出的事项的全面理解能力。例如，治理层在多大程度上对相关问题展开调查以及质疑向其提出的建议。

● 就拟沟通的形式、时间安排和期望的大致内容与治理层达成相互理解的难度。

● 当治理层全部或部分成员参与管理被审计单位时，他们所表现出的对与注册会计师讨论的事项如何影响其治理责任和管理责任的了解。

● 注册会计师与治理层之间的双向沟通是否符合法律法规的规定。

②沟通不充分的应对措施。有效的双向沟通对于注册会计师和治理层都有帮助。治理层的参与（包括他们与内部审计人员和注册会计师的互动）是被审计单位控制环境的一个要素。不充分的双向沟通可能意味着令人不满意的控制环境，影响注册会计师对重大错报风险的评估。同时存在一种风险，即注册会计师可能不能获取充分、适当的审计证据以形成对财务报表的审计意见。

如果注册会计师与治理层之间的双向沟通不充分，并且这种情况得不到解决，注册会计师可以采取下列措施：

● 根据范围受到的限制发表非无保留意见；

● 就采取不同措施的后果征询法律意见；

● 与第三方（如监管机构）、被审计单位外部的在治理结构中拥有更高权力的组织或人员（如企业的业主、股东大会中的股东）或对公共部门负责的政府部门进行沟通；

● 在法律法规允许的情况下解除业务约定。

### 4. 审计工作底稿

注册会计师应当记录与治理层沟通的重大事项，包括记录那些对于表明形成审计报告的合理基础、证明审计工作的执行遵循了审计准则和其他法律法规要求而言很重要的事项。

如果审计准则要求沟通的事项是以口头形式沟通的，注册会计师应当将其包括在审计工作底稿中，并记录沟通的时间和对象；如果审计准则要求沟通的事项是以书面形式沟通的，注册会计师应当保存一份沟通文件的副本，作为审计工作底稿的一部分。

如果被审计单位编制的会议纪要是沟通的适当记录，注册会计师可以将其副本作为对口头沟通的记录，并作为审计工作底稿的一部分。如果发现这些记录不能恰当地反映沟通的内容，且有差别的事项比较重大，注册会计师一般会另行编制能恰当记录沟通内容的纪要，将其副本连同被审计单位编制的纪要一起致送治理层，提示两者的差别，以免引起不必要的误解。

如果根据业务环境不容易识别出适当的沟通人员，注册会计师还应当记录识别治理结构中的适当沟通人员的过程。记录的内容一般包括从被审计单位获取的治理结构和组织结构图、项目组内部就确定沟通对象的讨论、与委托人就沟通对象进行沟通的过程和商定的结果等。它可以记录于注册会计师的工作底稿中，必要时也可以载入业务约定书或记录商定的业务约定条款的其他形式的合约中。

如果治理层全部参与管理，注册会计师还应当记录对沟通的充分性进行考虑的过程，即考虑与负有管理责任人员的沟通能否向所有负有治理责任的人员充分传递应予沟通内容的过程。

## 子任务 7.2.2 前任注册会计师和后任注册会计师的沟通

前任注册会计师，是指已对被审计单位上期财务报表进行审计，但被现任注册会计师接替的其他会计师事务所的注册会计师。接受委托但未完成审计工作，已经或可能与委托人解除业务约定的注册会计师，也视为前任注册会计师。

当会计师事务所发生变更时(变更已经发生或正在进行之中)，前任注册会计师通常包含两种情况：①已对最近一期财务报表发表了审计意见的某会计师事务所的注册会计师。②接受委托但未完成审计工作的某会计师事务所的注册会计师。

值得注意的是，前任注册会计师的定义中包括“可能与委托人解除约定”的情形，即虽然委托人尚未正式与会计师事务所解除业务约定，但业务约定有可能终止。这种情形通常出现在会计师事务所接受委托但尚未完成审计工作的情况下。委托人（被审计单位）可能与前任注册会计师在重大的会计、审计问题上存在意见分歧，并试图通过接触其他会计师事务所寻求有利于自己的审计意见，而一旦其他会计师事务所提供了有利于被审计单位的审计意见，被审计单位就会解聘前任注册会计师。这就是通常所说的“购买审计意见”（Opinion Shopping）的情况。在这种情况下，如果后任注册会计师通过与前任注册会计师沟通而拒绝接受委托，委托人就不敢轻易解聘前任注册会计师，从而使前任注册会计师的利益得到保护。

在实务中，还可能出现委托人在相邻两个会计年度中连续变更多家会计师事务所的情况（最极端的情况是，不仅在相邻两个会计年度中连续变更多家会计师事务所，而且在当期财务报表审计过程中也变更会计师事务所)。在这种情况下，前任注册会计师是指相对于执行当期财务报表审计业务的会计师事务所而言，为最近一期财务报表出具了审计报告的某会计师事务所，以及在后任注册会计师之前接受委托对当期财务报表进行审计但未完成审计工作的所有会计师事务所。

后任注册会计师，是指正在考虑接受委托或已经接受委托，接替前任注册会计师对被审计单位本期财务报表进行审计的注册会计师。如果被审计单位委托注册会计师对已审计财务报表进行重新审计，正在考虑接受委托或已经接受委托的注册会计师也视为后任注册会计师。

当会计师事务所发生变更时（正在进行变更或已经变更)，后任注册会计师通常包括两种情况：①在签订业务约定书之前，正在考虑接受委托的注册会计师。此时，后任注册会计师对于是否接受委托尚未作出最后决定，正准备与前任注册会计师沟通，待了解有关情况之后再做决定；②已接受委托并签订业务约定书，接替前任注册会计师执行财务报表审计业务的注册会计师。

由于某些特殊原因或需要，委托人有可能委托注册会计师对已审计财务报表进行重新审计。在这种情况下，之前对已审计财务报表发表审计意见的注册会计师应视为前任注册会计师，而正在考虑接受委托或已经接受委托的注册会计师应视为后任注册会计师。这实际上是对前后任注册会计师含义的进一步拓展，即前后任注册会计师并不一定意味着后任将取代前任。当被审计单位的财务报表已经审计但需要重新审计时，就不属于后任取代前任的情况。例如，当被审计单位的股东对某会计师事务所的审计报告不满意或不放心时，就可能会再聘请另一家会计师事务所进行重新审计。

前任注册会计师和后任注册会计师是就会计师事务所发生变更时的情况而言的。在未发生会计师事务所变更的情况下，同处于某一会计师事务所中的不同的注册会计师不属于前后任注册会计师的范畴。

对前后任注册会计师沟通的总体要求是，前后任注册会计师的沟通通常由后任注册会计师主动发起，但需征得被审计单位的同意。前后任注册会计师的沟通可以采用书面或口头的方式。后任注册会计师应当将沟通的情况记录于审计工作底稿。

这一总体原则包括以下几层含义：

（1）沟通的发起方。在前后任注册会计师的沟通过程中，后任注册会计师负有主动沟通的义务。其理由在于，如果前任注册会计师与被审计单位解除了业务约定，就不再对之后的财务报表审计承担任何责任和风险，通常也不会关注后任注册会计师的审计计划和审计程序。只有后任注册会计师主动与前任注册会计师进行沟通，才有可能在更大程度上发现财务报表中潜在的重大错报，以降低审计风险。

（2）沟通的前提。前任注册会计师和后任注册会计师的沟通通常由后任注册会计师主动发起，但需征得被审计单位的同意。这主要是因为，无论是前任还是后任注册会计师，都负有为被审计单位的信息保密的义务。当前后任注册会计师的沟通涉及被审计单位的有关信息时，应当征得被审计单位的同意，这也是注册会计师职业道德的基本要求。

（3）沟通的方式。沟通可以采用书面或口头的方式进行。

（4）对沟通情况的记录。尽管沟通可以采用书面或口头的方式进行，但后任注册会计师应当将沟通的情况记录于审计工作底稿，以便完整反映审计工作的轨迹。

此外，前后任注册会计师应当对沟通过程中获知的信息保密。即使未接受委托，后任注册会计师仍应履行保密义务。

### 1. 接受委托前的沟通

（1）接受委托前的必要沟通。在接受委托前，后任注册会计师应当与前任注册会计师进行必要沟通，并对沟通结果进行评价，以确定是否接受委托。这是审计准则对注册会计师接受委托前进行必要沟通的核心要求，它包括以下三层含义：

①沟通的目的。在接受委托前，后任注册会计师与前任注册会计师进行沟通的目的是了解被审计单位更换会计师事务所的原因以及是否存在不应接受委托的情况，以确定是否接受委托。后任注册会计师一般只有通过与前任注册会计师直接沟通，才有可能了解更换会计师事务所的真实原因。

②接受委托前的沟通是必要的审计程序。与前任注册会计师进行沟通，是后任注册会计师在接受委托前应当执行的必要审计程序。如果没有进行必要沟通，则应视为后任注册会计师没有实施必要的审计程序。

③评价沟通结果。在进行必要沟通后，后任注册会计师应当对沟通结果进行评价，以确定是否接受委托。为使沟通真正发挥效用，后任注册会计师应当对前任注册会计师提供的信息给予应有的重视，对其进行评价，并与被审计单位提供的信息进行比较。如果前任注册会计师提供的信息与被审计单位提供的更换会计师事务所的原因不符，特别是当被审计单位与前任注册会计师在会计、审计问题上存在着重大意见分歧时，被审计单位可能会试图通过后任注册会计师寻求有利于自己的审计意见，在这种情况下，后任注册会计师应慎重考虑是否接受委托。当出现上述情况时，后任注册会计师一般应拒绝接受委托，以抑制被审计单位购买审计意见的企图，并保护前任注册会计师的利益。

（2）必要沟通的核心内容。如前所述，接受委托前，向前任注册会计师进行询问是一项必要的沟通程序。但后任注册会计师向前任注册会计师询问的内容应当合理、具体。既不能过于宽泛，也不宜过于琐碎。必要沟通过程中通常值得关注和询问的事项包括：①是否发现被审计单位管理层存在诚信方面的问题。例如，向前任注册会计师了解被审计单位的商业信誉如何，是否发现管理层存在缺乏诚信的行为，被审计单位是否过分考虑将会计师事务所的审计收费维持在尽可能低的水平，审计范围是否受到不适当限制等；②前任注册会计师与管理层在重大会计、审计等问题上存在的意见分歧。例如，在会计政策和会计估计的运用、财务报表的披露方面存在重大的意见分歧，管理层不接受注册会计师的调整建议等；③前任注册会计师向被审计单位治理层通报的管理层舞弊、违反法律法规行为以及值得关注的内部控制缺陷。例如，向前任注册会计师询问其从被审计单位监事会或审计委员会是否了解到管理层的任何舞弊事实、舞弊嫌疑，或针对管理层的舞弊指控，以及违反法规行为，特别是被审计单位是否存在涉嫌洗钱或其他刑事犯罪的行为或迹象等。了解这些信息也有助于对管理层的诚信状况作出判断；④前任注册会计师认为导致被审计单位变更会计师事务所的原因。变更会计师事务所的要求，可能是由客户提出的，也可能是由会计师事务所提出的。变更的原因各种各样，有些原因是正当的，有些原因是不正当的。如果变更会计师事务所的原因可能是由于前任注册会计师在会计、审计问题上与被审计单位管理层存在分歧，管理层对前任注册会计师的审计意见不满意，经多次沟通仍难以达成一致意见，则后任注册会计师要慎重考虑是否接受该项业务委托。

上述事项都属于可能对后任注册会计师执行财务报表审计业务产生重大影响的信息，对后任注册会计师来说，是决定是否接受委托的至关重要的因素。

（3）前任注册会计师的答复。在被审计单位允许前任注册会计师对后任注册会计师的询问作出充分答复的情况下，前任注册会计师应当根据所了解的事实，对后任注册会计师的合理询问及时作出充分答复。当有多家会计师事务所正在考虑是否接受被审计单位的委托时，前任注册会计师应在被审计单位明确选定其中的一家会计师事务所作为后任注册会计师之后，才对该后任注册会计师的询问作出答复。例如，当会计师事务所以投标方式承接审计业务时，前任注册会计师只需对中标的会计师事务所（后任注册会计师）的询问作出答复，而无须对所有参与投标的会计师事务所的询问进行答复。

如果受到被审计单位的限制或存在法律诉讼的顾虑，决定不向后任注册会计师作出充分答复，前任注册会计师应当向后任注册会计师表明其答复是有限的，并说明原因。此时，后任注册会计师需要判断是否存在由被审计单位或潜在法律诉讼引起的答复限制，并考虑对接受委托的影响；如果未得到答复，且没有理由认为变更会计师事务所的原因异常，后任注册会计师需要设法以其他方式与前任注册会计师再次进行沟通。如果仍得不到答复，后任注册会计师可以致函前任注册会计师，说明如果在适当的时间内得不到答复，将假设不存在专业方面的原因使其拒绝接受委托，并表明拟接受委托。

（4）被审计单位不同意沟通时的处理。后任注册会计师进行主动沟通的前提是征得被审计单位的同意。后任注册会计师应当提请被审计单位以书面方式允许前任注册会计师对其询问作出充分答复。如果受到被审计单位的限制或存在法律诉讼的顾虑，决定不向后任注册会计师作出充分答复，前任注册会计师应当向后任注册会计师表明其答复是有限的，并说明原因。如果得到的答复是有限的，或未得到答复，后任注册会计师应当考虑是否接受委托。实际上，这种情况本身就向后任注册会计师传递出一种信号，即被审计单位可能与前任注册会计师在重大的会计、审计问题上存在意见分歧，或被审计单位管理层存在诚信方面的问题，后任注册会计师应当对此提高警惕，慎重评估潜在的审计风险，并考虑是否接受委托。当这种情况出现时，后任注册会计师一般应当拒绝接受委托，除非可以通过其他方式获知必要的事实，或有充分的证据表明被审计单位财务报表的审计风险水平非常低。

### 2. 接受委托后的沟通

接受委托后的沟通与接受委托前有所不同，它不是必要程序，而是由后任注册会计师根据审计工作需要自行决定的。这一阶段的沟通主要包括查阅前任注册会计师的工作底稿及询问有关事项等。沟通可以采用电话询问、举行会谈、致送审计问卷等方式，但最有效、最常用的方式是查阅前任注册会计师的工作底稿。

（1）查阅前任注册会计师工作底稿的前提。接受委托后，如果需要查阅前任注册会计师的工作底稿，后任注册会计师应当征得被审计单位同意，并与前任注册会计师进行沟通。

审计实务中，在接受审计业务委托前，几乎不可能存在前任注册会计师允许后任注册会计师查阅其审计工作底稿的情况。但在接受委托后，前任注册会计师可以考虑允许后任注册会计师查阅其审计工作底稿。如果上期财务报表由前任注册会计师审计，后任注册会计师可考虑通过查阅前任注册会计师的工作底稿获取有关期初余额的审计证据，并考虑前任注册会计师的独立性和专业胜任能力。

（2）查阅相关工作底稿及其内容。根据《<质量控制准则第 5101 号——会计师事务所对执行财务报表审计和审阅、其他鉴证和相关服务业务实施的质量控制>应用指南》的规定，审计工作底稿的所有权属于会计师事务所。前任注册会计师所在的会计师事务所可自主决定是否允许后任注册会计师获取工作底稿部分内容，或摘录部分工作底稿。

如果前任注册会计师决定向后任注册会计师提供工作底稿，一般可考虑进一步从被审计单位（前审计客户）处获取一份确认函，以便降低在与后任注册会计师进行沟通时发生误解的可能性。前任注册会计师应当自主决定可供后任注册会计师查阅、复印或摘录的工作底稿内容，这些内容通常可能包括有关审计计划、控制测试、审计结论的工作底稿，以及其他具有延续性的对本期审计产生重大影响的会计、审计事项（如有关资产负债表账户的分析和或有事项）的工作底稿。

（3）前任注册会计师和后任注册会计师就使用工作底稿达成一致意见。在允许查阅工作底稿之前，前任注册会计师应当向后任注册会计师获取确认函，就工作底稿的使用目的、范围和责任等与其达成一致意见。

在实务中，如果后任注册会计师在工作底稿的使用方面作出了更高程度的限制性保证，那么，前任注册会计师可能会愿意向其提供更多的接触工作底稿的机会。相应地，为了获取对工作底稿的更多的接触机会，后任注册会计师可以考虑同意前任注册会计师在自己查阅工作底稿过程中可能作出的限制。例如：①不将查阅工作底稿获得的信息用于其他任何目的：②在查阅工作底稿后。不对任何人作出关于前任注册会计师的审计是否遵循了审计准则的口头或书面评论；③当涉及前任注册会计师的审计质量时，后任注册会计师不应提供任何专家证词、诉讼服务或承接关于前任注册会计师审计质量的评论业务。

（4）利用工作底稿的责任。查阅前任注册会计师工作底稿获取的信息可能影响后任注册会计师实施审计程序的性质、时间安排和范围，但后任注册会计师应当对自身实施的审计程序和得出的审计结论负责。后任注册会计师不应在审计报告中表明，其审计意见全部或部分地依赖前任注册会计师的审计报告或工作。

### 3. 发现前任注册会计师审计的财务报表可能存在重大错报时的处理

（1）安排三方会谈。如果发现前任注册会计师审计的财务报表可能存在重大错报，后任注册会计师应当提请被审计单位告知前任注册会计师。必要时，后任注册会计师应当要求被审计单位安排三方会谈。前后任注册会计师应当就任何在已审计财务报表报出后发现的、对已审计财务报表可能存在重大影响的信息进行沟通，以便双方按照有关审计准则作出妥善处理。

（2）无法参加三方会谈的处理。如果被审计单位拒绝告知前任注册会计师，或前任注册会计师拒绝参加三方会谈，或后任注册会计师对解决问题的方案不满意，后任注册会计师应当考虑对审计意见的影响或解除业务约定。具体讲，后任注册会计师应当考虑：

①这种情况对当前审计业务的潜在影响，并根据具体情况出具恰当的审计报告；②是否退出当前审计业务。此外，后任注册会计师可考虑向其法律顾问咨询，以便决定如何采取进一步措施。

# 任务 7.3 注册会计师利用他人的工作

| 情景列表 | 情　景　实　例 |
| --- | --- |
| 利用内部审计工作 | 为支持所得出的结论，审计人员都需要获取充分、适当的审计证据，都可以运用观察、询问、函证和分析程序等审计方法 |

## 子任务 7.3.1 利用内部审计工作

内部审计是指被审计单位负责执行鉴证和咨询活动，以评价和改进被审计单位的治理、风险管理和内部控制流程有效性的部门、岗位或人员。内部审计的职能包括检查、评价和监督内部控制的恰当性和有效性等。

内部审计人员，是指执行内部审计活动的人员。内部审计人员可能属于内部审计部门或履行内部审计职责的类似部门。

注册会计师在审计过程中，通常需要了解和测试被审计单位的内部控制，而内部审计是被审计单位内部控制的一个重要组成部分。因此，注册会计师应当考虑内部审计活动及其在内部控制中的作用，以评估财务报表重大错报风险及其对注册会计师审计程序的影响。

虽然注册会计师对发表审计意见以及确定审计程序的性质、时间安排和范围独自承担责任，但内部审计与注册会计师审计用以实现各自目标的某些手段存在相近之处，利用内部审计工作或利用内部审计人员提供直接协助可能有助于注册会计师的审计工作。例如，内部审计人员在评估销售与收款循环的内部控制时，其工作底稿可能包括相关控制政策的说明和控制流程图等。注册会计师可以通过复核和评价内部审计人员的工作底稿，获得对内部控制的了解。注册会计师通过了解与评估内部审计工作，利用可信赖的内部审计工作相关部分的成果，或利用内部审计人员提供直接协助，可以减少不必要的重复劳动，提高审计工作效率。

### 1. 内部审计的目标

被审计单位内部审计的目标是由其管理层和治理层确定的。由于被审计单位的规模、组织结构以及管理层和治理层（如适用）的要求不同，内部审计的目标和范围、职责及其在被审计单位中的地位（包括权威性和问责机制）可能有较大差别。内部审计可能包括下列一项或多项活动：

（1）与公司治理有关的活动。内部审计可能评估被审计单位的治理流程是否能够实现下列方面的目标：道德和价值观，绩效管理和问责机制，向组织内的适当范围传达风险和控制信息，以及治理层、注册会计师、内部审计人员和管理层之间的有效沟通。

（2）与风险管理有关的活动。

①内部审计可能有助于被审计单位识别和评价面临的重大风险，改善风险管理和内部控制（包括财务报告过程的有效性）；

②内部审计可能实施程序，以有助于被审计单位发现舞弊情形。

（3）与内部控制有关的活动。

①评价内部控制。内部审计可能承担复核内部控制、评价内部控制的运行以及对内部控制提出改进建议等方面的特定责任。在这种情况下，内部审计为内部控制提供鉴证。例如，内部审计可能计划并实施测试或其他程序，为管理层和治理层就内部控制的设计、执行和运行有效性提供鉴证，包括与审计相关的内部控制。

②检查财务和经营信息。内部审计可能被要求复核用以识别、确认、计量、分类和报告财务和经营信息的方法，并针对个别事项实施专门调查，包括对交易、账户余额和程序进行详细测试。

③复核经营活动。内部审计可能被要求复核被审计单位经营活动（包括非财务活动）的经济性、效率和效果。

④复核遵守法律法规的情况。内部审计可能被要求复核被审计单位对法律法规、其他外部要求以及管理层的政策、指令和其他内部要求的遵守情况。

### 2. 内部审计和注册会计师的关系

（1）内部审计与注册会计师审计的联系。尽管内部审计与注册会计师审计之间存在诸多差异，但两者用以实现各自目标的某些方式却通常是相似的。此外，内部审计对象与注册会计师审计对象也密切相关，甚至存在部分重叠。因此，注册会计师应当考虑内部审计工作的某些方面是否有助于确定审计程序的性质、时间安排和范围，包括了解内部控制所采用的程序、评估财务报表重大错报风险所采用的程序和实质性程序。

通过了解内部审计工作的情况。注册会计师可以掌握内部审计发现的、可能对被审计单位财务报表和注册会计师审计产生重大影响的事项。如果内部审计的工作结果表明被审计单位的财务报表在某些领域存在重大错报风险，注册会计师就应当对这些领域给予特别关注。注册会计师在审计中利用内部审计人员的工作包括：①在获取审计证据的过程中利用内部审计的工作；②在注册会计师的指导、监督和复核下利用内部审计人员提供直接协助。

（2）利用内部审计工作不能减轻注册会计师的责任。虽然相关内部审计准则要求内部审计机构和人员保持独立性和客观性，但考虑到内部审计是被审计单位的一部分，其自主程度和客观性毕竟是有限的，无法达到注册会计师审计所要求的水平。因此，尽管内部审计工作的某些部分或利用内部审计人员提供直接协助，可能对注册会计师的工作有所帮助，但注册会计师必须对与财务报表审计有关的所有重大事项独立作出职业判断，而不应完全依赖内部审计工作。通常，审计过程中涉及的职业判断，如重大错报风险的评估、重要性水平的确定、样本规模的确定、对会计政策和会计估计的评估等，均应当由注册会计师负责执行。

同样，注册会计师对发表的审计意见独立承担责任，这种责任并不因利用内部审计工作或利用内部审计人员对该项审计业务提供直接协助而减轻。

### 3. 确定是否利用、在哪些领域利用以及在多大程度上利用内部审计的工作

当被审计单位存在内部审计，并且注册会计师预期将利用其工作以调整注册会计师直接实施的审计程序的性质、时间安排，或缩小其范围时，注册会计师应当确定：

（1）是否能够利用内部审计的工作。

（2）如果能够利用，在哪些领域利用以及在多大程度上利用。

（3）内部审计的工作是否足以实现审计目的。

注册会计师应当通过评价下列事项，确定是否能够利用内部审计的工作以实现审计目的：

（1）内部审计在被审计单位中的地位，以及相关政策和程序支持内部审计人员客观性的程度。

（2）内部审计人员的胜任能力。

（3）内部审计是否采用系统、规范化的方法（包括质量控制）。如果存在下列情形之一，注册会计师不得利用内部审计的工作。

①内部审计在被审计单位的地位以及相关政策和程序不足以支持内部审计人员的客观性；

②内部审计人员缺乏足够的胜任能力；

③内部审计没有采用系统、规范化的方法（包括质量控制）。

注册会计师应当考虑内部审计已执行和拟执行工作的性质和范围，以及这些工作与注册会计师总体审计策略和具体审计计划的相关性，以作为确定能够利用内部审计工作的领域和程度的基础。

注册会计师应当作出审计业务中的所有重大判断，并防止不当利用内部审计工作。当存在下列情况之一时，注册会计师应当计划较少地利用内部审计工作，而更多地直接执行审计工作。

（1）当在下列方面涉及较多判断时：

①计划和实施相关的审计程序；

②评价收集的审计证据。

（2）当评估的认定层次重大错报风险较高，需要对识别出的特别风险予以特殊考虑时。

（3）当内部审计在被审计单位中的地位以及相关政策和程序对内部审计人员客观性的支持程度较弱时。

（4）当内部审计人员的胜任能力较低时。

由于注册会计师对发表的审计意见独立承担责任，注册会计师应当评价从总体上而言，在计划的范围内利用内部审计工作是否仍然能够使注册会计师充分地参与审计工作。

当注册会计师按照《中国注册会计师审计准则第 1151 号——与治理层的沟通》的规定与治理层沟通计划的审计范围和时间安排的总体情况时，应当包括其计划如何利用内部审计工作。

### 4. 利用内部审计工作

如果计划利用内部审计工作，注册会计师应当与内部审计人员讨论利用其工作的计划，以作为协调各自工作的基础。

注册会计师应当阅读与拟利用的内部审计工作相关的内部审计报告，以了解其实施的审计程序的性质和范围以及相关发现。

注册会计师应当针对计划利用的全部内部审计工作实施充分的审计程序，以确定其对于实现审计目的是否适当，包括评价下列事项：

（1）内部审计工作是否经过恰当的计划、实施、监督、复核和记录。

（2）内部审计是否获取了充分、适当的证据，以使其能够得出合理的结论。

（3）内部审计得出的结论在具体环境下是否适当，编制的报告与执行工作的结果是否一致。

注册会计师实施审计程序的性质和范围应当与其对以下事项的评价相适应，并应当包括重新执行内部审计的部分工作：

（1）涉及判断的数量或金额。

（2）评估的重大错报风险。

（3）内部审计在被审计单位中的地位以及相关政策和程序支持内部审计人员客观性的程度。

（4）内部审计人员的胜任能力。

### 5. 确定是否利用、在哪些领域利用以及在多大程度上利用内部审计人员提供直接协助

当被审计单位存在内部审计，并且注册会计师预期将利用内部审计人员提供直接协助时，注册会计师应当：

（1）确定是否能够利用内部审计人员提供直接协助。

（2）如果能够利用，确定在哪些领域利用以及在多大程度上利用。

（3）如果拟利用内部审计人员提供直接协助，适当地指导、监督和复核其工作。

如果法律法规不禁止利用内部审计人员提供直接协助，并且注册会计师计划利用内部审计人员在审计中提供直接协助，注册会计师应当评价是否存在对内部审计人员客观

性的不利影响及其严重程度，以及提供直接协助的内部审计人员的胜任能力。注册会计师在评价是否存在对内部审计人员客观性的不利影响及其严重程度时，应当包括询问内部审计人员可能对其客观性产生不利影响的利益和关系。

当存在下列情形之一时，注册会计师不得利用内部审计人员提供直接协助：

（1）存在对内部审计人员客观性的重大不利影响。

（2）内部审计人员对拟执行的工作缺乏足够的胜任能力。

在确定可能分配给内部审计人员的工作的性质和范围，以及根据具体情况对内部审计人员进行指导、监督和复核的性质、时间安排和范围时，注册会计师应当考虑下列方面：

（1）在计划和实施相关审计程序以及评价收集的审计证据时，涉及判断的程度。

（2）评估的重大错报风险。

（3）针对拟提供直接协助的内部审计人员，注册会计师关于是否存在对其客观性的不利影响及其严重程度的评价结果，以及关于其胜任能力的评价结果。

注册会计师不得利用内部审计人员提供直接协助以实施具有下列特征的程序：

（1）在审计中涉及作出重大判断。

（2）涉及较高的重大错报风险，在实施相关审计程序或评价收集的审计证据时需要作出较多的判断。

（3）涉及内部审计人员已经参与并且已经或将要由内部审计向管理层或治理层报告的工作。

（4）涉及注册会计师按照规定就内部审计，以及利用内部审计工作或利用内部审计人员提供直接协助作出的决策。

在恰当评价是否利用以及在多大程度上利用内部审计人员在审计中提供直接协助后，注册会计师在按照《中国注册会计师审计准则第 1151 号——与治理层的沟通》的规定与治理层沟通计划的审计范围和时间安排的总体情况时，应当沟通拟利用内部审计人员提供直接协助的性质和范围，以使双方就在业务的具体情形下并未过度利用内部审计人员提供直接协助达成共识。

由于注册会计师对发表的审计意见独立承担责任，注册会计师应当评价在计划的范围内利用内部审计人员提供直接协助，连同对内部审计工作的利用，从总体上而言，是否仍然能够使注册会计师充分地参与审计工作。

### 6. 利用内部审计人员提供直接协助

在利用内部审计人员为审计提供直接协助之前，注册会计师应当：

（1）从拥有相关权限的被审计单位代表人员处获取书面协议，允许内部审计人员遵循注册会计师的指令，并且被审计单位不干涉内部审计人员为注册会计师执行的工作。

（2）从内部审计人员处获取书面协议，表明其将按照注册会计师的指令对特定事项保密，并将对其客观性受到的任何不利影响告知注册会计师。

注册会计师应当按照《中国注册会计师审计准则第 1121 号——对财务报表审计实施的质量控制》的规定对内部审计人员执行的工作进行指导、监督和复核。在进行指导、监督和复核时：

（1）注册会计师在确定指导、监督和复核的性质、时间安排和范围时应当认识到内部审计人员并不独立于被审计单位，并且指导、监督和复核的性质、时间安排和范围应当恰当应对对涉及判断的程度、评估的重大错报风险、拟提供直接协助的内部审计人员客观性和胜任能力的评价结果。

（2）复核程序应当包括由注册会计师检查内部审计人员执行的部分工作所获取的审计证据。

注册会计师对内部审计人员执行的工作的指导、监督和复核应当足以使注册会计师对内部审计人员就其执行的工作已获取充分、适当的审计证据以支持相关审计结论感到满意。

### 7. 审计工作底稿

如果利用内部审计工作，注册会计师应当在审计工作底稿中记录：

（1）对下列事项的评价。

①内部审计在被审计单位中的地位、相关政策和程序是否足以支持内部审计人员的客观性；

②内部审计人员的胜任能力；

③内部审计是否采用系统、规范化的方法（包括质量控制）。

（2）利用内部审计工作的性质和范围以及作出该决策的基础。

（3）注册会计师为评价利用内部审计工作的适当性而实施的审计程序。

如果利用内部审计人员为审计提供直接协助，注册会计师应当在审计工作底稿中记录：

（1）关于是否存在对内部审计人员客观性的不利影响及其严重程度的评价，以及关于提供直接协助的内部审计人员的胜任能力的评价；

（2）就内部审计人员执行工作的性质和范围作出决策的基础；

（3）根据《中国注册会计师审计准则第 1131 号——审计工作底稿》的规定，所执行工作的复核人员及复核的日期和范围；

（4）从拥有相关权限的被审计单位代表人员和内部审计人员处获取的书面协议；

（5）在审计业务中提供直接协助的内部审计人员编制的审计工作底稿。

## 子任务 7.3.2 利用专家的工作

专家，即注册会计师的专家，是指在会计或审计以外的某一领域具有专长的个人或组织，并且其工作被注册会计师利用，以协助注册会计师获取充分、适当的审计证据。专家既可能是会计师事务所内部专家（如会计师事务所或其网络事务所的合伙人或员工，包括临时员工），也可能是会计师事务所外部专家。

这里的专长，是指在某一特定领域中拥有的专门技能、知识和经验。例如：

（1）对下列方面进行估价：复杂的金融工具、土地及建筑物、厂房和机器设备、珠宝、艺术品、古董、无形资产、企业合并中收购的资产和承担的负债，以及可能发生减值的资产。

（2）对与保险合同或员工福利计划相关的负债进行精算。

（3）对石油和天然气储量进行估算。

（4）对环境负债和场地清理费用进行估价。

（5）对合同、法律和法规进行解释。

（6）对复杂或异常的纳税问题进行分析。

专家通常可以是工程师、律师、资产评估师、精算师、环境专家、地质专家、IT 专家以及税务专家，也可以是这些个人所从属的组织，如律师事务所、资产评估公司以及各种咨询公司等。

就利用专家的工作问题，注册会计师的目标是：确定是否利用专家的工作，如果利用专家的工作，专家的工作是否足以实现审计目的。如果注册会计师按照审计准则的规定利用了专家的工作，并得出结论认为专家的工作足以实现审计目的，注册会计师可以接受专家在其专业领域的工作结果或结论，并作为适当的审计证据。但注册会计师对发表的审计意见独立承担责任，这种责任并不因利用专家的工作而减轻。

### 1. 确定是否利用专家的工作

（1）可能需要利用专家工作的审计程序范围。注册会计师在执行下列工作时可能需要利用专家的工作：

①了解被审计单位及其环境；

②识别和评估重大错报风险；

③针对评估的财务报表层次风险，确定并实施总体应对措施；

④针对评估的认定层次风险，设计和实施进一步审计程序；包括控制测试和实质性程序；

⑤在对财务报表形成审计意见时，评价已获取的审计证据的充分性和适当性。

（2）编制财务报表需要利用会计以外某一领域的专长时的考虑。如果编制财务报表需要利用会计以外某一领域的专长，尽管注册会计师拥有会计和审计技能，但可能不具备审计这些财务报表的必要的专长。项目合伙人需要确信项目组和不属于项目组的专家整体上具备适当的胜任能力和专业素质以执行审计业务。并且，注册会计师需要确定完成审计项目所需资源的性质、时间安排和范围。注册会计师需要确定是否利用专家的工作，如果需要利用，确定何时利用以及在多大程度上利用，以满足上述要求。在确定是否利用专家的工作，以协助获取充分、适当的审计证据时，注册会计师可能考虑的因素包括：

①管理层在编制财务报表时是否利用了管理层的专家的工作。管理层的专家，是指在会计、审计以外的某一领域具有专长的个人或组织，其工作被管理层利用以协助编制财务报表。如果管理层在编制财务报表时利用了管理层的专家的工作，注册会计师作出是否利用专家的工作的决策可能受到下列因素的影响：

- 管理层的专家的工作的性质、范围和目标；

- 管理层的专家是否受雇于被审计单位，或者为被审计单位所聘请；
- 管理层能够对其专家的工作实施控制或施加影响的程度；
- 管理层的专家的胜任能力和专业素质；
- 管理层的专家是否受到技术标准、其他职业准则或行业要求的约束；
- 被审计单位对管理层的专家的工作实施的各种控制。

②事项的性质和重要性，包括复杂程度。

③事项存在的重大错报风险。

④应对识别出的风险的预期程序的性质，包括注册会计师对与这些事项相关的专家工作的了解和具有的经验，以及是否可以获得替代性的审计证据。

随着审计的进行或环境的变化，注册会计师可能需要修改之前有关利用专家工作的决定。

### 2. 专家的胜任能力、专业素质和客观性

专家的胜任能力、专业素质和客观性，对评价专家的工作是否适合审计目的具有重大影响。专家的胜任能力与其专长的性质和水平有关。专家的专业素质与在业务的具体情况下对胜任能力的发挥相关。影响专业素质发挥的因素包括地理位置（专家所在的国家或地区）、可用的时间和资源等。专家的客观性与其偏见、利益冲突及其他可能影响其职业判断或商业判断的因素相关。

注册会计师应当评价专家是否具有实现审计目的所必需的胜任能力、专业素质和客观性。在评价外部专家的客观性时，注册会计师应当询问可能对外部专家客观性产生不利影响的利益和关系。

### 3. 了解专家的专长领域

（1）总体要求。注册会计师应当充分了解专家的专长领域，以能够：为了实现审计目的，确定专家工作的性质、范围和目标；评价专家的工作是否足以实现审计目的。

注册会计师可以凭借审计工作经验或通过与专家及其他有关人士进行讨论的方式，了解专家的专长领域。

（2）对专家的专长领域的了解事项。注册会计师对专家的专长领域的了解可能包括下列方面：

①与审计相关的、管理层的专家专长领域的进一步细分信息；

②职业准则或其他准则以及法律法规是否适用；

③专家使用哪些假设和方法（包括专家使用的模型，如适用），及其在专家的专长领域是否得到普遍认可，对实现财务报告目的是否适当；

④专家使用的内外部数据或信息的性质。

### 4. 与专家达成一致意见

（1）总体要求。专家工作的性质、范围和目标可能会随着情况的变化而发生较大的变化，相应地，注册会计师和专家各自的角色与责任、注册会计师和专家沟通的性质、时间安排和范围等也可能因情况的变化而发生较大变化。因此，无论是对外部专家还是内部专家，注册会计师应当就这些事项与其达成一致意见，并根据需要形成书面协议。

（2）专家工作的性质、范围和目标。当就专家工作的性质、范围和目标达成一致意见时，注册会计师通常需要与专家讨论需要遵守的相关技术标准、其他职业准则或行业要求。

（3）注册会计师和专家各自的角色与责任。注册会计师与专家就各自角色和责任达成的一致意见可能包括下列内容：

①由注册会计师还是专家对原始数据实施细节测试。

②同意注册会计师与被审计单位或其他人员讨论专家的工作结果或结论，必要时，包括同意注册会计师将专家的工作结果或结论的细节作为注册会计师在审计报告中发表非无保留意见的基础。

③将注册会计师对专家工作形成的结论告知专家。

注册会计师和专家就各自角色和责任达成的一致意见，可能还包括就各自的工作底稿的使用和保管达成的一致意见。当专家是项目组的成员时，专家的工作底稿是审计工作底稿的一部分。除非协议另作安排，外部专家的工作底稿属于外部专家，不是审计工作底稿的一部分。

（4）注册会计师和专家之间沟通的性质、时间安排和范围。有效的双向沟通有利于将专家工作的性质、时间安排和范围与审计的其他工作整合在一起，也有利于在审计过程中对专家工作的目标进行适当的调整。例如，如果专家的工作与注册会计师针对某项特别风险形成的结论相关，专家不仅要在工作结束时提交一份正式的书面报告，而且要随着工作的推进随时作出口头报告。明确与专家保持联络的合伙人或员工，以及专家和被审计单位的沟通程序，有助于及时、有效地沟通，特别是在较大的业务项目中。

（5）对专家遵守保密规定的要求。适用于注册会计师的相关职业道德要求中的保密条款同样也适用于专家。法律法规可能对保密作出额外规定。被审计单位也可能要求外部专家同意遵守特定的保密条款。

### 5. 评价专家工作的恰当性

（1）总体要求。对专家胜任能力、专业素质和客观性的评价，对专家的专长领域的熟悉程度和专家所执行工作的性质，影响注册会计师为评价专家工作是否足以实现审计目的所实施的审计程序的性质、时间安排和范围。

注册会计师应当评价专家的工作是否足以实现审计目的，包括：①专家的工作结果或结论的相关性和合理性，以及与其他审计证据的一致性；②如果专家的工作涉及使用重要的假设和方法，这些假设和方法在具体情况下的相关性和合理性；③如果专家的工作涉及使用重要的原始数据，这些原始数据的相关性、完整性和准确性。

（2）评价专家工作是否足以实现审计目的所实施的特定程序。评价专家工作是否足以实现审计目的所实施的特定程序可能包括：

①询问专家。

②复核专家的工作底稿和报告。

③实施用于证实的程序。例如：

- 观察专家的工作；
- 检查已公布的数据，如来源于信誉高、权威的渠道的统计报告；
- 向第三方询证相关事项；
- 执行详细的分析程序；
- 重新计算。

④必要时（如当专家的工作结果或结论与其他审计证据不一致时）与具有相关专长的其他专家讨论。

⑤与管理层讨论专家的报告。

（3）评价专家的工作结果或结论的相关性和合理性。当评价专家的工作结果或结论（无论采取报告还是其他形式）的相关性和合理性时，注册会计师可能需要考虑：

①专家提交其工作结果或结论的方式是否符合专家所在的职业或行业标准；

②专家的工作结果或结论是否得到清楚的表述，包括提及与注册会计师达成一致的目标，执行工作的范围和运用的标准；

③专家的工作结果或结论是否基于适当时期间，并考虑期后事项（如相关）；

④专家的工作结果或结论在使用方面是否有任何保留、限制或约束，如果有，是否对注册会计师的工作产生影响；

⑤专家的工作结果或结论是否适当考虑了专家遇到的错误或偏差情况。

（4）评价专家工作涉及使用重要的假设和方法的相关性和合理性。虽然注册会计师不具备与专家同等的专业技能，对专家选择的假设和方法提出异议存在一定的困难，但是，注册会计师应当了解专家选择的假设和方法，并根据专家工作的具体情况，评价专家工作涉及使用重要的假设和方法的相关性和合理性。此外，还要考虑专家选择的假设和方法与以前期间采用的假设和方法是否一致。

如果专家的工作是评价管理层作出会计估计时使用的基础假设和方法（包括模型，如适用），注册会计师实施的程序可能主要是评价专家是否已经充分复核了这些假设和方法。如果专家的工作是形成注册会计师的点估计，或是形成注册会计师用来与管理层的点估计进行比较的范围，注册会计师实施的程序可能主要是评价专家使用的假设和方法（包括专家使用的模型，如适用）。

当专家的工作涉及使用重要的假设和方法时，注册会计师评价这些假设和方法时需要考虑：

①这些假设和方法在专家的专长领域是否得到普遍认可；

②这些假设和方法是否与适用的财务报告编制基础的要求相一致；

③这些假设和方法是否依赖某些专用模型的应用；

④这些假设和方法是否与管理层的假设、方法相一致，如果不一致，差异的原因及影响。

（5）评价专家工作涉及使用重要的原始数据的相关性、完整性和准确性。专家在工作过程中需要用到大量的原始数据，原始数据是否适合所涉及项目的具体情况直接关系到专家工作的恰当性。部分原始数据是从被审计单位内部获得的，部分数据来源于外部。注册会计师应当实施相应的审计程序，评价专家工作涉及使用重要的原始数据的相关性、完整性和准确性。

当专家的工作涉及使用对专家工作具有重要影响的原始数据时，注册会计师可以实施下列程序测试这些数据：

①核实数据的来源，包括了解和测试（适用时）针对数据的内部控制，以及向专家传送数据的方式（如相关）；

②复核数据的完整性和内在一致性。

在许多情况下，注册会计师可能测试原始数据。然而，在另外一些情况下，如果专家使用的是其领域中高度专业化的原始数据，该专家可能会测试这些原始数据。如果专家已测试，注册会计师可以通过询问专家、监督或复核专家的测试来评价数据的相关性、完整性和准确性。

（6）评价结果为不恰当时的措施。如果确定专家的工作不足以实现审计目的，注册会计师应当采取下列措施之一：

①就专家拟执行的进一步工作的性质和范围，与专家达成一致意见；

②根据具体情况，实施追加的审计程序。

如果注册会计师认为专家的工作不足以实现审计目的，且注册会计师通过实施追加的审计程序（如专家和注册会计师执行进一步工作），或者通过雇用、聘请其他专家仍不能解决问题，则意味着没有获取充分、适当的审计证据，注册会计师有必要按照《中国注册会计师审计准则第1502号——在审计报告中发表非无保留意见》的规定发表非无保留意见。

如上文所述，在考虑利用专家的工作时，注册会计师应当评价专家是否具有实现审计目的所必需的胜任能力、专业素质和客观性；充分了解专家的专长领域；与专家就相关重要事项达成一致意见；评价专家的工作是否足以实现审计目的。在确定这些相关审计程序的性质、时间安排和范围时，注册会计师应当考虑下列事项：

①与专家工作相关的事项的性质；

②与专家工作相关的事项中存在的重大错报风险；

③专家的工作在审计中的重要程度；

④注册会计师对专家以前所做工作的了解，以及与之接触的经验；

⑤专家是否需要遵守会计师事务所的质量控制政策和程序。

而且，这些相关审计程序的性质、时间安排和范围，将随着具体情况的变化而变化。例如，下列情况可能表明需要实施与一般情况相比不同的或更广泛的审计程序：

①专家的工作与涉及主观和复杂判断的重大事项相关；

②注册会计师以前没有利用某个专家的工作，也不了解其胜任能力、专业素质和客观性；

③专家实施的程序构成审计工作必要的组成部分，而不是就某一事项提供建议；

④专家是会计师事务所外部专家，因此不受会计师事务所质量控制政策和程序的约束。

在考虑专家是否需要遵守会计师事务所的质量控制政策和程序时，应当区分内部专家和外部专家。内部专家可能是会计师事务所的合伙人或员工（包括临时员工），因此需要遵守所在会计师事务所根据《质量控制准则第 5101 号——会计师事务所对执行财务报表审计和审阅、其他鉴证和相关服务业务实施的质量控制》制定的政策和程序。内部专家也可能是与会计师事务所共享统一的质量控制政策和程序的网络事务所的合伙人或员工（包括临时员工）。而外部专家不是项目组成员，不受会计师事务所按照《质量控制准则第 5101 号——会计师事务所对执行财务报表审计和审阅、其他鉴证和相关服务业务实施的质量控制》制定的质量控制政策和程序的约束。

## 项目小结

舞弊是指被审计单位的管理层、治理层、员工或第三方使用欺骗手段获取不当或非法利益的故意行为。注册会计师应通过实施风险评估程序来识别及应对舞弊导致的重大错报风险。不同的法律法规对财务报表的影响差异很大。被审计单位需要遵守的所有法律法规，构成注册会计师在财务报表审计中需要考虑的法律法规框架。本项目还讲述了注册会计师与治理层的沟通、前任注册会计师和后任注册会计师的沟通、注册会计师利用内部审计工作和利用专家工作。

## 项目训练

### 【资料】

星光会计师事务所正准备接受 xx 公司的委托进行 2020 年度会计报表审计业务时，了解到 ×× 公司 2019 年度会计报表是由天下会计师事务所审计的，并出具了无保留意见的审计报告。

### 【讨论】

（1）星光所要不要与天下所进行沟通？为什么？

（2）如要沟通，沟通的内容有哪些？

# 项目 8 审计报告

## 应知应会

- 了解审计报告的特征。
- 熟悉审计报告的作用。
- 掌握审计报告的基本内容。
- 掌握描述每一关键事项时应说明的内容。
- 了解商誉减值测试的格式。
- 了解确定无法表示意见时的注意事项。

## 关键词

- 审计准则（auditing standard）;
- 鉴证作用（authentication function）;
- 审计意见（audit opinion）;
- 无保留意见（unqualified opinion）;
- 关键审计事项（key audit issues）;
- 否定意见（negative opinion）。

## 本项目在本书中的地位

本项目是注册会计师在完成审计工作后向委托人提交的最终产品，所以注册会计师只有在实施审计工作的基础上才能报告。本项目是本学科的重点内容之一。

## 业务综述

本项目主要讲述以下内容：

- 审计报告的作用；
- 审计报告的要素；
- 在审计报告中沟通关键审计事项；
- 非无保留意见。

## 项目导图

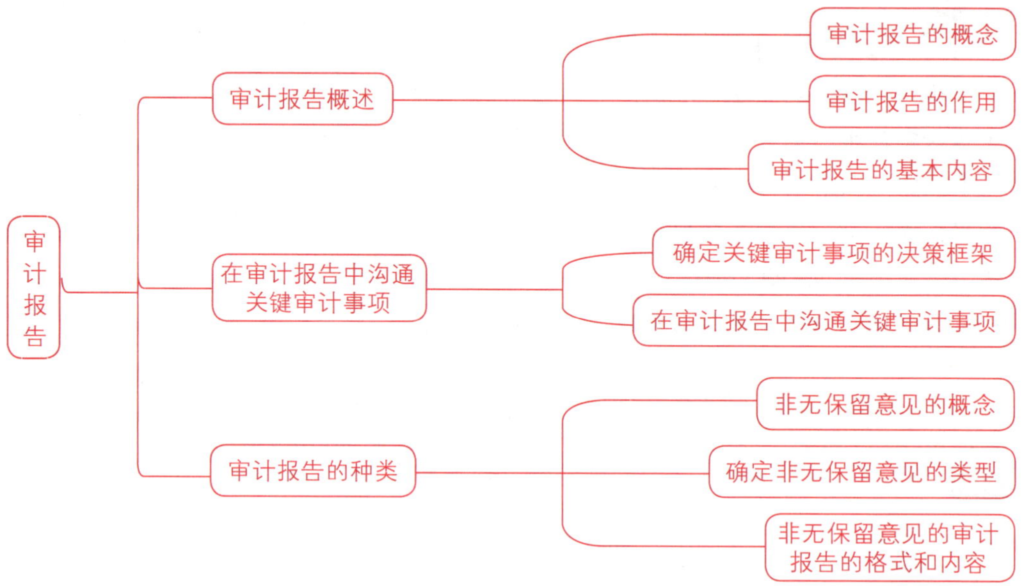

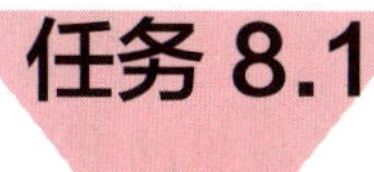

# 任务 8.1 审计报告概述

| 情景列表 | 情 景 实 例 |
| --- | --- |
| 审计报告 | 是否以审计工作底稿为依据发表审计意见，发表的审计意见是否与被审计单位的实际情况相一致，审计工作的质量是否符合要求 |

## 子任务 8.1.1 审计报告的概念

审计报告是指注册会计师根据审计准则的规定，在执行审计工作的基础上，对财务报表发表审计意见的书面文件。

审计报告是注册会计师在完成审计工作后向委托人提交的最终产品，具有以下特征：

（1）注册会计师应当按照审计准则的规定执行审计工作。

（2）注册会计师在实施审计工作的基础上才能出具审计报告。

（3）注册会计师通过对财务报表发表意见履行业务约定书约定的责任。

（4）注册会计师应当以书面形式出具审计报告。

注册会计师应当根据由审计证据得出的结论，清楚表达对财务报表的意见。注册会计师一旦在审计报告上签名并盖章，就表明对其出具的审计报告负责。

审计报告是注册会计师对财务报表是否在所有重大方面按照财务报告编制基础编制并实现公允反映发表审计意见的书面文件，因此，注册会计师应当将已审计的财务报表附于审计报告之后，以便于财务报表使用者正确理解和使用审计报告，并防止被审计单位替换、更改已审计的财务报表。

审计报告是指注册会计师根据审计准则的规定，在执行审计工作的基础上，对财务报表发表审计意见的书面文件。

## 子任务 8.1.2 审计报告的作用

注册会计师签发的审计报告，主要具有鉴证、保护和证明三方面的作用。

### 1. 鉴证作用

注册会计师签发的审计报告，不同于政府审计和内部审计的审计报告，是以超然独立的第三者身份，对被审计单位财务报表合法性、公允性发表意见。这种意见，具有鉴证作用，得到了政府、投资者和其他利益相关者的普遍认可。政府有关部门判断财务报表是否合法、公允，主要依据注册会计师的审计报告。企业的投资者，主要依据注册会计师的审计报告来判断被投资企业的财务报表是否公允地反映了财务状况和经营成果，以进行投资决策等。

### 2. 保护作用

注册会计师通过审计，可以对被审计单位财务报表出具不同类型审计意见的审计报告，以提高或降低财务报表使用者对财务报表的信赖程度，能够在一定程度上对被审计单位的债权人和股东以及其他利害关系人的利益起到保护作用。如投资者为了减少投资风险，在进行投资之前，需要查阅被投资企业的财务报表和注册会计师的审计报告，了解被投资企业的经营情况和财务状况。

### 3. 证明作用

审计报告是对注册会计师审计任务完成情况及其结果所作的总结，它可以表明审计工作的质量并明确注册会计师的审计责任。因此，审计报告可以对审计工作质量和注册会计师的审计责任起证明作用。

## 子任务 8.1.3 审计报告的基本内容

### 1. 标题

审计报告应当具有标题，统一规范为“审计报告”。

### 2. 收件人

审计报告的收件人是指注册会计师按照业务约定书的要求致送审计报告的对象，一般是指审计业务的委托人。审计报告应当按照审计业务的约定载明收件人的全称。

注册会计师应当与委托人在业务约定书中约定致送审计报告的对象，以防止在此问题上发生分歧或审计报告被委托人滥用。针对整套通用目的财务报表出具的审计报告，审计报告的致送对象通常为被审计单位的股东或治理层。

### 3. 审计意见

（1）审计意见部分的构成。第一部分指出已审计财务报表，应当包括下列方面：

①指出被审计单位的名称；

②说明财务报表已经审计；

③指出构成整套财务报表的每财务报表的名称；

④提及财务报表附注；

⑤指明构成整套财务报表的每一财务报表的日期或涵盖的期间。

为体现上述要求，审计报告可说明：“我们审计了被审计单位的财务报表，包括 [ 指明适用的财务报告编制基础规定的构成整套财务报表的每一财务报表的名称、日期或涵盖的期间 ] 以及财务报表附注，包括重大会计政策和会计估计。”审计意见涵盖由适用的财务报告编制基础所确定的整套财务报表。例如，在许多通用目的编制基础上，财务报表包括资产负债表、利润表、现金流量表、所有者权益变动表和相关附注（通常包括重大会计政策和会计估计以及其他解释性信息）。

第二部分应当说明注册会计师发表的审计意见。如果对财务报表发表无保留意见，除非法律法规另有规定，审计意见应当使用“我们认为，财务报表在所有重大方面按照 [ 适用的财务报告编制基础（如企业会计准则等）] 编制，公允反映了 [……]”的措辞。审计意见说明财务报表在所有重大方面按照适用的财务报告编制基础编制，公允反映了财务报表旨在反映的事项。例如，对于按照企业会计准则编制的财务报表，这些事项是“被审计单位期末的财务状况、截至期末某一期间的经营成果和现金流量”。

（2）审计意见的形成。

得出审计结论时考虑的领域。注册会计师应当就财务报表是否在所有重大方面按照适用的财务报告编制基础编制并实现公允反映形成审计意见。为了形成审计意见，针对财务报表整体是否不存在由于舞弊或错误导致的重大错报，注册会计师应当得出结论，确定是否已就此获取合理保证。

在得出结论时，注册会计师应当考虑下列方面：

①按照《中国注册会计师审计准则第 1231 号——针对评估的重大错报风险采取的应对措施》的规定，是否已获取充分、适当的审计证据。

在得出总体结论之前，注册会计师应当根据实施的审计程序和获取的审计证据，评价对认定层次重大错报风险的评估是否仍然适当。在形成审计意见时，注册会计师应当考虑所有相关的审计证据，无论该证据与财务报表认定相互印证还是相互矛盾。

如果对重大的财务报表认定没有获取充分、适当的审计证据，注册会计师应当尽可能获取进一步的审计证据。

②按照《中国注册会计师审计准则第 1251 号——评价审计过程中识别出的错报》的规定，未更正错报单独或汇总起来是否构成重大错报。

在确定时，注册会计师应当考虑：

- 相对特定类别的交易、账户余额或披露以及财务报表整体而言，错报的金额和性质以及错报发生的特定环境；
- 与以前期间相关的未更正错报对相关类别的交易、账户余额或披露以及财务报表整体的影响。

③ 评价财务报表是否在所有重大方面按照适用的财务报告编制基础编制。

注册会计师应当依据适用的财务报告编制基础特别评价下列内容：

- 财务报表是否恰当披露了所选择和运用的重要会计政策。作出这一评价时，注册会计师应当考虑会计政策与被审计单位的相关性，以及会计政策是否以可理解的方式予以表述。
- 选择和运用的会计政策是否符合适用的财务报告编制基础，并适合被审计单位的具体情况。会计政策是被审计单位在会计确认、计量和报告中采用的原则、基础和会计处理方法。被审计单位选择和运用的会计政策既应符合适用的财务报告编制基础，也应适合被审计单位的具体情况。在考虑被审计单位选用的会计政策是否适当时，注册会计师还应当关注重要的事项。重要事项包括重要项目的会计政策和行业惯例、重大和异常交易的会计处理方法、在新领域和缺乏权威性标准或共识的领域采用重要会计政策产生的影响、会计政策的变更等。
- 管理层作出的会计估计是否合理。会计估计通常是指被审计单位以最近可利用的信息为基础对结果不确定的交易或事项所作的判断。由于会计估计的主观性、复杂性和不确定性，管理层作出的会计估计发生重大错报的可能性较大。因此，注册会计师应当判断管理层作出的会计估计是否合理，确定会计估计的重大错报风险是否是特别风险，是否采取了有效的措施予以应对。

● 财务报表列报的信息是否具有相关性、可靠性、可比性和可理解性。财务报表反映的信息应当符合信息质量特征，具有相关性、可靠性、可比性和可理解性。注册会计师应当根据适用的财务报告编制基础的规定，考虑财务报表反映的信息是否符合信息质量特征。

作出这一评价时，注册会计师应当考虑：应当包括的信息是否均已包括，这些信息的分类、汇总或分解以及描述是否适当；财务报表的总体列报（包括披露）是否由于包括不相关的信息或有碍正确理解所披露事项的信息而受到不利影响。

● 财务报表是否作出充分披露，使财务报表预期使用者能够理解重大交易和事项对财务报表所传递的信息的影响。按照通用目的编制基础编制的财务报表通常反映被审计单位的财务状况、经营成果和现金流量。对于通用目的财务报表，注册会计师需要评价财务报表是否作出充分披露，以使财务报表预期使用者能够理解重大交易和事项对被审计单位财务状况、经营成果和现金流量的影响。

● 财务报表使用的术语（包括每一财务报表的标题）是否适当。

在评价财务报表是否在所有重大方面按照适用的财务报告编制基础编制时，注册会计师还应当考虑被审计单位会计实务的质量，包括表明管理层的判断可能出现偏向的迹象。

管理层需要对财务报表中的金额和披露作出大量判断。在考虑被审计单位会计实务的质量时，注册会计师可能注意到管理层判断中可能存在的偏向。注册会计师可能认为缺乏中立性产生的累积影响，连同未更正错报的影响，导致财务报表整体存在重大错报。管理层缺乏中立性可能影响注册会计师对财务报表整体是否存在重大错报的评价。缺乏中立性的迹象包括下列情形：

● 管理层对注册会计师在审计期间提请其更正的错报进行选择性更正。例如，如果更正某一错报将增加盈利，则对该错报予以更正，反之如果更正某一错报将减少盈利，则对该错报不予更正。

● 管理层在作出会计估计时可能存在偏向。

《中国注册会计师审计准则第 1321 号——审计会计估计（包括公允价值会计估计）和相关披露》涉及管理层在作出会计估计时可能存在的偏向。在得出某项会计估计是否合理的结论时，可能存在管理层偏向的迹象本身并不构成错报。然而，这些迹象可能影响注册会计师对财务报表整体是否不存在重大错报的评价。

④评价财务报表是否实现公允反映。在评价财务报表是否实现公允反映时，注册会计师应当考虑下列内容：第一，财务报表的整体列报（包括披露）、结构和内容是否合理；第二，财务报表是否公允地反映了相关交易和事项。

⑤评价财务报表是否恰当提及或说明适用的财务报告编制基础。管理层和治理层（如适用）编制的财务报表需要恰当说明适用的财务报告编制基础。由于这种说明向财务报表

使用者告知编制财务报表所依据的编制基础，因此非常重要。但只有财务报表符合适用的财务报告编制基础（在财务报表所涵盖的期间内有效）的所有要求，声明财务报表按照该编制基础编制才是恰当的。在对适用的财务报告编制基础的说明中使用不严密的修饰语或限定性的语言（如“财务报表实质上符合国际财务报告准则的要求”）是不恰当的，因为这可能误导财务报表使用者。

在某些情况下，财务报表可能声明按照两个财务报告编制基础（如某一国家或地区的财务报告编制基础和国际财务报告准则）编制。这可能是因为管理层被要求或自愿选择同时按照两个编制基础的规定编制财务报表，在这种情况下，两个财务报告编制基础都是适用的财务报告编制基础。只有当财务报表分别符合每个财务报告编制基础的所有要求时，声明财务报表按照这两个编制基础编制才是恰当的。财务报表需要同时符合两个编制基础的要求并且不需要调节，才能被视为按照两个财务报告编制基础编制。在实务中，同时遵守两个编制基础的可能性很小，除非某一国家或地区采用另一财务报告编制基础（如国际财务报告准则）作为本国或地区的财务报告编制基础，或者已消除遵守另一财务报告编制基础的所有障碍。

### 4. 形成审计意见的基础

审计报告应当包含标题为“形成审计意见的基础”的部分。该部分提供关于审计意见的重要背景，应当紧接在审计意见部分之后，并包括下列方面：

（1）说明注册会计师按照审计准则的规定执行了审计工作。

（2）提及审计报告中用于描述审计准则规定的注册会计师责任的部分。

（3）声明注册会计师按照与审计相关的职业道德要求对被审计单位保持了独立性，并履行了职业道德方面的其他责任。声明中应当指明适用的职业道德要求，如中国注册会计师职业道德守则。

（4）说明注册会计师是否相信获取的审计证据是充分、适当的，为发表审计意见提供了基础。

### 5. 管理层对财务报表的责任

审计报告应当包含标题为“管理层对财务报表的责任”的部分，其中应当说明管理层负责下列方面：

（1）按照适用的财务报告编制基础编制财务报表，使其实现公允反映，并设计、执行和维护必要的内部控制，以使财务报表不存在由于舞弊或错误导致的重大错报。

（2）评估被审计单位的持续经营能力和使用持续经营假设是否适当，并披露与持续经营相关的事项（如适用）。对管理层评估责任的说明应当包括描述在何种情况下使用持续经营假设是适当的。

### 6. 注册会计师对财务报表审计的责任

审计报告应当包含标题为“注册会计师对财务报表审计的责任”的部分，其中应当包括下列内容：

说明注册会计师的目标是对财务报表整体是否不存在由于舞弊或错误导致的重大错报

获取合理保证，并出具包含审计意见的审计报告；说明合理保证是高水平的保证，但按照审计准则执行的审计并不能保证一定会发现存在的重大错报；说明错报可能由于舞弊或错误导致。在说明错报可能由于舞弊或错误导致时，注册会计师应当从下列两种做法中选取一种：

①描述如果合理预期错报单独或汇总起来可能影响财务报表使用者依据财务报表作出的经济决策，则通常认为错报是重大的；

②根据适用的财务报告编制基础，提供关于重要性的定义或描述。注册会计师对财务报表审计的责任部分还应当包括下列内容：

（1）说明在按照审计准则执行审计工作的过程中，注册会计师运用职业判断，并保持职业怀疑。

（2）通过说明注册会计师的责任，对审计工作进行描述。这些责任包括：

①识别和评估由于舞弊或错误导致的财务报表重大错报风险，设计和实施审计程序以应对这些风险，并获取充分、适当的审计证据，作为发表审计意见的基础。由于舞弊可能涉及串通、伪造、故意遗漏、虚假陈述或凌驾于内部控制之上，未能发现由于舞弊导致的重大错报的风险高于未能发现由于错误导致的重大错报的风险。

②了解与审计相关的内部控制，以设计恰当的审计程序，但目的并非对内部控制的有效性发表意见。当注册会计师有责任在财务报表审计的同时对内部控制的有效性发表意见时，应当略去上述"目的并非对内部控制的有效性发表意见"的表述。

③评价管理层选用会计政策的恰当性和作出会计估计及相关披露的合理性。

④对管理层使用持续经营假设的恰当性得出结论。同时，根据获取的审计证据，就可能导致对被审计单位持续经营能力产生重大疑虑的事项或情况是否存在重大不确定性得出结论。如果注册会计师得出结论认为存在重大不确定性，审计准则要求注册会计师在审计报告中提请报表使用者关注财务报表中的相关披露；如果披露不充分，注册会计师应当发表非无保留意见。注册会计师的结论基于截至审计报告日可获得的信息。然而，未来的事项或情况可能导致被审计单位不能持续经营。

⑤评价财务报表的总体列报、结构和内容（包括披露），并评价财务报表是否公允反映相关交易和事项。

注册会计师对财务报表审计的责任部分还应当包括下列内容：

（1）说明注册会计师与治理层就计划的审计范围、时间安排和重大审计发现等事项进行沟通，包括沟通注册会计师在审计中识别的值得关注的内部控制缺陷。

（2）对于上市实体财务报表审计，指出注册会计师就已遵守与独立性相关的职业道德要求向治理层提供声明，并与治理层沟通可能被合理认为影响注册会计师独立性的所有关系和其他事项，以及相关的防范措施（如适用）；

（3）对于上市实体财务报表审计，以及决定按照《中国注册会计师审计准则第 1504 号——在审计报告中沟通关键审计事项》的规定沟通关键审计事项的其他情况，说明注册会计师从已与治理层沟通的事项中确定哪些事项对本期财务报表审计最为重要，因而构成关键审计事项。注册会计师应当在审计报告中描述这些事项，除非法律法规禁止公开披露这些事项，或在极少数情形下，注册会计师合理预期在审计报告中沟通某事项造成的负面后果超过在公众利益方面产生的益处，因而决定不应在审计报告中沟通该事项。

### 7. 按照相关法律法规的要求报告的事项（如适用）

除审计准则规定的注册会计师对财务报表出具审计报告的责任外，相关法律法规可能对注册会计师设定了其他报告责任。例如，如果注册会计师在财务报表审计中注意到某些事项，可能被要求对这些事项予以报告。此外，注册会计师可能被要求实施额外的规定的程序并予以报告，或对特定事项（如会计账簿和记录的适当性）发表意见。

在某些情况下，相关法律法规可能要求或允许注册会计师将对这些其他责任的报告作为对财务报表出具的审计报告的一部分。在另外一些情况下，相关法律法规可能要求或允许注册会计师在单独出具的报告中进行报告。

这些责任是注册会计师按照审计准则对财务报表出具审计报告的责任的补充。例如，如果注册会计师在财务报表审计中注意到某些事项，可能被要求对这些事项予以报告。此外，注册会计师可能被要求实施额外规定的程序并予以报告，或对特定事项（如会计账簿和记录的适当性）发表意见。如果注册会计师在对财务报表出具的审计报告中履行其他报告责任，应当在审计报告中将其单独作为一部分，并以“按照相关法律法规的要求报告的事项”为标题。此时，审计报告应当区分为“对财务报表出具的审计报告”和“按照相关法律法规的要求报告的事项”两部分，以便将其同注册会计师的财务报表报告责任明确区分。在另外一些情况下，相关法律法规可能要求或允许注册会计师在单独出具的报告中进行报告。

### 8. 注册会计师的签名和盖章

审计报告应当由项目合伙人和另一名负责该项目的注册会计师签名和盖章。在审计报告中指明项目合伙人有助于进一步增强对审计报告使用者的透明度，有利于增强项目合伙人的个人责任感。因此，对上市实体整套通用目的财务报表出具的审计报告应当注明项目合伙人。

### 9. 会计师事务所的名称、地址和盖章

审计报告应当载明会计师事务所的名称和地址，并加盖会计师事务所公章。

根据《中华人民共和国注册会计师法》的规定，注册会计师承办业务，由其所在的会计师事务所统一受理并与委托人签订委托合同。因此，审计报告除了应由注册会计师签名和盖章外，还应载明会计师事务所的名称和地址，并加盖会计师事务所公章。

注册会计师在审计报告中载明会计师事务所地址时，标明会计师事务所所在的城市即可。在实务中，审计报告通常载于会计师事务所统一印刷的、标有该所详细通信地址的信笺上，因此，无须在审计报告中注明详细地址。

### 10. 报告日期

审计报告应当注明报告日期。审计报告日不应早于注册会计师获取充分、适当的审计证据（包括管理层认可对财务报表的责任且已批准财务报表的证据），并在此基础上对财

务报表形成审计意见的日期。在确定审计报告日时，注册会计师应当确信已获取下列两方面的审计证据：

（1）构成整套财务报表的所有报表（含披露）已编制完成。

（2）被审计单位的董事会、管理层或类似机构已经认可其对财务报表负责。

审计报告的日期向审计报告使用者表明，注册会计师已考虑其知悉的、截至审计报告日发生的事项和交易的影响。注册会计师对审计报告日后发生的事项和交易的责任，在《中国注册会计师审计准则第 1332 号——期后事项》中作出了规定。审计报告的日期非常重要。注册会计师对不同时段的财务报表日后事项有着不同的责任，而审计报告的日期是划分时段的关键时点。由于审计意见是针对财务报表发表的，并且编制财务报表是管理层的责任，所以，只有在注册会计师获取证据证明构成整套财务报表的所有报表（含披露）已经编制完成，并且管理层已认可其对财务报表的责任的情况下，注册会计师才能得出已经获取充分、适当的审计证据的结论。在实务中，注册会计师在正式签署审计报告前，通常把审计报告草稿随附管理层已按审计调整建议修改后的财务报表提交给管理层。如果管理层批准并签署已按审计调整建议修改后的财务报表，注册会计师即可签署审计报告。注册会计师签署审计报告的日期通常与管理层签署已审计财务报表的日期为同一天，或晚于管理层签署已审计财务报表的日期。

在审计实务中，可能发现被审计单位根据法律法规的要求或出于自愿选择，将适用的财务报告编制基础没有要求的补充信息与已审计财务报表一同列报。例如，被审计单位列报补充信息以增强财务报表使用者对适用的财务报告编制基础的理解，或者对财务报表的特定项目提供进一步解释。这种补充信息通常在补充报表中或作为额外的附注进行列示。注册会计师应当评价被审计单位是否清楚地将这些补充信息与已审计财务报表予以区分。如果被审计单位未能予以清楚的区分，注册会计师应当要求管理层改变未审计补充信息的列报方式。如果管理层拒绝改变，注册会计师应当在审计报告中说明补充信息未审计。

对于适用的财务报告编制基础没有要求的补充信息，如果由于其性质和列报方式导致不能使其清楚地与已审计财务报表予以区分，从而构成财务报表必要的组成部分，这些补充信息应当涵盖在审计意见中。例如，财务报表附注中关于该财务报表符合另一财务报告编制基础的程度的解释，属于这种补充信息，审计意见也涵盖与财务报表进行交叉索引的附注或补充报表。

资料
审计报告

# 任务 8.2 在审计报告中沟通关键审计事项

| 情景列表 | 情 景 实 例 |
|---|---|
| 在审计报告中沟通关键审计事项 | 在审计过程中的各个阶段，注册会计师可能已与管理层和治理层就重大关联方交易或超出被审计单位正常经营过程之外的重大交易，或在其他方面显得异常的交易对财务报表的影响进行了大量讨论 |

《中国注册会计师审计准则第1504号——在审计报告中沟通关键审计事项》要求注册会计师在上市实体整套通用目的财务报表审计报告中增加关键审计事项部分，用于沟通关键审计事项。关键审计事项，是指注册会计师根据职业判断认为对当期财务报表审计最为重要的事项。在审计报告中沟通关键审计事项，可以提高已执行审计工作的透明度，从而提高审计报告的决策相关性和有用性。沟通关键审计事项还能够为财务报表使用者提供额外的信息，以帮助其了解被审计单位、已审计财务报表中涉及重大管理层判断的领域，以及注册会计师根据职业判断认为对当期财务报表审计最为重要的事项。沟通关键审计事项，还能够为财务报表预期使用者就与被审计单位、已审计财务报表或已执行审计工作相关的事项进一步与管理层和治理层沟通提供基础。

## 子任务 8.2.1 确定关键审计事项的决策框架

根据关键审计事项的定义，注册会计师在确定关键审计事项时，需要遵循以下决策框架，如图8-1所示。

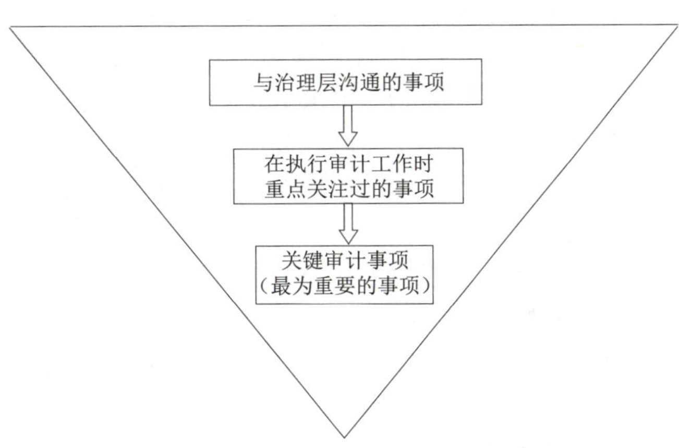


图8-1 关键审计事项的决策框架

### 1. 以“与治理层沟通的事项”为起点选择关键审计事项

《中国注册会计师审计准则第1151号——与治理层的沟通》要求注册会计师与被审

计单位治理层沟通审计过程中的重大发现，包括注册会计师对被审计单位的重要会计政策、会计估计和财务报表披露等会计实务的看法，审计过程中遇到的重大困难，已与治理层讨论或需要书面沟通的重大事项等，以便治理层履行其监督财务报告过程的职责。对财务报表和审计报告使用者信息需求的调查结果表明，他们对这些事项感兴趣，并且呼吁增加这些沟通的透明度。因此，应从与治理层沟通事项中选取关键审计事项。

### 2. 从“与治理层沟通的事项”中选出“在执行审计工作时重点关注过的事项”

重点关注的概念基于这样的认识：审计是风险导向的，注重识别和评估财务报表重大错报风险，设计和实施应对这些风险的审计程序，获取充分、适当的审计证据，以作为形成审计意见的基础。对于特定账户余额、交易类别或披露，评估的认定层次重大错报风险越高，在计划和实施审计程序并评价审计程序的结果时通常涉及的判断就越多。在设计进一步审计程序时，注册会计师评估的风险越高，就需要获取越有说服力的审计证据。当由于评估的风险较高而需要获取更具说服力的审计证据时，注册会计师可能需要增加所需审计证据的数量，或者获取更具相关性或可靠性的审计证据，如更注重从第三方获取审计证据或从多个独立渠道获取互相印证的审计证据。因此，对注册会计师获取充分、适当的审计证据或对财务报表形成审计意见构成挑战的事项可能与注册会计师确定关键审计事项尤其相关。

注册会计师重点关注过的领域通常与财务报表中复杂、重大的管理层判断领域相关，因而通常涉及困难或复杂的注册会计师职业判断。相应地，重点关注过的事项通常影响注册会计师的总体审计策略以及对这些事项分配的审计资源和审计工作力度。这些影响可能包括高级审计人员参与审计业务的程度，或者注册会计师的专家或在会计、审计的特殊领域具有专长的人员（包括会计师事务所聘请或雇用的人员）对这些领域的参与等。

注册会计师在确定哪些事项属于重点关注过的事项时，应当特别考虑下列方面：

（1）评估的重大错报风险较高的领域或识别出的特别风险。《中国注册会计师审计准则第 1151 号 —— 与治理层的沟通》要求注册会计师与治理层沟通识别出的特别风险。注册会计师还可以与治理层沟通注册会计师计划如何应对评估的重大错报风险较高的领域。特别风险，根据审计准则中的定义，是指注册会计师识别和评估的、根据判断认为需要特别考虑的重大错报风险。评估的重大错报风险较高的领域或识别出的特别风险，通常需要注册会计师在审计中投放更多的审计资源予以应对。因此，注册会计师在确定的重点关注过的事项时需要特别考虑该方面。

（2）与财务报表中涉及重大管理层判断（包括被认为具有高度估计不确定性的会计估计）的领域相关的重大审计判断。财务报表中复杂、重大的管理层判断领域，通常涉及困难、复杂的审计判断，并且可能同时需要管理层的专家和注册会计师的专家的参与。因此，注册会计师在确定的重点关注过的事项时需要特别考虑该方面。

（3）当期重大交易或事项对审计的影响。对财务报表或审计工作具有重大影响的事项或交易可能属于重点关注领域，并可能被识别为特别风险。

管理层可能已就这些交易的确认、计量、列报或披露作出困难或复杂的判断，这些判断可能已对注册会计师的总体审计策略产生重大影响。经济、会计、法规、行业或其他方面的重大变化可能影响管理层的假设或判断，也可能影响注册会计师的总体审计方法，并导致某一事项需要重点关注。

### 3. 从“在执行审计工作时重点关注过的事项”中选出“最为重要的事项”，从而构成关键审计事项

注册会计师可能已就需要重点关注的事项与治理层进行了较多的互动。就这些事项与治理层进行沟通的性质和范围，通常能够表明哪些事项对审计而言最为重要。例如，对于较为困难和复杂的事项，注册会计师与治理层的互动可能更加深入、频繁或充分，这些事项（如重大会计政策的运用）构成重大注册会计师或管理层判断的对象。

在确定某一与治理层沟通过的事项的相对重要程度以及该事项是否构成关键审计事项时，下列考虑也可能是相关的：

（1）该事项对预期使用者理解财务报表整体的重要程度，尤其是对财务报表的重要性。

（2）与该事项相关的会计政策的性质或者与同行业其他实体相比，管理层在选择适当的会计政策时涉及的复杂程度或主观程度。

（3）从定性和定量方面考虑，与该事项相关的由于舞弊或错误导致的已更正错报和累积未更正错报（如有）的性质和重要程度。

（4）为应对该事项所需要付出的审计努力的性质和程度，包括：

①为应对该事项而实施审计程序或评价这些审计程序的结果（如有）在多大程度上需要特殊的知识或技能；

②就该事项在项目组之外进行咨询的性质。

（5）在实施审计程序、评价实施审计程序的结果、获取相关和可靠的审计证据以作为发表审计意见的基础时，注册会计师遇到的困难的性质和严重程度，尤其是当注册会计师的判断变得更加主观时。

（6）识别出的与该事项相关的控制缺陷的严重程度。

（7）该事项是否涉及数项可区分但又相互关联的审计考虑。例如，长期合同的收入确认、诉讼或其他或有事项等方面，可能需要重点关注，并且可能影响其他会计估计。

从需要重点关注的事项中，确定哪些事项以及多少事项对本期财务报表审计最为重要属于职业判断问题。“最为重要的事项”并不意味着只有一项。需要在审计报告中包含的关键审计事项的数量可能受被审计单位规模和复杂程度、业务和经营环境的性质，以及审计业务具体事实和情况的影响。总体来说，最初确定为关键审计事项的事项越多，注册会计师越需要重新考虑每一事项是否符合关键审计事项的定义。对关键审计事项作冗长的列举可能与这些事项是审计中最为重要的事项这一概念相抵触。

## 子任务 8.2.2 在审计报告中沟通关键审计事项

### 1. 在审计报告中单设关键审计事项部分

为达到突出关键审计事项的目的，注册会计师应当在审计报告中单设一部分，以“关键审计事项”为标题，并在该部分使用恰当的子标题逐项描述关键审计事项。关键审计事项部分的引言应当同时说明下列事项：

（1）关键审计事项是注册会计师根据职业判断，认为对本期财务报表审计最为重要的事项。

（2）关键审计事项的应对以对财务报表整体进行审计并形成审计意见为背景，注册会计师对财务报表整体形成审计意见，而不对关键审计事项单独发表意见。

需要强调的是，导致非无保留意见的事项、可能导致对被审计单位持续经营能力产生重大疑虑的事项或情况存在重大不确定性等，虽然符合关键审计事项的定义，但这些事项在审计报告中专门的部分披露，不在关键审计事项部分披露。进一步说，在关键审计事项部分披露的关键审计事项是已经得到满意解决的事项，既不存在审计范围受到限制，也不存在注册会计师与被审计单位管理层意见分歧的情况。注册会计师应当按照适用的审计准则的规定报告这些事项，并在关键审计事项部分提及形成保留（否定）意见的基础部分或与持续经营相关的重大不确定性部分。

### 2. 描述单一关键审计事项

为帮助财务报表使用者了解注册会计师确定的关键审计事项，注册会计师应当在审计报告中逐项描述每一关键审计事项，并同时说明下列方面：

（1）该事项被认定为审计中最为重要的事项之一，因而被确定为关键审计事项的原因。

（2）该事项在审计中是如何应对的。注册会计师可以描述下列要素。

①审计应对措施或审计方法中，与该事项最为相关或对评估的重大错报风险最有针对性的方面；

②对已实施审计程序的简要概述；

③实施审计程序的结果；

④对该事项作出的主要看法。

在描述时，注册会计师还应当分别索引至财务报表的相关披露（如有），以使预期使用者能够进一步了解管理层在编制财务报表时如何应对这些事项。

为使预期使用者能够理解关键审计事项在对财务报表整体进行审计的背景下的重要程度，以及关键审计事项和审计报告其他要素（包括审计意见）之间的关系，注册会计师可能需要注意用于描述关键审计事项的语言，使之：

①不暗示注册会计师在对财务报表形成审计意见时尚未恰当解决该事项；

②将该事项与被审计单位的具体情形紧密相扣，避免使用通用或标准化的语言；

③考虑该事项在相关财务报表披露（如有）中是如何处理的；

④不包含或暗示对财务报表单一要素单独发表的意见。

需要特别强调的是，对某项关键审计事项的描述是否充分属于职业判断问题。对关键审计事项进行描述的目的在于提供一种简明、不偏颇的解释，以使预期使用者能够了解为何该事项是对审计最为重要的事项之一，以及这些事项是如何在审计中加以应对的。限制使用高度技术化的审计学术语也能够帮助那些不具备适当审计知识的预期使用者了解注册会计师在审计过程中关注特定事项的原因。注册会计师提供信息的性质和范围需要在相关方各自责任的背景下作出权衡（即注册会计师以一种简明且可理解的形式提供有用的信息，而不应成为被审计单位原始信息的提供者）。

原始信息是指与被审计单位相关、尚未由被审计单位公布（例如，未包含在财务报表中、未包含在审计报告日可获取的其他信息或者管理层或治理层的其他口头或书面沟通中，如财务信息的初步公告或投资者简报）的信息。这些信息是被审计单位管理层和治理层的责任。

在描述关键审计事项时，注册会计师需要避免不恰当地提供与被审计单位相关的原始信息。对关键审计事项的描述通常不构成有关被审计单位的原始信息，这是由于关键审计事项是在审计的背景下描述的。然而，注册会计师仍可能认为提供进一步信息用于解释为何该事项被认为对审计最为重要因而被确定为关键审计事项，以及这些事项如何在审计中加以应对是有必要的，除非法律法规禁止披露这些信息。如果确定这些信息是必要的，注册会计师可以鼓励管理层或治理层披露进一步的信息，而不是在审计报告中提供原始信息。

### 3. 不在审计报告中沟通关键审计事项的情形

一般而言，在审计报告中沟通关键审计事项，通常有助于提高审计的透明度，是符合公众利益的。然而，在极其罕见的情况下，关键审计事项可能涉及某些“敏感信息”，沟通这些信息可能为被审计单位带来较为严重的负面影响。在某些情况下，法律法规也可能禁止公开披露某事项。

因此，除非法律法规禁止公开披露某事项，或者在极其罕见的情况下，如果合理预期在审计报告中沟通某事项造成的负面后果超过产生的公众利益方面的益处，注册会计师确定不应在审计报告中沟通该事项，则注册会计师应当在审计报告中逐项描述关键审计事项。

### 4. 就关键审计事项与治理层沟通

治理层在监督财务报告过程中担当重要角色。就关键审计事项与治理层沟通，能够使治理层了解注册会计师就关键审计事项作出的审计决策的基础以及这些事项将如何在审计报告中作出描述，也能够使治理层考虑鉴于这些事项将在审计报告中沟通，作出新的披露或提高披露质量是否有用。因此，注册会计师就下列方面与治理层沟通：

（1）注册会计师确定的关键审计事项。

（2）根据被审计单位和审计业务的具体情况，注册会计师确定不存在需要在审计报告中沟通的关键审计事项（如适用）。

资料
关键审计事项

# 任务 8.3 审计报告的种类

| 情景列表 | 情　景　实　例 |
| --- | --- |
| 非无保留意见 | 管理层阻止注册会计师实施存货监盘；管理层阻止注册会计师对特定账户余额实施函证 |

## 子任务 8.3.1 非无保留意见的概念

注册会计师的目标是在评价根据审计证据得出的结论的基础上，对财务报表形成审计意见，并通过书面报告的形式清楚地表达审计意见。

如果认为财务报表在所有重大方面按照适用的财务报告编制基础编制并实现公允反映，注册会计师应当发表无保留意见。无保留意见，是指当注册会计师认为财务报表在所有重大方面按照适用的财务报告编制基础编制并实现公允反映时发表的审计意见。

如果财务报表没有实现公允反映，注册会计师应当就该事项与管理层讨论，并根据适用的财务报告编制基础的规定和该事项得到解决的情况，决定是否有必要按照《中国注册会计师审计准则第 1502 号 —— 在审计报告中发表非无保留意见》的规定在审计报告中发表非无保留意见。非无保留意见，是指对财务报表发表的保留意见、否定意见或无法表示意见。

当存在下列情形之一时，注册会计师应当按照《中国注册会计师审计准则第 1502 号 —— 在审计报告中发表非无保留意见》的规定，在审计报告中发表非无保留意见：

### 1. 根据获取的审计证据，得出财务报表整体存在重大错报的结论

为了形成审计意见，针对财务报表整体是否不存在由于舞弊或错误导致的重大错报，注册会计师应当得出结论，确定是否已就此获取合理保证。在得出结论时，注册会计师需要评价未更正错报对财务报表的影响。

错报是指某一财务报表项目的金额、分类、列报或披露，与按照适用的财务报告编制基础应当列示的金额、分类、列报或披露之间存在的差异。财务报表的重大错报可能源于：

（1）选择的会计政策的恰当性。在选择的会计政策的恰当性方面，当出现下列情形时，财务报表可能存在重大错报：

①选择的会计政策与适用的财务报告编制基础不一致；

②财务报表没有正确描述与资产负债表、利润表、所有者权益变动表或现金流量表中的重大项目相关的会计政策；

③财务报表没有按照公允反映的方式列报交易和事项。

财务报告编制基础通常包括对会计处理、披露和会计政策变更的要求。如果被审计单

位变更了重大会计政策，且没有遵守这些要求，财务报表可能存在重大错报。

（2）对所选择的会计政策的运用。在对所选择的会计政策的运用方面，当出现下列情形时，财务报表可能存在重大错报：

①管理层没有按照适用的财务报告编制基础的要求一贯运用所选择的会计政策，包括管理层未在不同会计期间或对相似的交易和事项一贯运用所选择的会计政策（运用的一致性）；

②不当运用所选择的会计政策（如运用中的无意错误）。

（3）财务报表披露的恰当性或充分性。在财务报表披露的恰当性或充分性方面，当出现下列情形时，财务报表可能存在重大错报：

①财务报表没有包括适用的财务报告编制基础要求的所有披露；

②财务报表的披露没有按照适用的财务报告编制基础列报；

③财务报表没有作出适用的财务报告编制基础特定要求之外的其他必要的披露以实现公允反映。

### 2. 无法获取充分、适当的审计证据，不能得出财务报表整体不存在重大错报的结论

如果注册会计师能够通过实施替代程序获取充分、适当的审计证据，则无法实施特定的程序并不构成对审计范围的限制。

下列情形可能导致注册会计师无法获取充分、适当的审计证据（也称为审计范围受到限制）：

（1）超出被审计单位控制的情形。超出被审计单位控制的情形，例如：①被审计单位的会计记录已被毁坏；②重要组成部分的会计记录已被政府有关机构无限期地查封。

（2）与注册会计师工作的性质或时间安排相关的情形。与注册会计师工作的性质或时间安排相关的情形，例如：①被审计单位需要使用权益法对联营企业进行核算，注册会计师无法获取有关联营企业财务信息的充分、适当的审计证据以评价是否恰当运用了权益法；②注册会计师接受审计委托的时间安排，使注册会计师无法实施存货监盘；③注册会计师确定仅实施实质性程序是不充分的，但被审计单位的控制是无效的。

（3）管理层施加限制的情形。管理层对审计范围施加的限制致使注册会计师无法获取充分、适当的审计证据的情形。

管理层施加的限制可能对审计产生其他影响，如注册会计师对舞弊风险的评估和对业务保持的考虑。

## 子任务 8.3.2　确定非无保留意见的类型

注册会计师确定恰当的非无保留意见类型，取决于下列事项：

（1）导致非无保留意见的事项的性质，是财务报表存在重大错报，还是在无法获取充分、适当的审计证据的情况下，财务报表可能存在重大错报；

（2）注册会计师就导致非无保留意见的事项对财务报表产生或可能产生影响的广泛性作出的判断。

广泛性是描述错报影响的术语，用以说明错报对财务报表的影响，或者由于无法获取充分、适当的审计证据而未发现的错报（如存在）对财务报表可能产生的影响。根据注册会计师的判断，对财务报表的影响具有广泛性的情形包括：

（1）不限于对财务报表的特定要素、账户或项目产生影响。

（2）虽然仅对财务报表的特定要素、账户或项目产生影响，但这些要素、账户或项目是或可能是财务报表的主要组成部分。

（3）当与披露相关时，产生的影响对财务报表使用者理解财务报表至关重要。

表 8-1 列示了注册会计师对导致发表非无保留意见的事项性质和这些事项对财务报表产生或可能产生影响的广泛性作出的判断，以及注册会计师的判断对审计意见类型的影响。

表 8-1　非无保留意见的事项性质

| 导致发表非无保留意见的事项的性质 | 这些事项对财务报表产生或可能产生影响的广泛性 | |
|---|---|---|
| | 重大但不具有广泛性 | 重大且具有广泛性 |
| 财务报表存在重大错报 | 保留意见 | 否定意见 |
| 无法获取充分、适当的审计证据 | 保留意见 | 无法表示意见 |

### 1. 发表保留意见

当存在下列情形之一时，注册会计师应当发表保留意见：

（1）在获取充分、适当的审计证据后，注册会计师认为错报单独或汇总起来对财务报表影响重大，但不具有广泛性。

注册会计师在获取充分、适当的审计证据后，只有当认为财务报表就整体而言是公允的，但还存在对财务报表产生重大影响的错报时，才能发表保留意见。如果注册会计师认为错报对财务报表产生的影响极为严重且具有广泛性，则应发表否定意见。因此，保留意见被视为注册会计师在不能发表无保留意见情况下最不严厉的审计意见。

（2）注册会计师无法获取充分、适当的审计证据以作为形成审计意见的基础，但认为未发现的错报（如存在）对财务报表可能产生的影响重大，但不具有广泛性。

注册会计师因审计范围受到限制而发表保留意见还是无法表示意见，取决于无法获取的审计证据对形成审计意见的重要性。注册会计师在判断重要性时，应当考虑有关事项潜在影响的性质和范围以及在财务报表中的重要程度。只有当未发现的错报（如存在）对财务报表可能产生的影响重大但不具有广泛性时，才能发表保留意见。

### 2. 发表否定意见

在获取充分、适当的审计证据后，如果认为错报单独或汇总起来对财务报表的影响重大且具有广泛性，注册会计师应当发表否定意见。

### 3. 发表无法表示意见

如果无法获取充分、适当的审计证据以作为形成审计意见的基础，但认为未发现的错报（如存在）对财务报表可能产生的影响重大且具有广泛性，注册会计师应当发表无法表示意见。

在极其特殊的情况下，可能存在多个不确定事项。即使注册会计师对每个单独的不确定事项获取了充分、适当的审计证据，但由于不确定事项之间可能存在相互影响，以及可能对财务报表产生累积影响，注册会计师不可能对财务报表形成审计意见。在这种情况下，注册会计师应当发表无法表示意见。

在确定非无保留意见的类型时还需注意以下两点：

（1）在承接审计业务后，如果注意到管理层对审计范围施加了限制，且认为这些限制可能导致对财务报表发表保留意见或无法表示意见，注册会计师应当要求管理层消除这些限制。如果管理层拒绝消除限制，除非治理层全部成员参与管理被审计单位，注册会计师应当就此事项与治理层沟通，并确定能否实施替代程序以获取充分、适当的审计证据。如果无法获取充分、适当的审计证据，注册会计师应当通过下列方式确定其影响：

①如果未发现的错报（如存在）可能对财务报表产生的影响重大，但不具有广泛性，应当发表保留意见；

②如果未发现的错报（如存在）可能对财务报表产生的影响重大且具有广泛性，以至于发表保留意见不足以反映情况的严重性，应当在可行时解除业务约定（除非法律法规禁止）。当然，注册会计师应当在解除业务约定前，与治理层沟通在审计过程中发现的、将会导致发表非无保留意见的所有错报事项；如果在出具审计报告之前解除业务约定被禁止或不可行，应当发表无法表示意见。

在某些情况下，如果法律法规要求注册会计师继续执行审计业务，则注册会计师可能无法解除审计业务约定。这种情况可能包括：

①注册会计师接受委托审计公共部门实体的财务报表；

②注册会计师接受委托审计涵盖特定期间的财务报表，或者接受一定期间的委托，在完成财务报表审计前或在受托期间结束前，不允许解除审计业务约定。在这些情况下，注册会计师可能认为需要在审计报告中增加其他事项段。

（2）如果认为有必要对财务报表整体发表否定意见或无法表示意见，注册会计师不应在同一审计报告中对按照相同财务报告编制基础编制的单一财务报表或者财务报表特定要素、账户或项目发表无保留意见。在同一审计报告中包含无保留意见，将会与对财务报表整体发表的否定意见或无法表示意见相矛盾。

当然，对经营成果、现金流量（如相关）发表无法表示意见，而对财务状况发表无保留意见，这种情况可能是被允许的。因为在这种情况下，注册会计师并没有对财务报表整体发表无法表示意见。

## 子任务 8.3.3 非无保留意见的审计报告的格式和内容

### 1. 导致非无保留意见的事项段

（1）审计报告格式和内容的一致性。如果对财务报表发表非无保留意见，除在审计报告中包含《中国注册会计师审计准则第 1501 号——对财务报表形成审计意见和出具审计报告》规定的审计报告要素外，注册会计师还应当直接在审计意见段之后增加一个部分，并使用恰当的标题，如“形成保留意见的基础”“形成否定意见的基础”或“形成无法表示意见的基础”，说明导致发表非无保留意见的事项。审计报告格式和内容的一致性有助于提高使用者的理解和识别存在的异常情况。因此，尽管不可能统一非无保留意见的措辞和对导致非无保留意见的事项的说明，但仍有必要保持审计报告格式和内容的一致性。

（2）量化财务影响。如果财务报表中存在与具体金额（包括定量披露）相关的重大错报，注册会计师应当在导致非无保留意见的事项段中说明并量化该错报的财务影响。举例来说，如果存货被高估，注册会计师就可以在审计报告中形成保留 / 否定 / 无法表示意见的基础部分说明该重大错报的财务影响，即量化其对所得税、税前利润、净利润和所有者权益的影响。如果无法量化财务影响，注册会计师应当在审计报告中形成保留 / 否定 / 无法表示意见的基础部分说明这一情况。

（3）存在与定性披露相关的重大错报。如果财务报表中存在与定性披露相关的重大错报，注册会计师应当在形成非无保留意见的基础部分解释该错报错在何处。

（4）存在与应披露而未披露信息相关的重大错报。如果财务报表中存在与应披露而未披露信息相关的重大错报，注册会计师应当：①与治理层讨论未披露信息的情况；②在形成非无保留意见的基础部分描述未披露信息的性质；③如果可行并且已针对未披露信息获取了充分、适当的审计证据，在形成非无保留意见的基础部分包含对未披露信息的披露，除非法律法规禁止。

如果存在下列情形之一，则在形成非无保留意见的基础部分披露遗漏的信息是不可行的：①管理层还没有作出这些披露，或管理层已作出但注册会计师不易获取这些披露；②根据注册会计师的判断，在审计报告中披露该事项过于庞杂。

（5）无法获取充分、适当的审计证据。如果因无法获取充分、适当的审计证据而导致发表非无保留意见，注册会计师应当在形成非无保留意见的基础部分说明无法获取审计证据的原因。

（6）披露其他事项。即使发表了否定意见或无法表示意见，注册会计师也应当在形成非无保留意见的基础部分说明注意到的、将导致发表非无保留意见的所有其他事项及其影响。这是因为，对注册会计师注意到的其他事项的披露可能与财务报表使用者的信息需求相关。

### 2. 审计意见段

（1）标题。在发表非无保留意见时，注册会计师应当对审计意见段使用恰当的标题，如“保留意见”“否定意见”或“无法表示意见”。审计意见段的标题能够使财务报表使用者清楚注册会计师发表了非无保留意见，并能够表明非无保留意见的类型。

（2）发表保留意见。当由于财务报表存在重大错报而发表保留意见时，注册会计师应当根据适用的财务报告编制基础在审计意见段中说明：注册会计师认为，除了形成保留意见的基础部分所述事项产生的影响外，财务报表在所有重大方面按照适用的财务报告编制基础编制，并实现公允反映。

当无法获取充分、适当的审计证据而导致发表保留意见时，注册会计师应当在审计意见段中使用“除……能产生的影响外”等措辞。

当注册会计师发表保留意见时，在审计意见段中使用“由于上述解释”或“受……影响”等措辞是不恰当的，因为这些措辞不够清晰或没有足够的说服力。

（3）发表否定意见。当发表否定意见时，注册会计师应当根据适用的财务报告编制基础在审计意见段中说明：注册会计师认为，由于形成否定意见的基础部分所述事项的重要性，财务报表没有在所有重大方面按照适用的财务报告编制基础编制，未能实现公允反映。

（4）发表无法表示意见。当由于无法获取充分、适当的审计证据而发表无法表示意见时，注册会计师应当在审计意见段中说明：由于形成无法表示意见的基础部分所述事项的重要性，注册会计师无法获取充分、适当的审计证据以为发表审计意见提供基础，因此，注册会计师不对这些财务报表发表审计意见。

### 3. 非无保留意见对审计报告要素内容的修改

当发表保留意见或否定意见时，注册会计师应当修改形成无保留意见的基础部分的描述，以说明：注册会计师相信，注册会计师已获取的审计证据是充分、适当的，为发表非无保留意见提供了基础。

当由于无法获取充分、适当的审计证据而发表无法表示意见时，注册会计师应当修改审计报告的意见段，说明：注册会计师接受委托审计财务报表；注册会计师不对后附的财务报表发表审计意见；由于形成无法表示意见的基础部分所述事项的重要性，注册会计师无法获取充分、适当的审计证据以作为对财务报表发表审计意见的基础。

当注册会计师对财务报表发表无法表示意见时，注册会计师应当修改无保留意见审计报告中形成审计意见的基础部分，不应提及审计报告中用于描述注册会计师责任的部分，也不应说明注册会计师是否已获取充分、适当的审计证据以作为形成审计意见。

当注册会计师对财务报表发表无法表示意见时，注册会计师应当修改无保留意见审计报告中注册会计师对财务报表审计的责任部分，使之仅包含下列内容：

（1）注册会计师的责任是按照中国注册会计师审计准则的规定，对被审计单位财务报表执行审计工作，以出具审计报告。

（2）但由于形成无法表示意见的基础部分所述的事项，注册会计师无法获取充分、适当的审计证据以作为发表审计意见的基础。

（3）声明注册会计师在独立性和职业道德方面的其他责任。

### 4. 非无保留意见的审计报告的参考格式

参考图 8-2，由于财务报表存在重大错报而发表保留意见的审计报告。

背景信息：

1. 对上市实体整套财务报表进行审计。该审计不属于集团审计（即不适用《中国注册会计师审计准则第 1401 号——对集团财务报表审计的特殊考虑》）；

2. 管理层按照企业会计准则编制财务报表；

3. 审计业务约定条款体现了《中国注册会计师审计准则第 1111 号——就审计业务约定条款达成一致意见》关于管理层对财务报表责任的描述；

4. 存货存在错报，该错报对财务报表影响重大但不具有广泛性（即保留意见是恰当的）；

5. 适用的相关职业道德要求为中国注册会计师职业道德守则；

6. 基于获取的审计证据，根据《中国注册会计师审计准则第 1324 号——持续经营》，注册会计师认为可能导致对被审计单位持续经营能力产生重大疑虑的相关事项或情况不存在重大不确定性；

7. 已按照《中国注册会计师审计准则第 1504 号——在审计报告中沟通关键审计事项》的规定沟通了关键审计事项；

8. 负责监督财务报表的人员与负责编制财务报表的人员不同；

9. 除财务报表审计外，按照法律法规的要求，注册会计师还承担法律法规要求的其他报告责任，且注册会计师决定在审计报告中履行其他报告责任。

审计报告

ABC 股份有限公司全体股东：

一、对财务报表出具的审计报告

（一）保留意见

我们审计了 ABC 股份有限公司（以下简称“ABC 公司”）财务报表，包括 20×1 年 12 月 31 日的资产负债表，20×1 年度的利润表、现金流量表、股东权益变动表以及相关财务报表附注。

我们认为，除“形成保留意见的基础”部分所述事项产生的影响外，后附的财务报表在所有重大方面按照企业会计准则的规定编制，公允反映了 ABC 公司 20×1 年 12 月 31 日的财务状况以及 20×1 年度的经营成果和现金流量。

（二）形成保留意见的基础

ABC 公司 20×1 年 12 月 31 日资产负债表中存货的列示金额为 × 元。管理层根据成本对存货进行计量，而没有根据成本与可变现净值孰低的原则进行计量，这不符合企业会计准则的规定。ABC 公司的会计记录显示，如果管理层以成本与可变现净值孰低来计量存货，存货列示金额将减少 × 元。相应地，资产减值损失将增加 × 元，所得税、净利润和股东权益将分别减少 × 元、× 元和 × 元。

我们按照中国注册会计师审计准则的规定执行了审计工作。审计报告的“注册会计师对财务报表审计的责任”部分进一步阐述了我们在这些准则下的责任。按照中国注册会计师职业道德守则，我们独立于 ABC 公司，并履行了职业道德方面的其他责任。我们相信，我们获取的审计证据是充分、适当的，为发表保留意见提供了基础。

（三）关键审计事项

关键审计事项是根据我们的职业判断，认为对本期财务报表审计最为重要的事项。这些事项是在对财务报表整体进行审计并形成意见的背景下进行处理的，我们不对这些事项提供单独的意见。除“形成保留意见的基础”部分所述事项外，我们确定下列事项是需要在审计报告中沟通的关键审计事项。

[按照《中国注册会计师审计准则第 1504 号——在审计报告中沟通关键审计事项》的规定描述每一关键审计事项。]

（四）管理层和治理层对财务报表的责任

[按照《中国注册会计师审计准则第 1501 号——对财务报表形成审计意见和出具审计报告》的规定报告，参考表 8-1。]

（五）注册会计师对财务报表审计的责任

[按照《中国注册会计师审计准则第 1501 号——对财务报表形成审计意见和出具审计报告》的规定报告，参考表 8-1。]

二、按照相关法律法规的要求报告的事项

[按照《中国注册会计师审计准则第 1501 号——对财务报表形成审计意见和出具审计报告》的规定报告，参考表 8-1。]

××会计师事务所　　　　中国注册会计师：×××（项目合伙人）

（盖章）　　　　（签名并盖章）

中国注册会计师：×××

（签名并盖章）

中国××市　　　　二O×二年×月×日

图 8-2　由于财务报表存在重大错报而发表保留意见的审计报告

参考图 8-3，由于注册会计师无法针对财务报表多个要素获取充分、适当的审计证据而发表无法表示意见的审计报告。

参考图 8-2：由于注册会计师无法针对财务报表多个要素获取充分、适当的审计证据而发表无法表示意见的审计报告。

背景信息：

1. 对非上市实体整套财务报表进行审计。该审计不属于集团审计（即不适用《中国注册会计师审计准则第 1401 号——对集团财务报表审计的特殊考虑》）。

2. 管理层按照企业会计准则编制财务报表。

3. 审计业务约定条款体现了《中国注册会计师审计准则第 1111 号——就审计业务约定条款达成一致意见》关于管理层对财务报表责任的描述。

4. 对财务报表的多个要素，注册会计师无法获取充分、适当的审计证据。例如，对被审计单位的存货和应收账款，注册会计师无法获取审计证据，这一事项对财务报表可能产生的影响重大且具有广泛性。

5. 适用的相关职业道德要求为中国注册会计师职业道德守则。

6. 负责监督财务报表的人员与负责编制财务报表的人员不同。

7. 按照审计准则要求在注册会计师的责任部分作出更有限的表述。

8. 除财务报表审计外，按照法律法规的要求，注册会计师负有其他报告责任，且注册会计师决定在审计报告中履行其他报告责任。

审计报告

ABC 股份有限公司全体股东：

一、对财务报表出具的审计报告

（一）无法表示意见

我们接受委托，审计 ABC 股份有限公司（以下简称“ ABC 公司”）财务报表，包括 20×1 年 12 月 31 日的资产负债表，20×1 年度的利润表、现金流量表、股东权益变动表以及相关财务报表附注。

我们不对后附的 ABC 公司财务报表发表审计意见。由于“形成无法表示意见的基础”部分所述事项的重要性，我们无法获取充分、适当的审计证据以作为对财务报表发表审计意见的基础。

（二）形成无法表示意见的基础

我们于 20×2 年 1 日拉受 ARC 公司的审计委托。因而未能对 ABC 公司 20×1 年初金额为 × 元的存货和年末金额为 × 元的存货实施监盘程序。此外，我们也无法实施替代审计程序获取充分、适当的审计证据。并且，ABC 公司于 20×1 年 9 月采用新的应收账款电算化系统，由于存在系统缺陷导致应收账款出现大量错误。截至报告日，管理层仍在纠正系统缺陷并更正错误，我们也无法实施替代审计程序，以对截至 20×1 年 12 月 31 日的应收账款总额 × 元获取充分、适当的审计证据。因此，我们无法确定是否有必要对存货、应收账款以及财务报表其他项目作出调整，也无法确定应调整的金额。

（三）管理层和治理层对财务报表的责任

[按照《中国注册会计师审计准则第 1501 号——对财务报表形成审计意见和出具审计报告》的规定报告，参考表 8-1。]

（四）注册会计师对财务报表审计的责任

我们的责任是按照中国注册会计师审计准则的规定，对 ABC 公司的财务报表执行审计工作，以出具审计报告。但由于“形成无法表示意见的基础”部分所述的事项，我们无法获取充分、适当的审计证据以作为发表审计意见的基础。

按照中国注册会计师职业道德守则，我们独立于 ABC 公司，并履行了职业道德方面的其他责任。

二、对其他法律和监管要求的报告

[按照《中国注册会计师审计准则第 1501 号——对财务报表形成审计意见和出具审计报告》的规定报告，参考表 8-1。]

| | |
|---|---|
| ××会计师事务所 | 中国注册会计师：××× |
| （盖章） | （签名并盖章） |
| 中国××市 | 二O×二年×月×日 |

图 8-3　由于注册会计师无法针对财务报表多个要素获取充分、适当的审计证据而发表无法表示意见的审计报告

## 项目小结

审计报告是注册会计师根据审计准则的规定，在执行审计工作的基础上，对财务报表发表审计意见的书面文件，是注册会计师在完成审计工作后向委托人提交的最终产品，具有鉴证、保护和证明的作用。为达到突出关键审计事项的目的，注册会计师应当在审计报告中单设一部分，以“关键审计事项”为标题，并在该部分使用恰当的子标题逐项描述关键审计事项。

## 项目训练

**【资料】**

北京东方会计师事务所注册会计师王豪、李民已于2020年3月10日完成对×××股份有限公司2019年度会计报表的外勤审计工作，现在草拟审计报告。按审计业务约定书的要求，审计报告应于2020年3月21日提交。在复核审计工作底稿时，王豪、李民发现存在以下几种主要情况：

（1）审计工作底稿显示，2019年度损益表重要性水平为85万元，2019年12月31日的资产负债表重要性水平为95万元。

（2）2020年3月5日，北京市高级人民法院最终裁定，2020年1月，×××股份有限公司被控告侵权，应赔偿XYZ股份有限公司125万元。

（3）×××股份有限公司2019年度计提坏账准备的比例由2014年度按应收账款年末余额的0.3%提高至0.5%。

（4）2020年3月21日对×××股份有限公司A产品进行监盘时，发现数量短缺1 000件，A产品单位成本870元，但×××股份有限公司未作调整。

（5）×××股份有限公司2019年6月购置一台价值50万元的设备，已入账，当月由管理部门启用，但当年并未计提折旧。公司会计政策规定，该设备折旧年限为5年，残值率为10%，按直线法计提折旧。

**【讨论】**

问题一：针对上述第（1）种情况，王豪、李民应选择的重要性水平为多少？为什么？

问题二：简述王豪、李民在2020年3月25日前对期后事项审查负有哪些责任？针对上述第（2）种情况，应对ABC股份有限公司提出何种建议？

问题三：针对上述（3）（4）（5）种情况，王豪、李民应提出何种处理建议？若需要提出调整建议，应列示调整分录。

问题四：如果只考虑第（2）（4）（5）种情况，并假定ABC股份有限公司均为接受调整建议，请代王豪、李民续编如下审计报告。

# 项目 9 信息技术与审计

## 应知应会

- 理解信息技术的概念和对企业财务报告的影响。
- 理解信息技术对审计的影响。
- 理解信息技术下的审计风险。
- 了解信息技术中的一般控制和应用控制测试。
- 了解计算机辅助审计技术。

## 关键词

- 信息技术（information technology）;
- 信息系统（information system）;
- 网络环境（network environment）;
- 数据库管理系统（database management system）;
- 电子商务系统（e-commerce system）;
- 外包安排（outsourcing arrangements）。

## 本项目在本书中的地位

由于进入信息化时代，会产生新的审计方法，同时也会产生不可避免的审计风险，所以要重视信息化的发展。

## 业务综述

本项目主要讲述以下内容：

- 信息技术；
- 信息技术的审计风险；
- 信息技术对企业内部控制的影响；
- 信息技术应用控制。

## 项目导图

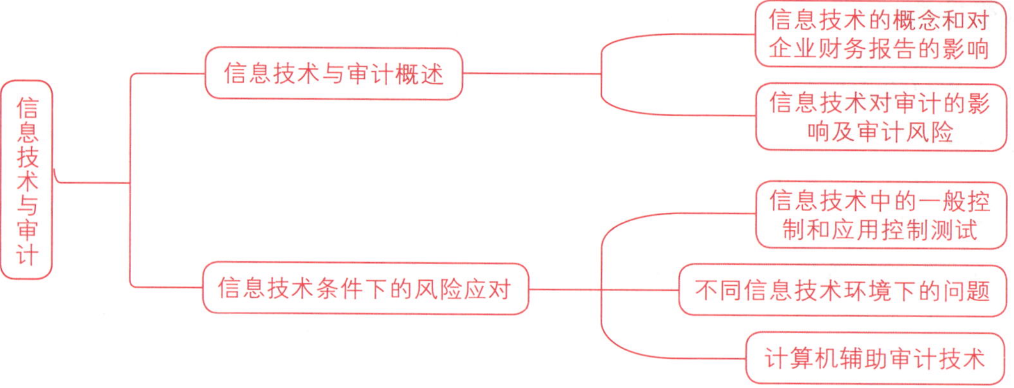

# 任务 9.1　信息技术与审计概述

| 情景列表 | 情　景　实　例 |
| --- | --- |
| 信息技术 | 获取信息、传递信息、存储信息、处理信息、显示信息、分配信息等的相关技术都属于信息技术 |
| 信息技术的审计风险 | 随着计算机信息技术的迅速发展，会计电算化已经成为现实，审计信息化也成为大势所趋。但审计信息化在给审计工作带来方便的同时，也带来了更大的审计风险 |

## 子任务 9.1.1　信息技术的概念和对企业财务报告的影响

### 1. 信息技术的概念

从广义上讲，凡是能扩展人类信息功能的技术，都是信息技术。具体而言，信息技术是指利用电子计算机和现代通信手段实现获取信息、传递信息、存储信息、处理信息、显示信息、分配信息等的相关技术。

现代信息技术是指 20 世纪 70 年代以来，随着微电子技术、计算机技术和通信技术的发展，围绕信息的产生、收集、存储、处理、检索和传递，形成的一个全新的、用以开发和利用信息资源的高技术群，包括微电子技术、新型元器件技术、通信技术、计算机技术、各类软件及系统集成技术、光盘技术、传感技术、机器人技术、高清晰度电视技术等，其中微电子技术、计算机技术、软件技术、通信技术是现代信息技术的核心。

### 2. 信息技术对财务报告的影响

信息系统的使用，会给企业的管理和会计核算程序带来很多重要的变化，表现在信息的取得、储存、处理和应用上，具体包括：

（1）计算机输入和输出设备代替了手工记录。

（2）计算机显示屏和电子影像代替了纸质凭证。

（3）计算机文档代替了纸质日记账和分类账。

（4）网络通信和电子邮件代替了公司间的邮寄。

（5）管理需求固化到应用程序之中。

（6）灵活多样的报告代替了固定的定期报告。

（7）数据更加充分，信息实现共享。

（8）系统问题的存在比偶然性误差更为普遍。

信息系统形成的信息的质量影响企业编制财务报表、管理企业活动和作出适当的管理决策。因此，有效的信息系统需要实现下列功能并保留记录结果：

（1）识别和记录全部经授权的交易。

（2）及时、详细记录交易内容，并在财务报告中对全部交易进行适当分类。

（3）衡量交易价值，并在财务报告中适当体现相关价值。

（4）确定交易发生的期间，并将交易记录在适当的会计期间。

（5）将相关交易信息在财务报告中作适当披露。

注册会计师需要在整个过程中考虑信息的准确性、完整性、授权体系及访问限制等方面。

## 子任务 9.1.2 信息技术对审计的影响及审计风险

### 1. 信息技术对审计过程的影响

（1）对审计线索的影响。在信息技术环境下，从业务数据的具体处理过程到报表的输出都由计算机按照程序指令完成，数据均保存在磁性介质上，从而会影响到审计线索。

（2）对审计技术手段的影响。随着信息技术的广泛应用，注册会计师需要掌握相关信息技术，把信息技术当作一种有力的审计工具。

（3）对内部控制的影响随着信息技术的发展，虽然内部控制的目标并没有发生改变，但在高度电算化的信息环境中，业务活动和业务流程引发了新的风险，从而使具体控制活动的性质有所改变。

（4）对审计内容的影响。在信息化的会计系统中，各项会计事项都是由计算机按照程序进行自动处理的，信息系统的特点及固有风险决定了信息化环境下审计的内容包括对信息化系统的处理和相关控制功能的审查，信息技术对审计内容的影响越来越大。

（5）对注册会计师的影响。信息技术在被审计单位的广泛应用要求注册会计师一定要具备相关信息技术方面的知识，注册会计师必须对系统内的风险和控制都非常熟悉，然后对审计的策略、范围、方法和手段作出相应的调整，以获取充分、适当的审计证据，支持发表的审计意见。

### 2. 对信息技术审计范围的影响因素

注册会计师在确定审计策略时应当从以下方面考虑对信息技术审计范围的影响：

（1）被审计单位业务流程复杂度。

（2）信息系统复杂度。

（3）系统生成的交易数量。

（4）信息和复杂计算的数量。

（5）信息技术环境规模和复杂度。

### 3. 信息技术下的审计风险

信息技术在改进被审计单位内部控制的同时，也产生了特定的风险：

（1）信息系统或相关系统程序可能会对数据进行错误处理，也可能会去处理那些本身就错误的数据。

（2）自动信息系统、数据库及操作系统的相关安全控制如果无效，会增加对数据信息非授权访问的风险，这种风险可能导致系统对非授权交易及虚假交易请求的拒绝处理功能遭到破坏，系统程序、系统内的数据遭到不适当的改变，系统对交易进行不适当的记录，以及信息技术人员获得超过其职责范围的过大系统权限等。

（3）数据丢失风险或数据无法访问风险，如系统瘫痪。

（4）不适当的人工干预，或人为绕过自动控制。

## 任务 9.2 信息技术条件下的风险应对

| 情景列表 | 情　景　实　例 |
| --- | --- |
| 信息技术对企业内部控制的影响 | 订单的审批和事后审阅以及会计记录调整之类的人工控制 |
| 信息技术应用控制 | 入账审批管理的权限设定和授予、物料成本逻辑规则修改权限的设定和授予等 |

### 子任务 9.2.1 信息技术中的一般控制和应用控制测试

在信息技术环境下，人工控制的基本原理并不会发生实质性的改变，注册会计师仍需要按照标准执行相关的审计程序，而对于自动控制，就需要从信息技术一般控制审计、信息技术应用控制审计以及公司层面信息技术控制审计三方面进行考虑。

#### 1. 信息技术一般性控制

（1）信息技术一般性控制的概念。信息技术一般性控制是指为了保证信息系统的安全，对整个信息系统以及外部各种环境要素实施的、对所有的应用或控制模块具有普遍影响的控制措施。

（2）信息技术内部控制的环节：

①程序开发；

②程序变更；

③程序和数据访问；

④计算机运行。

### 2. 信息技术应用控制

（1）信息技术应用控制的概念。信息技术应用控制是设计在计算机应用系统中的、有助于达到信息处理目标的控制。

（2）信息技术应用控制的目标。信息技术应用控制关注信息处理的以下目标：

①完整性；

②准确性；

③经过授权；

④访问限制。

### 3. 公司层面信息技术控制

除信息技术一般控制和应用控制外，目前国内外企业的管理层也越来越重视公司层面的信息技术控制管理。常见的公司层面信息技术控制包括但不限于：

（1）信息技术规划的制定。

（2）信息技术年度计划的制定。

（3）信息技术内部审计机制的建立。

（4）信息技术外包管理。

（5）信息技术预算管理。

（6）信息安全和风险管理。

（7）信息技术应急预案的制订。

（8）信息系统架构和信息技术复杂性。

目前审计机构针对公司层面信息技术控制往往会执行单独的审计，以评估企业信息技术的整体控制环境，来决定信息技术一般控制和应用控制的审计重点、风险等级、审计测试方法等。

公司层面信息技术控制是公司信息技术整体控制环境，决定了信息技术一般控制和信息技术应用控制的风险基调；信息技术一般控制是基础，信息技术一般控制的有效与否会直接关系到信息技术应用控制的有效性是否能够信任。

## 子任务 9.2.2 不同信息技术环境下的问题

本节在公司层面信息技术控制的范畴内，重点讨论被审计单位运用网络、数据库管理系统、电子商务、信息技术职能外包安排等不同信息技术环境下的问题。

### 1. 网络环境

很多企业可能使用局域网或互联网将各种类型的计算机、工作站、打印机、服务器等互相连接起来。在网络环境下，用于处理交易的应用软件和数据文件可能分布于不同位置但互相连接的计算机设备上，由此产生了与内部控制相关的问题，包括对分布于不同位置的服务器的安全、数据和信息的分布及同步、管理监督以及兼容性问题。

### 2. 数据库管理系统

数据库管理系统（Database Management System）是一种操纵和管理数据库的大型软件，用于建立、使用和维护数据库，简称 DBMS。它对数据库进行统一的管理和控制，以保证数据库的安全性和完整性。使用数据库管理系统能够实现不同应用软件之间的数据共享，减少数据冗余，改进对数据的控制，提高数据的决策支撑作用。

很多被审计单位使用 ERP 系统实现整个单位数据库系统的整合。ERP 是 Enterprise Resource Planning（企业资源计划）的简称。ERP 是针对物资资源管理（物流）、人力资源管理（人流）、财务资源管理（财流）、信息资源管理（信息流）集成一体化的企业管理软件。ERP 系统能够实现会计部门与业务部门的数据共享。当然，数据库管理系统也带来了与内部控制相关的问题，包括多重使用者能够访问和修改共享数据的风险。因此，需要实施严格的数据库管理和接触控制，以及数据安全备份制度。

### 3. 电子商务系统

越来越多的被审计单位采用电子商务的方式进行交易。电子商务是指在互联网开放的网络环境下，以信息技术为手段，买卖双方不谋面地进行各种商贸活动，实现消费者的网上购物、商户之间的网上交易和在线电子支付以及各种商务活动、交易活动、金融活动和相关的综合服务活动的一种新型的商业运营模式。在这种方式下，交易信息在网上传输，容易被拦截、篡改或不当获取，需要采取相应的安全控制。此外，被审计单位的会计信息系统可能与交易对方的系统相连接，产生了互相依赖的风险，即交易一方的风险部分取决于交易对手如何识别和管理其自身系统中的风险。

### 4. 外包安排

被审计单位可能将全部或部分的信息技术职能外包给专门的应用软件服务提供商或云计算服务商等计算机服务机构。根据美国国家标准与技术研究院（NIST）的定义，云计算是一种按使用量付费的模式，这种模式提供可用的、便捷的、按需的网络访问，进入可配置的计算资源共享池（资源包括网络、服务器、存储、应用软件、服务），这些资源能够被快速提供，只需投入很少的管理工作，或与服务供应商进行很少的交互。

如果服务机构提供的服务和对服务的控制，构成被审计单位与财务报告相关的信息系统（包括相关业务流程）的一部分，注册会计师应当参照《中国注册会计师审计准则第 1241 号——对被审计单位使用服务机构的考虑》的规定办理。

注册会计师应当实施与服务机构活动相关的下列程序：

（1）了解服务机构中与内部控制相关的控制以及针对服务机构活动所实施的控制。

（2）获取相关控制运行有效性的证据。

注册会计师可通过以下程序获取相关控制运行有效性的证据，包括：

（1）了解服务机构注册会计师对服务机构内部控制有效性出具的报告或与控制测试相关的商定程序报告。

（2）测试被审计单位对服务机构活动的控制。

（3）对服务机构实施控制测试。

如果可以获取服务机构注册会计师对服务机构内部控制有效性出具的报告，注册会计师应当评价该报告是否提供了充分、适当的证据，以支持注册会计师的意见。

在评价时，注册会计师可能考虑下列因素：

（1）对控制的测试涵盖的期间及其与管理层评估时间点的关系。

（2）对控制的测试涵盖的范围、测试的控制及其与企业控制的关联度。

## 子任务 9.2.3 计算机辅助审计技术

### 1. 计算机辅助审计技术的概念

计算机辅助审计技术是指利用计算机和相关软件，使审计测试工作实现自动化的技术。

### 2. 计算机辅助审计技术对审计的影响

（1）将现有手工执行的审计测试自动化。

（2）在手工方式不可行的情况下执行测试或分析。

（3）计算机辅助审计技术还可以使审阅工作更具效果。

### 3. 计算机辅助审计技术的应用

（1）计算机辅助审计技术最广泛地应用于实质性程序，特别是在与分析程序相关的方面；

（2）计算机辅助审计技术还能被用于详细测试（包括目标测试）以及对审计抽样的辅助；

（3）计算机辅助审计技术也可用于测试控制的有效性，选择少量的交易，并在系统中进行穿行测试，从而确定是否存在控制失效的情况。

## 项目小结

本项目主要讲述了信息技术的概念和对企业财务报告的影响、信息技术对审计过程的影响、对信息技术审计范围的影响因素、信息技术下的审计风险、信息技术中的一般控制和应用控制测试、不同信息技术环境下的问题和计算机辅助审计技术。

## 项目训练

**【资料】**

利用计算机犯罪案件是在 1973 年被揭露的，当时已有 2 725 万美元被盗用。保险控股公司的最高领导利用计算机造假保险单再卖给保险人。在公司总资产中，有1.43亿美元为虚构。估计约19%是计算机作案直接造成的结果。这是起由管理部门篡改数据的典型案例。

**【讨论】**

就上述案例存在的问题，提出解决办法。

# 参考文献

[1] 胡中艾 . 审计实务 [M].2 版 . 北京：中国人民大学出版社，2017.
[2] 戚少丽，曲云翚 . 审计基础与实务 [M]. 北京：中国市场出版社，2014.
[3] 秦荣生，卢春泉 . 审计学 [M].10 版 . 北京：中国人民大学出版社，2019.
[4] 祁红涛，杨静波，李海龙 . 审计学原理 [M]. 北京：清华大学出版社，2020.